✝

DE MENS,
GODS DOELWIT

Archimandriet ZACHARIAS (Zacharou)

De mens,
Gods doelwit

"Wat is de mens, dat Gij hem hebt grootgemaakt?
Of dat Gij Uw aandacht op hem vestigt?
Dat Gij hem bezoekt tot aan de vroege morgen
en hem oordeelt tot aan zijn rust?" (LXX Job 7:17-18)

MARANATHA HOUSE
A.D. 2017

DE MENS, GODS DOELWIT

"Wat is de mens, dat Gij hem hebt grootgemaakt?
Of dat Gij Uw aandacht op hem vestigt?
Dat Gij hem bezoekt tot aan de vroege morgen
en hem oordeelt tot aan zijn rust?" (LXX Job 7:17-18)

+ + +

Original edition:

MAN, THE TARGET OF GOD
'What is man, that thou shouldest magnify him?
and that thou shouldest set thine heart upon him?
And that thou shouldest visit him every morning,
and try him every moment? (Job 7:17-18)

Author/Auteur: Archimandriet Zacharias (Zacharou)

© 2015, Stavropegic Monastery of St. John the Baptist,
Tolleshunt Knights, Maldon, Essex, U.K.

Dutch translation:

Nederlandse vertaling © 2015, A. Arnold-Lyklema

Published by:

Maranatha House
www.maranathahouse.info

ISBN 978-0-9931058-5-2

Inleiding

"Wat is de mens, dat Gij hem hebt grootgemaakt?
Of dat Gij Uw aandacht op hem vestigt?
Dat Gij hem bezoekt tot aan de vroege morgen
en hem oordeelt tot aan zijn rust?...
Waarom hebt Gij mij tot Uw doelwit gemaakt?[1]

De Heer is nabij – te allen tijde is Hij dichtbij ons en bezoekt Hij ons, van de vroege morgen tot de avond, en van de avond tot de vroege morgen. Zalig de mens die Zijn bezoek gewaar wordt. Gods aandacht voor de mens wordt hierin bekend, dat hem het Kruis wordt geschonken, hetgeen hem openbaart als het doelwit van Gods voorzienigheid. Als iemand de voorwaarden van het Kruis aanvaardt en het Kruis draagt, dan wordt hij een vriend van het Kruis, een teken en een ijkpunt voor zijn generatie.

Wat is het vermogen van de mens dat hem in staat stelt het doelwit te zijn van de bezoeken van de Heer? Het is het principe van de hypostase, de deugd die God in de mens heeft ingeplant toen Hij hem schiep naar Zijn beeld en gelijkenis, opdat de mens in staat zou zijn de goddelijke wasdom te ontvangen. Het is het vermogen van elke mens gevoelig te zijn voor deze bezoeken en daarop te antwoorden, en vervolgens de sporen daarvan te bewaren. Het is de 'plaats' in het diepe hart van de mens waar het Ongeschapen Licht van Zijn Aangezicht geopenbaard wordt en waar God in gesprek treedt met de mens. Als wij in onszelf niets bezaten van enige gelijkenis met God, dan zouden wij niet in staat zijn ook maar iets van God te kennen; doch Hij heeft ons op zodanige wijze geschapen, dat wij in staat zijn Hem te kennen en de sporen van Zijn Aanwezigheid te bewaren. Wanneer wij het Kruis opnemen – het merkteken op ons van Zijn beeld – dan stort Hij Zijn energieën

---

[1] Job 7:17-18,20 (LXX). [Het woord voor 'doelwit' (Grieks: *katenteuktês/* κατεντευκτής, Hebreeuws: *miphga'*) heeft een meervoudige betekenis (zie ook hfst.5, n.53, p.114 & hfst.10, p.202. De vertaling volgt hier de Engelse tekst van deze inleiding, vgl. de "New Revised Standard Version', 'New Jerusalem Bible', en andere hedendaagse vertalingen. *Noot vert.*]

daarover uit, zodat deze sporen onuitwisbaar in ons binnenste worden gegrift. Aldus kunnen wij een blijvende gelijkenis met Hem verwerven en in Zijn Naam zeggen: "Nu, mijn Christus, in U en door U: ... ook ik ben!"[2]

Christus is de afglans van de heerlijkheid van de Vader, het "zegelbeeld van Zijn Hypostase".[3] Evenzo is onze hypostase – die onze aard vormt, ons eigenlijke 'zijn' en ons 'persoon-zijn' – geschapen naar het beeld van Christus, de Waarachtige Persoon, Die Zichzelf geopenbaard heeft als "IK BEN DE ZIJNDE".[4] In Hem werd heel het goddelijk 'Zijn' samengevat, zowel als heel het menselijk 'zijn'. "Daar Hij de Zijnen, die in de wereld waren, liefhad, zo heeft Hij hen liefgehad tot het einde" en heeft Hij Zijn leven gegeven voor de wereld.[5] Deze liefde tot het einde is de inhoud van de Goddelijke Persoon. Niemand heeft ooit God de Vader gezien,[6] doch de Zoon heeft Hem geopenbaard, daar Hij het beeld is van de Vader. Evenzo wordt het beeld van de Zoon geopenbaard door de Heilige Geest. Het is de Heilige Geest Die Christus vormt in het hart van de mens.

Reeds vóór Diens Vleeswording, Kruis en Opstanding begiftigde de Geest de oude profeten met voorboden van de komende Messias. Wanneer de Heilige Geest de psalmdichter David overschaduwde, dan was hij in staat de meest verheven goddelijke gedachten aan te grijpen en uit te drukken, waarbij hij heel de weg van Christus voor-

---

[2] Archim. Sophrony (Sacharov), "We Shall See Him as He Is", GK p.412, EN p.234. [Voor nadere gegevens van geciteerde werken, zie de Bibliografie achterin].
[3] Heb.1:3. Het woord 'hypostase' gaat terug op de Griekse grondtekst. [De Engelse vertaling (KJV/AV) vertaalt hier met 'persoon'. Veel Nederlandse vertalingen gebruiken in dit vers het woord 'wezen', doch in de Orthodoxe Traditie worden het 'wezen' (*ousia*/οὐσία) en 'hypostase' (ὑπόστασις) van God duidelijk onderscheiden. Voor nadere toelichting over het verband hiertussen, zie de studie van Archim. Zacharias: "Christus, onze Weg en ons Leven" (vertaald naar de oorspronkelijke editie in het Grieks, zie de bibliografie achterin). *Noot vert.*]
[4] Ex.3:14 [Vertaald naar LXX: «ἐγώ εἰμι ὁ ὤν» *(egô eimi ho ôn)*- "... de Zijnde", d.w.z. "Hij Die IS". In het Engels is de letterlijke vertaling overeenkomstig het Grieks in de meeste gevallen problematisch en volgt men bij voorkeur de meer bekende weergave in onze streken: "Ik Ben Die Ik Ben". Doch de Nederlandse vertaling naar de Septuagint – de vanouds gebruikelijke tekst in de Orthodoxe Traditie – is in dit verband juist zeer sprekend. *Noot vert.*]
[5] Joh.13:1.
[6] Joh.1:18; 1Joh.4:12.

zegde en elk stadium van onze relatie met Hem. Door zijn gave rechtstreeks met de Heer te kunnen spreken, werd in hem het principe van het persoon-zijn openbaar, op zodanige wijze dat hij dit zelfs kon benoemen, zeggende: 'Mijn gebeente, dat Gij schiep in het verborgene, was voor U niet verborgen, noch mijn hypostase in de nederste delen der aarde."[7]

Hoewel David bij tijden in staat was tot begrip van de waarachtige hypostase in hem, was deze noch niet ten volle geopenbaard, daar Christus nog niet in het vlees gekomen was. Dit betekende dat Davids schouwen onvolledig was, en vaak was hij niet in staat trouw te blijven aan hetgeen hij had gezien. Telkens wanneer de Geest hem verliet, zocht hij troost bij de mensen om zich heen, hetgeen leidde tot zijn overspel met Bathsheba en tot de dood van haar echtgenoot Uria. In de staat van ontroostbare bekering die daarop volgde, riep hij tot de Heer, dat hij zou mogen weten wat hij verloren had. Hij beschrijft hoe hij verstomd voor Diens aanschijn stond, totdat zijn hart heet werd in zijn binnenste.[8] Terwijl hij zichzelf veroordeelde en vervolgens iedere mens mét hem als 'enkel ijdelheid',[9] leverde hij zichzelf uit aan de hel, zeggende tot de Heer: "Mijn hypostase is als niets voor Uw aanschijn".[10] Pas op het moment dat zijn ziel volstrekt terneer gebogen was, openbaarde de Heer in het Licht van Zijn Aangezicht iets troostends en vertrouwds: een glimp van zijn herstelde beeld. "En nu, wat is mijn verwachting?" zeide hij: "... mijn hypostase (mijn ware aard) is bij U".[11]

De goddelijke hypostase van Christus wordt tevens voorafgebeeld in verschillende psalmen die spreken over David als de Gezalfde (de Christus). In deze psalmen wordt voorzegd, dat men Hem "in [zijn] boezem" de smaad zal doen dragen van al de natiën.[12] Ook wordt Zijn vervolging voorzegd en Zijn nederdaling ter helle: "Zal men zijn ziel verlossen uit de hand van Hades?"[13] Deze psalmen

---

[7] LXX Ps.138(139):15.
[8] Zie LXX Ps.38(39).
[9] LXX Ps.38(39):5/6.
[10] LXX Ps.38(39):5/6 «ἡ ὑπόστασίς μου ὡσεὶ οὐθὲν ἐνώπιόν σου».
[11] LXX Ps.38(39):7/8 «καὶ νῦν τίς ἡ ὑπομονή μου; οὐχὶ ὁ κύριος; καὶ ἡ ὑπόστασίς μου παρὰ σοῦ ἐστιν».
[12] LXX Ps.88:51 (89:50/51).
[13] LXX Ps.88:49 (89:48/49).

bevroeden zelfs het alles omvattende gebed van Christus, wanneer Hij "onder sterk schreeuwen" smeekt dat God zowel Hem als heel de mensheid moge sparen: "Hoe lang nog, Heer – zult Gij U afwenden tot het einde?... Gedenk wat mijn hypostase is: want Gij hebt toch niet al de zonen der mensen tevergeefs geschapen? Wat mens is er, die zal leven en de dood niet zal zien?"[14]

Het was de profeet David mogelijk het pad van Christus te voorzeggen, zelfs Zijn nederdaling ter helle, hoewel hij nog niet in staat was om ten volle de kracht van Diens Opstanding te kennen. Evenzo waren de apostelen vóór Pinksteren nog aan onzekerheid onderhevig en vervielen zij ten overstaan van de dood tot paniek en verraad. Pas op het Pinksterfeest, toen de Heilige Geest de natuur en het lichaam van de apostelen geheel doordrong, werd de openbaring van de 'persoon' – zoals deze reeds tevoren door David gekend was – verstaan als de onwrikbare erfenis van de Kerk. Toen de tongen van vuur nederdaalden in de opperzaal, werd elk van de apostelen getransfigureerd tot een waarachtige getuige van de goddelijke liefde: tot een volledig verwerkelijkte en unieke menselijke persoon. Aldus werd de openbaring van de persoonlijke God aan Mozes – "IK BEN DE ZIJNDE" – tot zijn uiteindelijke vervulling gebracht in het mysterie van Pinksteren.[15] Op deze dag werd dezelfde uitstorting van de Heilige Geest die geschied was op de berg Sinaï, aan de apostelen en de leden van de vroege Kerk gegeven als een permanente staat.

Vanaf dat moment bezaten al de apostelen de Trooster, Die in hun binnenste het woord Gods sprak, en hun hart uitbreidde om al de volkeren der aarde te omvatten. Aldus, toen zij uitgingen ter verkondiging "tot aan het uiterste der aarde",[16] konden de mensen aan wie zij het Evangelie verkondigden, in de stem van elk van de apostelen iets te herkennen van iemand die hen verwant was, van iemand die hen liefhad en hen in z'n binnenste droeg. De vlam van de Heilige Geest vervolmaakte de apostelen als personen, waardoor

---

[14] LXX Ps.88:47-49 (89:46/47-48/49) «... μνήσθητι τίς μου ἡ ὑπόστασις μὴ γὰρ ματαίως ἔκτισας πάντας τοὺς υἱους τῶν ἀνθρώπων...» [De zinsnede "onder sterk schreeuwen" herinnert hierbij aan de beschrijving van het gebed te Gethsémane in Hebr.5:7. Noot vert.]

[15] Zie "We Shall See Him", GK p.407, EN p.231.

[16] Hand.1:8.

al de natiën werkelijk de inhoud waren geworden van hun hypostase. Van toen af aan werd de openbaring van het woord Gods onafgebroken – het vervulde de daarin liggende kracht in de levens van al de heiligen, en maakte de mens God-gelijkend door de genade.[17] In onze huidige tijd werd dezelfde openbaring van het pad van de Goddelijke Hypostase van Christus – die aan de profeten en de heilige apostelen geschonken was – gegeven aan de heilige Silouan, toen hij in de Heilige Geest de stem van de Heer hoorde, zeggende: "Houd uw geest in de hel, en wanhoop niet".[18] Dit woord onderrichtte hem in een vorm van ascese waardoor hij heel het pad van Christus leerde kennen, dat wil zeggen: de gehele Christus. Net zoals Christus het Kruis opnam en vrijwillig nederdaalde in de hel, evenzo moeten ook al de heiligen Gods, op een zeker punt in hun leven, het Kruis opnemen en de afgrond der hel bereiken – niet opdat zij verloren zouden gaan, maar opdat zij heel de grootsheid van Zijn weg zouden kennen, en het mysterie zouden doorgronden van Zijn verschijning, zelfs in de hel. Als wij onszelf vrijwillig veroordelen tot de hel, dan worden wij ingewijd in het mysterie van Zijn nederdaling ter helle, en zijn wij in staat Hem te ontmoeten en mét Hem te blijven, ongeacht in welke omstandigheden wij ons bevinden in het leven. Zelfs als de pijn van onze ervaring ons overspoelt en wij tot God roepen vanuit het diepst van ons wezen, zelfs dit kan – door de Heilige Geest – een gezegende wanhoop worden die ons losmaakt van al het geschapene en ons voor immer hecht aan de Heer.

Zijn geest in de hel houden is nimmer een verzinken in mistroostige hopeloosheid – zoals het woord van de heilige Silouan duidelijk zegt: "wanhoop niet". Het is veeleer een geloven "tegen hoop op hoop".[19] Deze charismatische wanhoop is waarlijk gezegend wanneer dit een luide kreet verwekt van berouwvolle bekering tot God: Wanneer wij zien dat de zonde en de dood ons leven bedreigen en wij het niet opgeven, maar vanuit het diepst van ons wezen roepen tot Hem Die zelfs de doden opwekt. De charismatische wanhoop is herkenbaar aan het gebed dat dit verwekt. Als het werkelijk een

---

[17] Zie Archim. Sophrony (Sacharov), "Saint Silouan", GK p.285, EN p.215, NL p.234.

[18] Ibid., GK p.51, EN p.42, NL p.53.

[19] Cf. Rom.4:18.

"sterk schreeuwen" tot God verwekt, dan betekent dit, dat het afkomstig is van de Heilige Geest. Als wij, wanneer de dreiging van
de dood ons slaat, in staat zijn ten volle te vertrouwen op Hem Die
omwille van ons is nedergedaald tot in de hel, dan betekent dit dat
de band die wij met Hem hebben, sterker is dan de dood – zodat
wij mét de Apostel kunnen zeggen: "... dit is de overwinning, die
wij over de wereld hebben: ons geloof".[20] Het woord van Christus
dat gegeven werd aan de heilige Silouan, leert ons hoe deze kracht
van het geloof te vinden, zodat wij heel het pad van Christus kunnen
kennen, en waarachtige personen kunnen worden naar Zijn beeld,
terwijl wij de liefdesband met Hem bewaren, ongeacht welke omstandigheden dan ook, zelfs onder de dreiging van de dood en de
hel. Dan zullen wij Hem Die wij volgen kennen, en wij zullen weten
aan Wie wij toebehoren: de Gezalfde, Die een volmaakt pad voor
ons heeft afgetekend, waaraan al de genadegaven ontspringen van
de Heilige Geest.

Wanneer oudvader Sophrony sprak over het begrip 'persoon',
dan toonde hij altijd de geestelijke figuur van zijn oudvader, de
heilige Silouan. Hierin volgde hij de apostelen en evangelisten, die
niet slechts op zichzelf staande geboden van Christus doorgaven,
maar veeleer Zijn beeld toonden en de gebeurtenissen uit Zijn leven,
om Hem aldus voor te stellen als een levende persoon. Oudvader
Sophrony onderrichtte dat het principe van de hypostase niet gekend
kan worden, tenzij door een relatie met een persoon in wie dit
principe zich geopenbaard heeft in al zijn volheid. Het 'persoon-
zijn' wordt dus altijd overgedragen van een persoon op een andere
persoon: van de apostel op de leerling, van de geestelijke vader op
de zoon. Het wordt gevoed door deze relatie, door het gebed van
de oudvader, door zijn voorbeeld en zijn woord.

In navolging van het voorbeeld dat hem getoond was in het leven
van zijn oudvader Silouan, onderrichtte oudvader Sophrony dat
een mens die het principe van de hypostase ten volle verwerkelijkt
of getoond heeft, zes hoofdkenmerken bezit.

Het eerste kenmerk is, dat hij geen "onopgevoed"[21] man is, maar
veeleer "van God geleerd" is.[22] Dit betekent, dat hij al de drie stadia

---

[20] Cf. 1Joh.5:4.
[21] Cf. Jes.26:11 (LXX).

van het geestelijk leven heeft doorlopen.[23] In het eerste stadium ontving hij de eerste genade van zijn roeping om leerling te zijn van Christus, de éne en unieke Leermeester. In het tweede stadium kwam hij te staan voor de beproeving van het terugtrekken van deze genade, en voerde hij een titanische strijd om deze wederom te verwerven. In het derde stadium tenslotte, wordt de genadegave van de Heilige Geest, die in het begin niet van hemzelf was – een 'onwettige' schat – hem werkelijk 'eigen', zijn wettig eigendom, zodat hij dit mag beschouwen als zijn erfenis tot in eeuwigheid. De mens die "op wettige wijze"[24] door al de verschijnselen van het geestelijk leven is gegaan en God overtuigd heeft van zijn trouw en zijn liefde, wordt een waarlijk geestelijke mens, zoals de heilige Paulus zegt in de Eerste Brief aan de Korinthiërs.[25] Hij wordt ontvangen als een zoon, en vanaf dat moment is hij in staat al de verschijnselen van het geestelijk leven te beoordelen, waarbij hij de geschapen dingen onderscheidt van de ongeschapene, en de gedachten van de vijand van de gedachten van God. Niets kan hem verbazen in de geestelijke wereld. Zulk een mens kan door niemand worden geoordeeld, want hij is geworden als "de wind die waait waar hij wil".[26]

Het tweede kenmerk van het 'persoon-zijn' is dat de mens, nadat hij de kastijding heeft doorgemaakt en de tuchtiging des Heren heeft gedragen, het reine gebed verwerft. Het reine gebed is een goddelijke gesteldheid waarin degene die bidt niet weet of hij in het lichaam is of buiten het lichaam.[27] Wanneer een mens al de voorbereidende beproevingen van het geestelijk leven geduldig heeft gedragen, dan, vroeg of laat, zal God hem bezoeken. Zoals oudvader Sophrony ons toevertrouwde: "Men hoeft slechts éénmaal te worden weggevoerd tot in den hoge, om alle mysteriën geopenbaard te zien en elk probleem van dit leven te zien opgelost in het licht van het komende leven".

De staat van het reine gebed begiftigt de mens met een onbe-

---

[22] Joh.6.45; 1Thess.4:9.
[23] Zie hfst.7.
[24] 2Tim.2:5.
[25] 1Kor.2:15.
[26] Cf. Joh.3:8.
[27] Cf. 2Kor.12:2.

schrijfelijke nederigheid, omdat hij de Heer heeft gekend "van aangezicht tot Aangezicht". Oudvader Sophrony refereert aan deze charismatische nederigheid als het derde kenmerk van de 'persoon'. Nadat hij de Heer heeft gezien van aangezicht tot Aangezicht, vergelijkt de mens zich niet langer met de stervelingen om zich heen, maar met Christus, zijn Prototype, en hij schreeuwt het uit van schaamte dat hij niet voldoet aan het waarachtige mens-zijn dat hij ziet in Christus – de volmaakte mens, Die God vóór de eeuwen verlangde te scheppen op de aarde. De charismatische nederigheid wordt geschonken aan de heiligen die de heerlijkheid van Christus hebben gezien, zodat zij de band van liefde met Hem mogen bewaren en "de golven van Zijn genade" mogen ontvangen, zoals de heilige Efraïm de Syriër zegt,[28] zonder enige vermindering of terugtrekken daarvan.

Het vierde kenmerk van het 'persoon-zijn' is de ontologische bekering, dat is, de universele bekering voor de gehele wereld. Er zijn twee niveaus van bekering: persoonlijk en ontologisch. Tijdens het eerste stadium van het geestelijk leven biedt de mens zijn eigen persoonlijke bekering aan vanwege zijn overtredingen. Hij offert vele tranen en onder "sterk schreeuwen" roept hij tot God om genezing. Dan, langzamerhand, wanneer deze genezing plaatsvindt, ontvangt hij een innerlijk oog, en met dit innerlijke oog kijkt hij naar de wereld en begint te zuchten, zeggende: "O Heer, en deze wereld kent U niet.[29] Schenk deze maat van uw genade aan elk schepsel, aan elke mens die in dit leven komt." Dan begint de mens te leven in berouwvolle bekering voor de gehele Adam, en zijn kreet wordt – zoals oudvader Sophrony zegt – een "universele kreet".[30] Deze kreet is zeer kostbaar voor Gods aanschijn, omdat de mens dan niet alleen vanwege zijn eigen zonden tot God roept, maar ook voor de fouten van alle mensen. Dit kan zeer stoutmoedig worden, zoals bijvoorbeeld in het geval van Job, die streed en argumenteerde met God, niet uit grilligheid, maar omdat hij al de verborgen gedachten van Diens Goddelijkheid wilde doorvorsen. Evenzo streed Mozes met God, terwijl hij pleitte voor zijn volk dat God hen niet zou straf-

---

[28] Aangehaald door de heilige Johannes Klimakos, in "The Ladder" step 29:8.
[29] Cf. Joh.17:25.
[30] "We Shall See Him", RU p.239, GK p.312-313. Dit gedeelte is niet opgenomen in de Engelse vertaling.

fen voor hun zonden. Hij stelde zich rechtstreeks voor de Lichaam-
loze Krachten, toen hij verklaarde: "Hoor hemel, en ik zal spreken".
Tenslotte stelde hij God een ultimatum, zeggende: "Als Gij hen niet
allemaal behoudt, wis mij dan uit Uw Boek".[31] Op vergelijkbare
wijze vroeg de heilige Paulus, in zijn Brief aan de Romeinen, dat
de Heer hem tot banvloek zou stellen, opdat zijn mede-volksgenoten
zouden mogen worden behouden.[32]

Nog een ander voorbeeld van de ontologische bekering is de
bekering van de drie jongelingen in de vuuroven van Babylon. In
de vuuroven riepen deze drie zondeloze jongelingen uit, zeggende:
"Wij hebben gezondigd, wij hebben onrecht bedreven, wij hebben de
wet overtreden".[33] Zij veroordeelden zichzelf tot de hel, niet zozeer
voor hun eigen zonden, die miniem waren, maar veeleer omwille
van hun volk, dat in Babylon afvallig geworden was. In vo256-
beelding van het mysterie van de Vleeswording dat in de laatste
tijden zou worden geopenbaard, werd hun bekering uitgebreid om al
de Israëlieten in ballingschap te omvatten, waarbij zij de schuld op
zichzelf namen – en daardoor trokken zij het bezoek aan van een
vierde persoon, de Zoon van God, Die nederdaalde om mét hen te
zijn in de vlammen. Hoewel Hij nog zonder vlees was, kwam Hij
om de vlam van de vuuroven uit te hollen en te vullen met de dauw
van Zijn Geest.

Op bewonderenswaardige wijze kondigden de drie jongelingen
het unieke pad van Christus aan, dat leidt tot waarheid en leven. Hun
gebed in de vuuroven was tevens de voorafbeelding van het vijfde
kenmerk van de 'persoon', dat is, om een voorspreker te zijn voor
de gehele wereld. De mens die een waarachtige persoon is, is in staat
om in zijn gebed de ene hand te leggen op de schouder van God en
de andere hand op de schouder van de mens, en tot middelaar te
worden voor Gods aanschijn.[34] Wanneer de mens in zijn gebed tot
voorspreker wordt voor de gehele wereld, dan wordt hij – net als
Christus – een andere Adam. Christus is de Nieuwe Adam, Die in

---

[31] Cf. Ex.32:31-32.
[32] Rom.9:3.
[33] Zie Dan.3:12-30 en 9:5,15 (evenals het Gebed der Drie Jongelingen = 7e & 8e
Bijbelse Ode, te vinden in het Psalterion van het Orthodox Klooster, Den Haag).
[34] Zie Job 9:33.

Zichzelf de gehele mensheid droeg, en daarmee geleden heeft, daarmee gestorven is, en deze verheerlijkt heeft. Evenzo brengt de mens in zijn voorspraak, als verwerkelijkte hypostase, ieder schepsel voor Gods aanschijn.

Het zesde en laatste kenmerk van de 'persoon' is, dat de mens die een waarachtige persoon is geworden, is alsof hij alle grenzen te boven gaat. Alle begrenzingen zijn voor hem teniet gedaan en hij wordt waarlijk vrij. Deze goddelijke vrijheid wordt in hem geopenbaard door de liefde die hij zelfs zijn vijanden kan toedragen. Liefde voor de vijanden is een goddelijk kenmerk dat hem geschonken wordt door de Heilige Geest. De aanwezigheid van deze liefde is een onderpand van de aanwezigheid van de Heilige Geest in de mens; zonder de genade van de Heilige Geest is deze liefde onmogelijk, omdat deze de menselijke natuur verre te boven gaat.

Voordat wij enige kennis verwerven van de waarachtige aard van de menselijke hypostase, leven wij in deze wereld als in een gevangenis. Net zoals een kind in de schoot van zijn moeder gevoed wordt door wat de moeder eet, en ademt wat de moeder inademt, maar nog geen echt (zelfstandig) leven bezit; evenzo dienen wij, net zoals het kind, uit de gevangenis van de baarmoeder te komen en vrijelijk de lucht in te ademen, om ons te ontwikkelen en een persoon te worden. Als wij onderricht worden door de geest van deze wereld, die ijdelheid en zinloosheid is, en toegeven aan de hartstochten van onze gevallen natuur, dan worden wij beroofd van de genadegave van de Heilige Geest. Wij weten, hoe zelfs vanaf het begin van de mensheid, toen de zonde begon toe te nemen, de Heer deze schrikwekkende woorden sprak: "Mijn geest zal niet in hen blijven, omdat zij vlees geworden zijn".[35] Als gevangenen van de drogbeelden van deze wereld, kunnen wij de lucht van de wereld in den hoge, de lucht van de hemel, niet inademen, en wij sterven in onze zonden. Wij moeten geestelijk wedergeboren worden om de lucht in te ademen van de wereld in den hoge. Wij moeten opnieuw de genadegave van Pinksteren ontvangen, zodat zelfs ons vlees zal dorsten naar de Levende God en niet langer naar de lage hartstochten. Wij moeten

---

[35] Cf. Gen.6:3 (LXX).

tot de Heer roepen zoals David: "Voer mijn ziel uit de kerker, opdat ik Uw Naam moge belijden!"[36]

De waarachtige profeet en apostel, de mens die is wedergeboren uit de Heilige Geest, heeft slechts één verlangen: aan God op te dragen al wat heilig is, want de Heer is heilig. De heiligheid die Hij in ons zoekt, is niets anders dan onze smetteloze en nederige liefde. Geschapen als wij zijn naar het beeld van Christus, hebben wij het vermogen Zijn "liefde tot het einde" te kennen, en slechts wanneer wij deze liefde verwerven tot aan zelfhaat toe, kunnen wij waarlijk in contact zijn met ons Prototype. De liefde voor God tot aan zelfhaat toe vernietigt onze eigenliefde, de 'infectie' die wij geërfd hebben van de oorspronkelijke Val. Deze nieuwe en smetteloze liefde maakt ons zelfs los van het verlangen te leven, zodat wij slechts één doel hebben: dat Christus in ons moge worden verheerlijkt en grootgemaakt, hetzij door de dood, hetzij door het leven.

Naar de werking van Zijn ondoorgrondelijke wil heeft God de mens geschapen en hem vóór Zich geplaatst als Zijn doelwit, het doelwit van Zijn menslievendheid, zodat Hij dag en nacht voor hem zou zorgen door Zijn genade. Welke eer is groter dan deze, die de mens gegeven is – dat de Schepper der wereld zijn Dienstknecht zou worden, de Dienaar van de goedheid en van zijn heil?

Net zoals er zowel persoonlijke als universele bekering bestaat, bestaat er ook persoonlijke en universele dankzegging. Wij kunnen nimmer genoeg dank brengen aan God, Die ons in dit leven heeft gebracht, voor al de weldaden die Hij geschonken heeft aan ons en aan de gehele wereld; voor elke ademtocht die Hij uitstort op het aangezicht der aarde opdat elk levend schepsel zou mogen ademen. Er is de individuele, persoonlijke dankzegging tot God, die aanvaard wordt en zelfs prijzenswaardig is. Maar er bestaat ook een universele dankzegging, waarin wij worden ingeleid in de Goddelijke Liturgie, en waardoor de gehele wereld behouden wordt. Onze dankbaarheid betreft ten eerste en vóór alles God, maar ten tweede onze Vaders in God, die ons gevormd hebben in het geloof, en die ons getoond hebben hoe wij waarachtige personen worden.

Hoewel wijzelf onwaardig zijn om de sporen van genade te verzamelen die oudvader Sophrony ons heeft nagelaten – daar wij

---

[36] LXX Ps.141:8 (142:7/8).

geenszins toereikend zijn voor de genadegaven die hij bezat – verlangen wij toch dit nederige portret aan te bieden van zijn leven en zijn onderricht over het principe van de hypostase, in de hoop dat dit het beeld van de Persoon van Christus moge weerspiegelen, dat vader Sophrony vanaf het begin kenmerkte, en dat hem op profetische wijze bezegelde om zijn vader, de heilige Silouan, na te volgen, die ook zelf een drager was van het woord, en een teken van God voor onze generatie.'

De God onzer Vaderen

1

"IK BEN DE ZIJNDE" (Ex.3:14)

De openbaring van de Persoon van Christus in het leven van Oudvader Sophrony

Het leven van Oudvader Sophrony omspant vrijwel een eeuw. Onze voornaamste bronnen aangaande zijn leven worden gevormd door zijn geschriften en onze vele jaren van persoonlijk contact met hem. Vanaf het begin tot aan het eind van zijn lange leven werd hij gemarteld door een brandend verlangen naar de persoonlijke God. Zijn autobiografische teksten en zijn correspondentie spreken van de intensiteit van zijn zoektocht naar de wegen des heils, voor zichzelf zowel als voor de gehele Adam.[1] Dit uitgebreide zoeken tekende zijn gehele jeugd en was zijn behoud bij zijn tijdelijk afglijden tot de misleiding van het onpersoonlijke 'Absolute'. Tenslotte, door de gave van een vurige bekering, verwierf hij Christus in zijn hart: "een wonder dat elk intellect te boven gaat, de geheel volmaakte openbaring van de God van de Drie-hypostatische liefde, zowel als de openbaring van de oneindige vermogens van de mens".[2] Christus werd zijn leven, met een liefde die volmaakt was en zonder weerga.

Oudvader Sophrony werd geboren in Moskou op 22 september 1896 en hij ontving de naam Sergius Sacharov. Gods machtige hand

---

[1] De voornaamste bronnen voor de feitelijke informatie die de basis vormt van dit hoofdstuk zijn de brieven van oudvader Sophrony aan zijn familie in Rusland (EN: *"Letters to His Family"*) en aan David Balfour (EN: *"Striving for Knowledge of God"*, RU: Подвиг Богопознания) Voor nadere details, zie de bibliografie achterin. [Hfst.1&2 komen deels overeen met de voordrachten van Archim. Zacharias op de conferentie over het leven en werk van oudvader Sophrony, Athene 2007. Zie de uitgave: ΓΕΡΟΝΤΑΣ ΣΩΦΡΟΝΙΟΣ, Ο ΘΕΟΛΟΓΟΣ ΤΟΥ ΑΚΤΙΣΤΟΥ ΦΩΤΟΣ (*Oudvader Sophrony, de theoloog van het Ongeschapen Licht*): "Een inleiding op de theologie van oudvader Sophrony" (p.53-75) & "Het ongeschapen Licht in het leven en onderricht van oudvader Sophrony" (p.289-302). *Noot vert.*]

[2] Zie het hoofdstuk "Over het gebed te Gethsémane", in *"We Shall See Him"*, RU p.294, GK p.386. Dit hoofdstuk is nog niet in het Engels gepubliceerd.

was mét hem vanaf het ogenblik van zijn moeilijke geboorte, die hij op wonderbaarlijke wijze overleefde, tot op de dag dat hij dit leven verliet in 1993. Als jong kind nam hij de geest van gebed in zich op van zijn verzorgster die, zoals hij zeide, kuis was en geheel aan God toegewijd. Zij was gewoon hem mee te nemen naar de kerk en zijn eigen gebeden duurden tot wel drie kwartier lang.[3] Het was geduren-de deze vroege jaren dat hij voor het eerst het Ongeschapen Licht ontmoette, dat voor altijd in zijn herinnering gegrift zou blijven.[4]

In zijn latere jeugd gaf oudvader Sophrony zichzelf over aan zijn schilderkunst met zulk een hartstocht dat hij in zijn concentratie soms alle besef van tijd verloor.[5] De kunst nam hem zodanig in beslag dat hij op mystieke wijze de geschapen wereld schouwde in al haar complexe wisselwerkingen. Hij placht te zeggen dat op zulke ogen-blikken het schilderen een vreemd karakter kreeg, net zoals voor een musicus de muziek vreemd klinkt.[6] Met andere woorden, hij streefde ernaar via de kunst de eeuwigheid te vatten. Gedurende de begin-jaren van zijn leven leefden de kunst en het gebed naast elkaar in zijn dorst naar de eeuwigheid. Zoals hijzelf vertelt, geloofde hij in de diepten van zijn hart in het bestaan van een andere "vorm van 'zijn', onbesmet met het vergif van het verderf".[7] Voor hem was de toegang tot hetgeen eeuwig is een essentiële voorwaarde, wilde dit tijdelijke leven de moeite waard zijn om te leven.

Oudvader Sophrony studeerde beeldende kunsten aan het 'Vklutemas'[8] in de jaren na de bolsjewistische revolutie. In het bezit van de gevoeligheid van een schilder, werd hij diep geraakt

---

[3] Cf. "Letters to His Family", GK p.27, EN p.24.

[4] Zie "We Shall See Him", GK p.56, EN p.37.

[5] Zie "Letters to His Family, GK p.28, EN p.25.

[6] Zie ibid.

[7] Archim. Sophrony, "On Prayer", EN p.80. [De Griekse versie van deze uitspraak (GK p.199) is iets uitgebreider: "... het geloof in een ander 'zijn', vrij van de ziekte van de nimmer aflatende wording en de vervolgens onvermijdelijke ontbinding" *Noot vert.*]

[8] D.w.z. de Hogere Staats-studio's voor Kunst en Techniek. Vóór de bolsjewis-tische revolutie van 1917 stond deze school bekend als de "Moskou School voor Schilderkunst, Beeldhouwkunst en Architectuur". Onder de leraren van oudvader Sophrony waren Wassily Kandinsky, Ilya Mashkov en Pjotr Konchalovsky. Zie het werk van zuster Gabriela "Seeking Perfection in the World of Art, The Artistic Path of Father Sophrony", p.47.

door het rampzalige schouwspel van menselijk leed dat het gevolg was van zowel de Eerste Wereldoorlog als de burgeroorlog in zijn eigen land. Het was in deze tijd dat hij de diepste val maakte van zijn leven, waarover hij tientallen jaren ontroostbaar weende. Zoals hijzelf vertelt, kwam op een ochtend in een straat in Moskou een hardnekkige gedachte in hem op: "Het Absolute kan geen 'persoon' zijn, de eeuwigheid kan niet besloten liggen in het 'psychisme' van de Evangelische liefde..."[9] Vanaf dat ogenblik begon hij zichzelf te dwingen om te stoppen met bidden, en de band tussen de Persoon en de Eeuwigheid was niet meer zo vanzelfsprekend als voorheen, in het geloof van zijn kindertijd. Hij onttrok zich aan het gebed van zijn kinderjaren en raakte vervreemd van de God van zijn Vaderen.

Zoals hij vijftig jaar later aan zijn familie zou verhalen, gebeurde het in die tijd dat hij een boek las dat sprak over vier soorten onsterfelijkheid: de *materiële*, waarin de atomen onveranderlijk zijn, de *historische*, waarin een held eeuwenlang voortleeft in de herinnering van generaties, de *pantheïstische*, die erkent dat de wereld voortkomt uit en terugkeert naar dezelfde bron, en tenslotte de onsterfelijkheid die Christus noemt in het Evangelie, namelijk de *persoonlijke onsterfelijkheid*.[10] Hoewel de pantheïstische theorie voor oudvader Sophrony niet voldeed – daar deze geen antwoord kon geven op het probleem van het lijden, noch van de liefde, noch van de strijd om te overleven – toch leek het Evangelie, dat spreekt over de eeuwigheid in het één-zijn met de persoonlijke God, hem in die tijd lager toe dan het idee van een onpersoonlijk Absolute. Zijn voortdurende gedachte aan het absolute 'Zijn' werd onafscheidelijk van zijn bezig-zijn met de schilderkunst en zijn zoeken naar de eeuwigheid werd steeds intenser.

Veel kunstenaars in die tijd in Rusland experimenteerden met Oosterse religies om hun inspiratie te bevorderen.[11] Rond 1913 begon oudvader Sophrony met de beoefening van een meditatie van niet-Christelijke aard. Op een nacht werd hij wakker en zag zijn gehele kamer gevuld met plekken van zinderend licht. Het gezicht schrikte hem af, en de afkeer en het onbehagen dat hij voelde waren vermengd

---

[9] "We Shall See Him", GK p.49-50, EN p.32.
[10] Zie "Letters to His Family", GK p.29, EN p.26.
[11] Zuster Gabriela, "Seeking Perfection in the World of Art....", EN p.63.

met angst. Kort daarop, tijdens zijn meditatie, toen deze een mate van intense concentratie had bereikt, zag hij de energie van zijn denken als een licht in en rond zijn schedel – doch zijn hart had hier geen deel aan.[12] Deze periode waarin hij zich bezighield met het bestuderen en praktiseren van Oosterse religies, duurde ongeveer acht jaar.

Zo aantrekkelijk is de afgrond van de transcendente beschouwing met zijn mystieke ervaring van de stilte van het intellect, buiten de voortdurend veranderende verschijningen van de zichtbare wereld,[13] dat oudvader Sophrony achteraf gezien wist dat hij zichzelf niet op eigen kracht had kunnen bevrijden van de illusie van een transpersoonlijk Absolute. Doch Gods wonderbaarlijke voorzienigheid veranderde zijn jeugdig experiment met de onpersoonlijke contemplatieve methoden van de Oosterse religies in een grote zegen vanuit den Hoge.

Naarmate hij voortschreed, raakte oudvader Sophrony overtuigd van de illusoire aard van zijn Oosterse ervaring, die voornamelijk intellectueel was geweest. Hij besefte, dat evenals de wetenschappelijke kennis beperkt is tot het kader van een bestaan door oorzaak en gevolg, evenzo ontsnapt de discipline van de Oosterse religies niet aan de grenzen van de menselijke logica. Op grond van zijn ervaring van de artistieke inspiratie was hij zich er reeds van bewust dat het leven van de mens niet enkel het gevolg kan zijn van een logische reeks van oorzaak en gevolg. In de Oosterse meditatie bepaalt de beoefenaar voor zichzelf het plan en de stadia daarvan, en als hij zich daaraan houdt, bereikt hij de volmaaktheid van de verlichting. In een dergelijke discipline is geen plaats voor de genadegave van de Heilige Geest, Die "waait waar hij wil"[14] en Die de mens herboren doet worden en hem "geschikt" maakt "voor het koninkrijk Gods".[15]

Oudvader Sophrony had Christus nimmer bewust verloochend, maar hij kwam ertoe zijn omzwervingen (in het Oosterse, niet-Christelijke ascetisme) te beschouwen als gelijkstaande aan

---

[12] Cf. "We Shall See Him", GK p.50, EN p.32-33.
[13] "On Prayer", GK p.188, EN p.169.
[14] Joh.3:8.
[15] Lk.9:62.

afvalligheid,[16] een misdaad jegens de liefde van God de Vader[17] waarvoor hij zichzelf nimmer wilde vergeven.[18] Hij beschouwde zijn fout als gelijk aan de val van Adam en als zelfmoord op het metafysische vlak. De Oudvader verspilde veel tijd en kracht door deze val. Doch omdat dit "uit onwetendheid" was,[19] was God hem genadig en leidde hem terug tot de waarachtige aanbidding van de persoonlijke en levende God der openbaring.

Bij de aanvang van zijn berouwvolle bekering werd aan oudvader Sophrony de genadegave geschonken de geestelijke 'plaats' te zien waarin hij zich bevond, zijn persoonlijke hel. In zijn brieven zegt hij dat in die tijd, terwijl hij op aarde wandelde en met de mensen sprak, hij de aarde onder zijn voeten niet voelde maar een eindeloos diepe, zwarte afgrond.[20] Hij stond voortdurend voor de brandende vraag die hem sinds zijn vroege jeugd achtervolgde: "Ben ik eeuwig, zowel als ieder mens, of zullen wij allen ten onder gaan in het duister van het niet-zijn?" Met deze vraag vestigde zich een vreemd en tot dan toe onbekend gevoel in zijn hart: dat van "de ijdelheid van alle aardse verworvenheden.[21] De ogen van zijn ziel werden geopend om het verderf en de sterfelijkheid te zien van al het geschapene. Hij hoorde het steunen van het heelal dat overgeleverd is aan de ijdelheid, zonder uitweg. Hem werd de genade geschonken de donkere sluier te zien van de dood en de wanhoop, die de mensheid en heel het aardse bestaan overdekt. Toen hij de uiterste grens bereikte van wat hij dragen kon, was hij gereed om Gods tussenkomst te kunnen ontvangen – toen Deze hem de de woorden van de Bijbel voorlegde waarin Hij Zichzelf geopenbaard had op de berg Sinaï: "IK BEN DE ZIJNDE".[22]

Dit ogenblik markeert het begin van de geestelijke wedergeboorte van oudvader Sophrony. De persoonlijke God, de Persoonlijke Absolute, de Schepper en Vader van heel de schepping, riep hem uit

---

[16] Cf. "We Shall See Him", GK p.40, 44, EN p.26, 28-29.
[17] Cf. ibid, GK p.333, EN p.211.
[18] Cf. "On Prayer", GK p.44, EN p.31.
[19] Cf. 1Tim.1:13.
[20] Zie de brieven aan David Balfour, "Striving for Knowledge of God", RU p.74, GK p.84, EN p.73.
[21] "We Shall See Him", GK p.17, EN p.11.
[22] Ex.3:14 [Vertaald naar LXX, zie Inleiding, noot 4, p.6.]

het 'niet-zijn' terug tot het licht des levens, en hij begreep dat onze persoonlijke relatie met God het enige is wat van belang is. Nu wist hij waarheen hij zich moest wenden.[23] De geopenbaarde woorden "IK BEN DE ZIJNDE" droegen op hem een geestelijke staat over, die nimmer-eindigende horizonnen openden van de goddelijke werkelijkheid. Zijn intellect en zijn hart werden verlicht, zodat hij de afschrikwekkendheid van zijn val besefte, en begreep dat "een god te zijn buiten Hem, de Éne en Waarachtige God, een zotheid [was,] erger dan alle overige vormen van zotheid".[24] In deze tijd benaderde hij een priester voor de Biecht, daar heel zijn leven tot op dat ogenblik hem een leugen toescheen. Doch toen hij probeerde te biechten kon hij slechts wenen. Zoals hij later in een brief verhaalt, voordat hij zelfs maar een woord kon uiten, voelde hij – als in de gelijkenis van de Verloren Zoon – dat de Heer Zelf "uitkwam om hem te ontmoeten", hem om de hals viel en hem kuste.[25]

Gedurende de daarop volgende maanden verlichtte het Goddelijk Licht hem "van achteren" en "van verre" – door zijn ogen te openen voor de duisternis waarin hij had geleefd, en hem in staat te stellen dit te zien in contrast met het Licht. Zijn hart werd door smart verteerd toen hij verstond welke gesteldheid hij zou moeten bezitten om voor alle eeuwigheid onlosmakelijk verenigd te worden met de Hemelse Vader. Hij ervoer terzelfder tijd zowel wanhoop als kracht.[26] Wanhoop, want God weigert Zich te verbinden met onze duisternis; maar ook kracht, door de genade der bekering die geschonken wordt voor onze reiniging. Hij gaf zich over aan een "wanhopig wenen, aan bittere, brandende tranen".[27]

In deze tijd kwam hij tot begrip van de werkelijke betekenis van de twee grote geboden der liefde, niet op het psychologische maar op het ontologische niveau. Het werd hem duidelijk dat waarachtige kennis een gemeenschap is in het 'zijn', vooral in de beoefening van de liefde. Hij herontdekte het Evangelie van Christus, dat hij eerder terzijde had geschoven, en door het vervullen van Diens

[23] Zie "We Shall See Him", GK p.43, 52, EN p.28, 34.
[24] Ibid., GK p.43, EN p.28.
[25] Zie de brieven aan David Balfour, "Striving for Knowledge of God", RU p.60, GK p.70, EN p.60; cf. Lk.15:20.
[26] Zie "We Shall See Him", GK p.51, EN p.33.
[27] "We Shall See Him", GK p.43, EN p.28.

geboden verwierf hij een diepere kennis van de persoonlijke God, en een sterkere relatie met Hem en met zijn naaste.

In zijn voorgaande zoektocht naar het supra-persoonlijke Absolute had oudvader Sophrony een soort intellectuele inspiratie verworven, die niet in staat was zijn hart te wekken. Doch nu brachten de geboden van het Evangelie zijn hart tot leven en gaven antwoord op al zijn vragen. De persoonlijke onsterfelijkheid die Christus onderrichtte[28] leste zijn dorst naar de eeuwigheid. Wederom welde er gebed in hem op, met zulk een kracht dat de schilderkunst niet langer kon wedijveren met de werking van het gebed. Hij wist dat, hoezeer mens zich ook toelegt op de schone kunsten, dit slechts een zekere gewaarwording kan brengen van tijdeloosheid, terwijl het gebed een diepe en levende gewaarwording schenkt van Gods aanwezigheid in het hart. De kunst, de grootste hartstocht van de Oudvader, werd overwonnen door het gebed, en daaraan leverde hij zichzelf over.

Vanaf het eerste ogenblik van zijn persoonlijke ontmoeting met Christus, was de intensiteit van oudvader Sophrony's smeekbede zodanig, dat hij voortdurend onderricht werd in het mysterie van God, Die nu Zichzelf aan hem geopenbaard had als het Waarachtige 'Zijn'. Voortdurend onderzocht hij de diepten van de grenzeloze uitgestrektheid van de Persoon van Christus, de Heiland, naar Wiens Beeld de mens in den beginne geschapen was. Het was toen, dat de Oudvader de waarachtige geestelijke 'plaats' van de persoon gewaar werd, en diens vermogen om in zichzelf de volheid te omvatten van het goddelijk en het menselijk 'zijn'.

Terwijl hij gewaar werd hoe de twee grote geboden der liefde tot wet werden van heel zijn wezen, bemerkte hij hoe het eerste gebod zich uitdrukte in een onuitblusbaar verlangen naar God, tot aan zelf-haat toe, en het tweede in gebed en wenen voor de gehele wereld tot op het punt dat hij zichzelf vergat. De martelende bitterheid van de haat die hij voor zichzelf voelde, en de onveranderlijke overtuiging dat hij zulk een goedertieren God als Christus onwaardig was, scheidde hem af van al het geschapene, zelfs van de gehechtheid aan zijn eigen leven. Op zulke momenten werden leven en liefde "zeker en

---

[28] "Letters to His Family", GK p.29, EN p.26.

vast"[29] en, zich bewust van Christus' aanwezigheid in zijn hart, werd zijn gehele wezen als een "strak getrokken knoop". Wanneer dit gevoel een zekere volheid bereikte, "dan verdwenen de aarde en de zichtbare wereld uit zijn bewustzijn en was hij alleen met God"; hij werd overschaduwd door het "ongenaakbaar Licht"[30] en zijn geest werd weggevoerd tot het rijk van de Beginloze God.

In 1924, nadat hij Rusland verlaten had en zich voor enkele jaren in Parijs gevestigd had, ervoer oudvader Sophrony het Ongeschapen Licht op een wijze die in zijn latere leven nimmer overtroffen werd. In een brief beschreef hij deze gebeurtenis in de derde persoon:[31]

Ik ken een mens in Parijs die vanaf de Grote Zaterdag tot aan de derde dag van Pasen, gedurende drie dagen, in een staat van Godschouwen verkeerde, iets wat hij in de vormen van ons aardse bestaan slechts kon uitdrukken door te zeggen dat hij 'de dageraad van de avondloze dag aanschouwde'.

'De dageraad', omdat dit licht ongewoon zoet was, verfijnd, 'lieflijk', in sommige opzichten hemelsblauw. 'De avondloze dag' nu, is de eeuwigheid.

In de ervaring van oudvader Sophrony kwam de verlichting stilaan tot stand, zodat hij in het begin niet begreep wat er plaatsvond. Hij dacht, dat wat hij ervoer natuurlijk was, dat dit een "gewone" gesteldheid "behoorde" te zijn.[32] Pas later, bij het lezen van de hymnen van de heilige Simeon de Nieuwe Theoloog, vond hij een spiegel

---

[29] Cf. "We Shall See Him", GK p.73, EN p.47 (cf. Hebr.6:19).

[30] Cf. ibid., GK p.169, EN p.162.

[31] Brieven aan David Balfour, "Striving for Knowledge of God", RU p.232, GK p.257, EN p.234. [De 'Grote Zaterdag' is de dag vóór Pasen, in onze streken ook wel 'Stille Zaterdag' genoemd. Het hier genoemde 'Godschouwen' wordt in de Engelse tekst weergegeven door het woord 'theosis', hetgeen de geestelijke staat aanduidt waarbij de mens 'in God' is; de Griekse uitgave vertaalt hier met 'theoria', hetgeen meer specifiek wijst op het geestelijk 'schouwen' als zodanig. Het woord "lieflijk" herinnert aan de Vesperhymne waarin, vertaald vanuit het Slavisch, gesproken wordt over Christus als het "lieflijk" of "teder" Licht – vanuit het Grieks ook te vertalen als "vreugdevol Licht". *Noot vert.*]

[32] Ibid., RU p.151, GK p.168, EN p.152.

voor zijn eigen ervaring, en toen – zodra zijn linkerhand zag wat de rechterhand Gods in hem bewerkte – eindigde dit schouwen.[33]

In antwoord op dit eerste schouwen van het Licht, onttrok oud-vader Sophrony zich aan zijn vroegere leefwijze. Hij hield ermee op schilderijen te exposeren en hij isoleerde zichzelf van zijn vroegere vrienden. In april 1925 begon hij lessen te volgen aan het pas ge-stichte Theologisch Instituut St. Serge. Zijn geestelijke vader, Sergius Bulgakov, maakte deel uit van de faculteit, evenals professor Simeon Frank. Oudvader Sophrony studeerde slechts zes maanden aan dit Instituut. Later legde hij uit aan zijn familie, dat hoewel hij in deze tijd leerde over de geschiedenis van de Kerk, haar leidende figuren en haar onderricht, hij daar niet had kunnen leren wat hij het meest dringend wilde weten, namelijk, hoe de eeuwigheid te bereiken.[34] Op een keer, op weg naar huis na de colleges, voelde hij de drang om in te treden in een klooster, waar mensen heel de dag en de nacht wijden aan juist deze gedachte. Toentertijd kwamen hem twee plaatsen in gedachten: Valaam en de berg Athos. Vrij kort daarop deed zich plotseling een gelegenheid voor waarbij hij naar Griekenland kon reizen en zo, door de loop der omstandigheden, ging hij naar de berg Athos.[35]

In de herfst van 1925 arriveerde oudvader Sophrony in het Heilig Klooster van de Groot-martelaar Panteleimon, dat toen het enige Russische klooster was op de berg Athos. Op 24 maart 1926 ontving hij het monnikskleed, en op 5 maart 1927 ontving hij de monniks-wijding van het 'Klein Schêma'.* Zoals hij later aan zijn familie verhaalde, waren zijn eerste jaren in het klooster bijzonder gezegend, meer dan andere perioden, daar de gehoorzaamheden* die hem werden toegewezen zeer eenvoudig waren en zijn geest op geen enkele manier hinderden bij het gebed. Samen met al zijn broeders bracht hij op weekdagen zes tot zeven uur door in de Diensten en op feestdagen twaalf uur of meer; de tijd vergleed op zodanige wijze dat hij niet had kunnen zeggen hoe veel uren verstreken waren.[36]

In de eerste vijf jaar van zijn monastieke leven worstelde oud-

---

[33] Cf. ibid., RU p.151-152, GK p.168-169, EN p.152-153.
[34] Zie "Letters to His Family", GK p.35, EN p.32.
[35] Zie ibid., GK p.35-36, EN p.32.
[36] Zie ibid., GK p.36, EN p.33.

vader Sophrony met veel van de geestelijke leiding die hem geboden werd. Hij had verwacht dat hij geleid zou worden in verband met de ervaring van het Licht, die hij had tijdens zijn berouwvolle bekering. Maar in plaats daarvan moest hij, zoals elke novice, beginnen op een zeer eenvoudig niveau. Zijn ervaring drong hem ertoe, te proberen terug te vinden wat hij verloren had, maar – zoals hijzelf vertelt – omdat hij dit deed op basis van gissingen, struikelde hij vaak, soms ernstig tot bijna fataal. Hij was gedwongen zich te realiseren dat het geen bewijs van geloof was te "streven naar gezichten, naar het Godschouwen, naar verheven innerlijke gesteldheden – dat alles is de weg der dwaling".[37]

Eén van de vragen, waardoor hij in deze vroege periode in beslag genomen werd, was: Hoe te leven zonder zonde? Hij werd voortdurend gemarteld door het feit dat hij niet in staat was te vermijden om in gedachten anderen te oordelen. In deze tijd sliep hij bovendien nauwelijks omdat hij meedogenloze aanvallen te verduren had van demonische energieën. Hij vertrouwde dit toe aan zijn biechtvader, archimandriet Kyrik, die hem de raad gaf geduld te oefenen omdat de vijandelijke aanvallen rechtstreeks verband hielden met zijn kritische gedachten, en voorbij zouden gaan.[38]

Na het verstrijken van vijf jaren, waarin hij geen weg tot vooruitgang vond, leerde oudvader Sophrony de heilige Silouan kennen. Vanaf de eerste dagen van zijn komst in het klooster had oudvader Sophrony in het voorbijgaan de Heilige gezien, en hij voelde een grote eerbied voor hem. Telkens wanneer zij elkaar ontmoetten bemerkte oudvader Sophrony dat diens gelaat straalde met een licht en een schoonheid die onbeschrijfelijk waren. Doch de eerste maal dat zij elkaar werkelijk ontmoetten en met elkaar spraken was nadat oudvader Sophrony tot diaken gewijd was, op 30 april 1030, door metropoliet Nikolai Velimirović van Žiča en Ochrid.[39] De heilige Silouan was bij de wijding aanwezig. Kort na de plechtigheid ontving oudvader Sophrony een tweede bezoek van het Ongeschapen Licht dat twee weken duurde, en pas verminderde toen een vraag

---

[37] Brieven aan David Balfour, "Striving for Knowledge of God", RU p.180, GK p.199, EN p.183.
[38] Zie ibid., RU p.106-107, GK p.119, EN p.105-106.
[39] Onlangs gecanoniseerd door de Heilige Synode van het Servisch Patriarchaat.

van een medemonnik hem ertoe bracht dit met zelfbewustzijn te overwegen.[40] Niet lang daarna hoorde de heilige Silouan over een advies dat oudvader Sophrony gegeven had aan één van hun broeders van het Panteleimon-klooster. De Heilige herkende hierin iets van zijn eigen ervaring, en daarom sprak hij hem hierover aan.

Tijdens hun eerste onderlinge ontmoetingen vertrouwde de heilige Silouan een verzameling aantekeningen toe aan oudvader Sophrony, die geschreven waren in fonetisch Russisch. Hij verzocht oudvader Sophrony om ze te redigeren en uit te geven. Jarenlang, sinds hij de levende Christus had geschouwd, had de heilige Silouan slechts enkele uren per nacht geslapen, en de rest van de nacht bad hij en schreef. Bij het lezen van diens aantekeningen en in het spreken met hem, besefte oudvader Sophrony dat zij beiden een vergelijkbare ervaring van wanhoop hadden doorgemaakt.[41] De heilige Silouan verhaalde hoe op een keer, na vijftien jaar van worsteling met de demonen, de wanhoop hem beving in zulk een mate dat hij tot God riep als vanaf de bodem van een diepe put, en toen in zijn hart Christus hoorde spreken Die het volgende antwoord gaf: "Houd uw geest in de hel en wanhoop niet". Vanaf dat moment was hij bevrijd van de innerlijke strijd en heerste er een diepe vrede in zijn hart, daar dit woord hem de kracht schonk zichzelf beneden elk schepsel te plaatsen. Oudvader Sophrony zou later zeggen dat zijn ontmoeting met de heilige Silouan het grootste geschenk van God was in zijn leven. Door het openbarende woord van de Heilige leerde hij zijn geest vrij te houden van elke opdringerige gedachte door middel van het vuur van de charismatische zelfveroordeling. Werkelijk, dit woord plaatste hem stevig op de weg van Christus – de weg van Diens nederdaling in de hel en Diens opgang tot boven de hemelen – de bron van al de genadegaven van de Heilige Geest.

Sinds zijn vroegste jaren had oudvader Sophrony een antwoord gezocht op de vraag naar de hoogste vorm van creativiteit in het leven van de mens. Door zijn relatie met de heilige Silouan leerde hij, dat de mens deelgenoot kon zijn aan de scheppende energie

---

[40] Zie "We Shall See Him", GK p.285, EN p.184-185.
[41] Zie "Letters to His Family", GK p.38-39, EN p.35-36.

van God, en specifiek van Diens woord. Zoals hij later in zijn brieven vertelde:[42]

> Dat wil zeggen dat ook dit denkbeeld van de creativiteit – dat mij bleef kwellen, alhoewel ik de schilderkunst reeds sinds jaren achter me had gelaten – nu een andere vorm aannam: Als ik spreek met woorden die de liefde opwekken, dan vervul ik het werk van de Beginloze God.

Deze gedachte was de sleutel tot zijn later geestelijk vaderschap, waarin hij te allen tijde zocht naar een woord van God om elke persoon die tot hem kwam te hernieuwen.

In de eerste weken van 1935 werd oudvader Sophrony ernstig ziek van de malaria en omdat men dacht dat hij de dood nabij was, ontving hij op 18 januari de monnikswijding van het 'Groot Schema'* in de kerk van de ziekenafdeling. Sommigen schreven zijn herstel toe aan de kracht van dat sacrament als zodanig. Gedurende de daaropvolgende jaren bleef zijn gezondheid hem moeite veroorzaken, en vaak trok hij zich overdag terug in een kluizenaarshut in de buurt van het kloosterterrein. In die tijd was hij ook bezig de heilige Silouan te helpen met diens correspondentie en ontmoetingen met degenen die zich tot heilige wendden om raad. Tegen het eind van zijn leven gaf de heilige Silouan hem de raad om de zegen te vragen het klooster te verlaten en als kluizenaar te leven, om gezondheidsredenen.

Nadat de heilige Silouan overleden was op 24 september 1938, vroeg oudvader Sophrony aan vader Misaïl, de hegoumen* van het klooster, toestemming om zich terug te trekken in de ruige woestijn van Karoulia. De hegoumen en de raad van oudsten vroegen hem zes maanden te wachten, om zijn gedachten te beproeven. Toen er zes maanden verstreken waren, stelden zij het nog langer uit, en vroegen hem om eerst de statuten van het klooster van de heilige Panteleimon vanuit het Russisch in het Grieks te vertalen. Toen eindelijk, na bijna een jaar, stond men hem toe zich terug te trekken in de woestijn. Zijn verlangen toentertijd was om zichzelf volledig over te leveren aan de berouwvolle bekering, zonder te worden beperkt door een programma.

---

[42] Ibid., GK p.40-41, EN p.37; zie ook Joh.17:4.

Oudvader Sophrony beschouwde zijn tijd in de woestijn als een tijd van grote vrijheid, zoals hij in zijn brieven vertelt:[43]

> Wanneer ik me herinner hoe ik leefde in de woestijn van Athos, dan denk ik dat het niemand mogelijk is de armoede te beschrijven van dat leven. Niettemin bevindt de mens zich dan in zulk een vrijheid van geest, dat hij deze met niets zal ruilen.

Zijn grot lag op de rand van een vrijwel verticale, door de zeegolven gebeukte rotswand, zodat hij tijdens stormachtige dagen en nachten de schok van elke golf kon horen en voelen op zijn rotsachtige legerstede.[44] Hij liet de grot in volstrekte duisternis om zichzelf af te scheiden van de veranderingen van het licht die het verstrijken van de tijd tonen, en van alle gevoel van ruimte. Hangend als boven het niets, zocht hij zichzelf voor te bereiden op de intrede in het toekomende leven, waarbij in één volmaakt ogenblik heel de eeuwigheid zou worden bekend gemaakt:[45]

> Heel ons leven, gezien in z'n uiteindelijke verwezenlijking, zal een soort unieke daad blijken te zijn, zonder enige tijdsduur. Met andere woorden, door diegenen die een overeenkomstige visie bezitten, zal het onmiddellijk in z'n geheel worden geschouwd. In die zin laat elke innerlijke beweging, zelfs van een enkel ogenblik, een of ander spoor achter op de algehele totaliteit van ons leven...

Hij stond vaak wekenlang niet op van de grond om door de opening van zijn grot naar buiten te kijken. Wanneer hij uitgeput raakte, sliep hij twee uurtjes, daar waar hij lag, werd dan weer wakker en ging voor met wenen.

De periode waarin oudvader Sophrony in de woestijn leefde viel samen met de Tweede Wereldoorlog. In deze tijd trad hij in strijd met God waarbij hij, zoals hij zeide, bad als een waanzinnige voor de vrede in de gehele wereld.[46] Vermorzeld als hij was door zijn eigen machteloosheid in zijn pogingen Gods oordelen te verstaan,

---

[43] Ibid., GK p.54, EN p.50.

[44] Ibid., GK p.234, EN p.219.

[45] Ibid., GK p.65, EN p.60.

[46] Zie de brieven aan David Balfour, "Striving for Knowledge of God", RU p.258, GK p.288, EN p.262.

trad hij Hem tegemoet met grote vrijmoedigheid. Evenals Job be-
schuldigde hij God en 'ruziede' hij met hem. Er waren momenten
waarop hij, met een afgemat hart, het punt bereikte dat hij God
'wegduwde', zeggende: "O, dit gaat mijn kracht te boven".[47]

Zoals hijzelf later toelichtte, is een dergelijke strijd gevaarlijk
als een tweesnijdend zwaard. Het kan iemand die dit op hovaardige
wijze doet en de algoede Heer de schuld geeft, volstrekt vernietigen.
Doch het kan hem ook sterk maken voor Gods aanschijn, uiteraard
als hij zichzelf volkomen vernedert en binnentreedt in de goddelijke aanwezigheid. God is altijd de overwinnaar in dit gevecht
vanwege het 'oordeel'[48] van Zijn zondeloze Zoon, Die de macht
heeft elke onrechtvaardigheid en al wat onterecht is in dit leven te
herstellen in Zijn zalige eeuwigheid. Dit is precies wat de profeet
David bevatte met zijn reine geest, toen hij zeide: "zodat Gij gerechtvaardigd moogt worden in Uw woorden, en moogt winnen als men
U oordeelt".[49]

In zijn gevecht met God worstelde de Oudvader met de werk-
wijzen van het "intellect des Heren".[50] Hij leerde eens en voor altijd
deze profetische les, in de woorden van de Heer: "Mijn raadslagen
zijn niet zoals uw raadslagen, noch zijn uw wegen zoals mijn wegen...
maar zo ver als de hemel verwijderd is van de aarde, zo ver is Mijn
weg verwijderd van uw wegen, en uw overdenkingen van Mijn
denken".[51] Met een dergelijke kennis werd zijn relatie met God sterk,
zoals in de geschiedenis van Jakob, toen de Heer, na met hem ge-
worsteld te hebben, bevestigde: "...gij zijt sterk geweest met God,
gij zult ook met de mensen krachtig zijn".[52] Aan het eind van elk
vrijmoedig gebed, wanneer hij Gods antwoord in zijn hart ontwaarde,
richtte oudvader Sophrony de pijlen der blaam op zichzelf, zodat
de levenschenkende schaamte hem omving, en de geest van zijn
berouwvolle bekering breidde zich uit om, op ontologische wijze,

---

[47] "On Prayer", GK p.32, EN p.21.
[48] 1Petr.4:17.
[49] LXX Ps.50.6 (51.4/6).
[50] Rom.11:34 (cf. Jes.40:13).
[51] Jes.55:8-9 (LXX).
[52] Gen.32:28/29 (LXX). In vertaling naar het Hebreeuws (zie Statenvertaling):
"gij hebt uw vorstelijk gedragen met God en met de mensen, en gij hebt
overmocht".

universele dimensies te omvatten. Dan stond hij versteld van verwondering over de grootheid van de mens, in staat tot zulk een
diep lijden, zowel als over de grootheid van God, Die Zijn liefde-
volle blik op hem gevestigd had, en hem verwaardigde het doelwit
te zijn van Diens voorzienigheid.

In deze jaren in de woestijn vond de Oudvader "een plaats voor
de Heer, een woning voor de God van Jakob".[53] Hij werd verrijkt
door de wijsheid van Gods oordelen, zowel als in de kennis van
het mysterie van de wegen van Diens heil voor elke mens. In het
licht van de sterke relatie die hij met God verworven had, werd hij
"volkomen, geheel toegerust voor elk goed werk"[54] – gereed om
de taak van zijn geestelijk dienstwerk te vervullen: de verzoening
van de mensen met God de Heiland.

Op 2 februari 1941 werd hij door het Klooster van de Heilige
Panteleimon uitgenodigd tot de Priesterwijding, zodat hij kon dienen
als geestelijke vader. De wijding werd verricht door metropoliet
Hiërotheos van Melitoupolis, die zich had teruggetrokken op de berg
Athos. In de daaropvolgende jaren omvatte het dienstwerk van oudvader Sophrony de Heilige Kloosters van Simonopetra, Gregoriou
en Xenophontos. Hij werd ook geestelijke vader voor velen die in
afzonderlijke 'cellen' (*kellia*) leefden en voor kluizenaars.* In
deze tijd bezocht hij de Skête* van de heilige Basilius waar hij een
ontmoeting had met oudvader Joseph de Hesychast. Zij ontmoetten
elkaar slechts die ene keer, maar hun ontmoeting maakte zulk een
indruk op hen beiden, dat oudvader Jozef jaren later, toen oudvader
Sophrony valse beschuldigingen te verduren kreeg, hem met krachtige woorden verdedigde.

In de laatste jaren van zijn leven had de heilige Silouan oudvader
Sophrony de raad gegeven om, wanneer hij geestelijke vader werd,
iedereen die tot hem kwam te aanvaarden en nimmer iemand te wei-
geren. Tijdens zijn leven in de woestijn kwam er één monnik naar
hem toe, vader Paul. Hij was niet in staat geweest zich in enig
klooster te vestigen, daar hij als kleine jongen een ernstig trauma
had opgelopen toen zijn beide ouders voor zijn ogen werden

---

[53] LXX Ps.131(132):5. Vanuit het Hebreeuws (zie Statenvertaling & NBG'51)
vertaald: "... voor de Machtige Jakobs".
[54] 2Tim.3:17.

vermoord. Toen vader Paul vroeg bij oudvader Sophrony te mogen leven, verdeelde deze alles wat hij had in tweeën en gaf hem de helft. In de daaropvolgende jaren veranderde vader Pauls omgang zodanig, dat hij in staat was priester te worden in een klooster en later zelfs genomineerd werd als één van de kandidaten voor de functie van Hegoumen.

De grot van oudvader Sophrony in Karoulia lag afgezonderd, ver van de grote kloosters vandaan, en toen mensen in grotere getale tot hem begonnen te komen voor de biecht besloot hij, omwille van zijn dienstwerk, te gaan wonen in de grot van de Heilige Drieëenheid, nabij de haven van het Klooster van de Heilige Paulus. Daar woonde hij drie jaar. Tijdens de strenge winter van zijn laatste jaar in deze grot, kwamen er scheuren in de wanden en drong het water naar binnen, zodat hij iedere dag vele emmers water moest hozen. De vochtigheid en het voortdurende zware werk schaadden zijn gezondheid, en hij was gedwongen te verhuizen naar de Skête van de heilige Andreas in Karyes, een dependance van het Heilig Klooster van Watopedi. In februari 1947, met de zegen en een 'vrij-brief'* van het klooster Watopedi, verliet hij de berg Athos om naar Parijs te gaan, met de bedoeling daar een jaar te verblijven om de geschriften van de heilige Silouan te redigeren en uit te geven.

Toen oudvader Sophrony zich gereed maakte om de boot te nemen, werd hij vergezeld door een heilige oudvader van het klooster Iberon, een belezen man die voordat hij monnik werd in Europa had geleefd en die uitblonk in deugden. Hij gaf oudvader Sophrony proviand voor de reis, en toen deze op het punt stond in de boot te stijgen gaf hij hem ook een woord: "Als wij de wil van God bewaren, zal God legioenen engelen bevelen om onze wil te doen". Oudvader Sophrony had de berg Athos niet willen verlaten; hij zei altijd dat God hem van de berg Athos verbannen had – maar het was duide-lijk de wil van God, en de wil van God wordt altijd openbaar als een kruis.

Oudvader Sophrony werkte hard, ondanks de ernst van zijn slechte gezondheidstoestand en in uiterste armoede, en binnen een jaar van zijn aankomst te Parijs lukte het hem een eerste gestencilde uitgave te verzorgen van zijn boek over de heilige Silouan. Bij het beschrijven van het leven van zijn oudvader, de heilige Silouan, legde hij weinig nadruk op de basisfeiten. Hij was bevangen door een grote vreze dat hij zich misschien schuldig zou maken aan gluurderij of indiscretie of zelfs heiligschennis;[55] niettemin verstoutte hij zich te pogen de horizonnen te onderzoeken van het innerlijk leven van de heilige Silouan en de diepten van diens hart. Uiteraard was de Oudvader zich ervan bewust dat de ontzagwekkende relatie tussen de waarachtige mens en de Levende God en de onbeschrijfelijke eenheid van de ziel met Dienst Geest, gevestigd zijn in de verborgen diepten, die alleen God kan zien en waar de mens een voorsmaak wordt gegeven van de eeuwigheid. Doch zelfs al gaat zulk een onderneming de mens bijna te boven, oudvader Sophrony was zeker degene die de sleutel bezat voor de zeldzame ervaring van God die de heilige Silouan bezat, daar zijn eigen ervaring vergelijkbaar was met die van zijn grote leidsman.

Met het schrijven van de biografie van de heilige Silouan bood oudvader Sophrony een waarlijk origineel model voor het beschrijven van het leven van een heilige. Voorheen waren de meeste heiligenlevens geschreven in navolging van de stijl van "Het leven van de heilige Antonius".[56] Bij het schrijven van deze biografie, toonde de heilige Athanasius de heilige Antonius als een held van geloof en deugd, een leerling van het Kruis van Christus. Heel Europa werd gekenmerkt door deze vorm van hagiografie en ontwikkelde zich onder invloed daarvan. Oudvader Sophrony koos een nieuwe benadering, zoals blijkt uit een boekbespreking in het tijdschrift "Synaxis",[57] waarin erop gewezen wordt dat hij in zijn boek, bij zijn beschrijving van het leven van de Oudvader, terzelfder tijd ook met zijn eigen generatie in gesprek is over haar vraagstukken. Hij poogt niet alleen antwoord te geven op de brandende vragen van zijn tijd, maar hij is ook in wisselwerking met eigentijdse stromingen in de literatuur, en debatteert met de filosofie – in het bijzonder het existentialisme – en de psychologie.

---

[55] "Saint Silouan", GK p.11, EN p.9, NL p.21.
[56] Geschreven door de heilige Athanasius de Grote. Voor een Engelse vertaling, zie: "The Life of Saint Anthony and the Letter to Marcellinus", vert. Robert Gregg (Paulist Press, New York, 1980).
[57] In een artikel door vader Antonius Pinakoulas, «Ὁ βίος τοῦ ὁσίου Σιλουανοῦ τοῦ Ἀθωνίτου. Ἕνα νεωτερικὸ ἁγιολογικὸ κείμενο» (Het leven van de heilige Silouan de Athoniet, een vernieuwende hagiografische tekst), "Synaxis", No.102, April-Juni 2007, p.64-75).

Oudvader Sophrony putte al zijn krachten uit om zijn biografie van de heilige Silouan te voltooien, waarvan hij de Russische tekst zelf publiceerde in 1948. De moeiten van de voorgaande jaren en de ontberingen die hij geleden had tijdens de Tweede Wereldoorlog, resulteerden in een ernstige maagzweer, en in datzelfde jaar was hij tenslotte gedwongen een operatie te ondergaan waarbij vrijwel zijn gehele maag verwijderd werd. In het ziekenhuis lag hij acht dagen lang aan een infuus, maar slaagde er op een of andere manier in te overleven, waarna hij als invalide werd overgebracht naar een Russisch bejaardentehuis in Sainte-Geneviève-des-Bois, aan de rand van Parijs. Zodra hij wat kracht verzameld had, verhuisde hij naar de andere kant van het dorp, naar een kasteeltoren aldaar, genaamd 'le Donjon'. Terwijl hij daar aan het herstellen was, begonnen allerlei mensen tot hem te komen voor geestelijke leiding, zowel bewoners van het tehuis als anderen. Zij begonnen te zoeken naar een plek waar hij regelmatig de Diensten kon vieren en er werden enkele oude stallen aangeboden, waarin een kapel kon worden ingericht. Langzamerhand vormde zich een kleine gemeenschap rond de Diensten die in de stallen gevierd werden.

Een professioneel gedrukte editie van het boek over de heilige Silouan werd uitgegeven in 1952, zowel als enkele korte artikelen, geschreven door oudvader Sophrony, die verschenen in verschillende kerkelijke tijdschriften. Aldus raakte hij bekend, en jongere mensen begonnen de Diensten bij te wonen, die in de avond drie uur duurden en drie uur in de ochtend. Mettertijd begonnen zijn jongere leerlingen met toenemende volharding hun verlangen te uiten dat oudvader Sophrony een klooster zou stichten, zodat zij het monastieke leven zouden kunnen leven in zijn nabijheid. In eerste instantie was hij aarzelend, vanwege zijn slechte gezondheid. Doch uiteindelijk had hij medelijden met hen en begon uit te zien naar een geschikte plek. De plaats waar hij zijn klooster zou bouwen, in Essex, Engeland, werd gevonden met hulp van Engelse vrienden. In 1958 was zijn boek over de heilige Silouan gepubliceerd in het Engels getiteld "The Undistorted Image", en de vertaalster van het boek, Rosemary Edmonds, was behulpzaam bij het vinden van een huis voor zijn kleine gemeenschap. Via een reeks ongelooflijke en wonderbaarlijke gebeurtenissen stelde Gods voorzienigheid oudvader Sophrony in staat toestemming te verkrijgen om zich in Engeland te vestigen, en op 5 maart 1959 arriveerde hij in Tolleshunt Knights, Essex, met een kleine groep mensen, gereed voor het opbouwen van zijn gemeenschap. Toentertijd was de plaats vrijwel verlaten en oud-vader Sophrony was daar blij om, want, zoals hij zeide, niemand zou er enige interesse in hebben en dus was er niemand die hij hierdoor tekort had kunnen doen.

Het leven in het klooster, vooral in die eerste jaren, was uiterst stil en rustig. De kleine gemeenschap was verborgen en onzichtbaar, en werd gesteund door de rijkdom van het woord van oudvader Sophrony en door de Diensten in de kapel. De Cyprioten in Londen waren de eersten die het klooster ontdekten, en in de Oudvader vonden zij hun geestelijke vader. Sindsdien vormen zij op de zondagen het grootste gedeelte van het kerkvolk. Langzaam maar zeker begonnen er vanuit het buitenland andere mensen te komen, op zoek naar geestelijke leiding. Toen begon het leven van het klooster te veranderen, gedeeltelijk vanwege het verlangen gastvrijheid te bieden aan degenen die kwamen. Oudvader Sophrony wijdde zichzelf werkelijk geheel aan de geestelijke dienst aan hen, en ontving hen allen, dag en nacht. De opbouw en organisatie van het klooster was, om verschillende redenen, een langzaam proces. En dit omvatte zelfs de noodzakelijke zorg voor de dagelijkse noden, vooral in de eerste twintig jaar. Maar de Heer liet nimmer af de bejaarde Oudvader te steunen, en deze sterkte de broeders van zijn klooster door zijn gebeden en zijn woord.

Toen Oudvader Sophrony voelde dat zijn einde naderde, zeide hij tot één van de monniken: "Ik heb God alles gezegd, nu moet ik gaan". Toen schreef hij een ontroerende brief aan Zijne Alheiligheid de Patriarch, waarin hij hem nederig en van ganser harte dankte voor de vriendelijkheid die hij het klooster had betoond, en hem vrijmoedig verzocht het broze werk van zijn handen te verdedigen:

Zegenende, zegen de nederige schapen van mijn schaapskooi,[58] en moge deze plaats – zo klein, arm en onbetekenend, maar

---

[58] «εὐλογῶν εὐλόγησον...» (*eulogôn eulógêson*), een vaste uitdrukking in het Bijbels en Kerkelijk Grieks (cf. Gen.22:17) waarvan het eerste gedeelte, 'zegenende', ook vertaald kan worden als 'degene aan wie eigen is te zegenen', wat m.b.t. tot de mens ook verstaan kan worden als 'aan wie toekomt te zegenen', of 'die de macht heeft te zegenen'. *Noot vert.*

gebouwd onder vele tranen en diepe verzuchtingen, en met bloed en zweet – nimmer verlaten worden door uw toegenegen zorg en welbehagen."

Na het klooster te hebben overgegeven in de bescherming van de Patriarch, vroeg hij diens zegen om te mogen heengaan "naar het zozeer verlangde Licht van Christus' Opstanding". In zijn laatste dagen verzocht hij alle broeders en vaders van het klooster hem afzonderlijk te komen zien, en hij gaf elk van hen een laatste woord. Tenslotte verzwakt, had hij zich te bed gelegd, terwijl hij daarvoor altijd met tussenpozen geslapen had in een leunstoel. Gedurende de laatste vier dagen van zijn leven hield hij zijn ogen gesloten en sprak niet meer. Wanneer wij om zijn zegen vroegen, dan hief hij eenvoudig zijn hand op en zegende ons. Hij ging heen in gebed naar de geliefde God zijner Vaderen op 11 juli 1993.

De Oudvader was rijk aan deugden. Hij werd vooral gesierd door vele en grote genadegaven van de Heilige Geest. Wij waren getuige van ontelbare wonderen tijdens zijn leven, op de dag waarop hij stierf, zowel als na zijn dood. Velen werden genezen van ongenees- lijke ziekten, de banden van onvruchtbare vrouwen werden ontbon- den, mensen die leden aan geesteziekten begonnen weer normaal te functioneren en, boven alles, velen die gebroken waren door de ziekte der zonde werden hersteld. Degenen die herleefden door zijn onderricht zijn teveel om te tellen, en niet weinigen werden door zijn geschriften ertoe geïnspireerd monniken en monialen te worden. In hun verlangen hem te danken hebben sommigen de naam van zijn oudvader Silouan aangenomen (zelfs in niet-Orthodoxe kloosters), terwijl anderen kerken bouwden ter ere van zijn heilige vader.

Met opzet hebben wij vermeden nadruk te leggen op de wonde- ren van de Oudvader, want wij denken niet dat hijzelf gewenst zou hebben dat wij dit zouden doen. Hij was bovenal een man van het woord Gods. Elke ontmoeting met hem, zelfs de meest eenvoudige, was werkelijk buitengewoon. Hij opende nieuwe perspectieven op het leven en verbreedde onze horizonnen. Het minste woord van hem had de macht het hart van al wie hem benaderde te verzekeren van de genade. Hij bad lang en vurig voor de lijdenden, en als hun harten werden getransfigureerd door zijn woord of zijn gebed, dan was hij meer verheugd dan als er een zichtbaar wonder zou hebben plaatsgevonden. Hij probeerde weliswaar de pijn van de mensen te verzachten, maar het was vooral voor het grootste en belangrijkste wonder van ons tijdelijk bestaan, dat hij geen enkele moeite spaarde: de eenheid van de mens met de Geest van de levende en eeuwige God. Daarom menen wij, dat ook wij na zijn dood dit aspect zouden moeten benadrukken.

De Oudvader had een hartstochtelijke liefde voor de Goddelijke Liturgie en elke keer dat hij celebreerde was dit een unieke en onherhaalbare gebeurtenis. Hij vergeleek dit met het gebed van de Heer in Gethsémane voor het heil der wereld, en hij geloofde dat, als de Liturgie met eerbied en aandacht voltrokken wordt, dit op het niveau van het gebed dezelfde vruchten der genade voortbrengt als het hesychastische gebed in de woestijn. Tijdens zijn jaren in Parijs, na zijn terugkeer van de berg Athos, ontwikkelde hij de praktijk waarbij de Liturgie zodanig gevierd wordt dat al de 'stille' gebeden van de Anaphora hoorbaar zijn voor de gemeente. Zoals hij uitlegt in zijn brieven, volgde hij hierin de aanbevelingen van Tichon van Alaska en Sergius van Finland (later beiden Patriarch), zoals voorgesteld aan de Heilige Synode van 1905. Ook componeerde hij een serie gebeden, gedeeltelijk gebaseerd op andere liturgische teksten, bestemd om te worden gelezen vóór het Cherubikon.[59] Oudvader Sophrony schreef deze gebeden toen hij in Sainte-Geneviève-des-Bois leefde, in een tijd waarin hij voelde dat alles om hem heen uiteen viel. In die tijd hadden veel mensen in de Parijse gemeenschappen geen juist begrip van de Liturgie en zij bereidden zich niet daarop voor. Deze korte maar krachtige gebeden dienen om het intellect en het hart van elke persoon te concentreren, alvorens binnen te treden in het hart van de Liturgie. Later behield hij deze gebeden, daar hij ze te allen tijde een hulp vond.

De leden van de kleine gemeenschap die zich om hem heen vormde te Sainte-Geneviève-des-Bois kwamen uit verschillende landen en zij hadden geen gemeenschappelijke taal voor de eredienst. Daarom besloot oudvader Sophrony de Diensten van Metten en Vespers te vervangen door het Jezusgebed, zoals dit het gebruik is in sommige skêten op de berg Athos. Hij hield van dit gebruik van het aanroepen van de Goddelijke Naam, en hij bevond dat dit een krachtig middel was om te leren bidden met het hart. Aldus omvatte

---

[59] Zie "Letters to His Family", GK, p.81-84, EN p.75-78.

het programma van zijn klooster twee uur lang Jezusgebed in de ochtend, op dagen dat er geen Liturgie gevierd werd, en twee uur in de avond.

Oudvader Sophrony was gewoon elk besluit te 'martelen' door het gebed, totdat zijn hart ervan verzekerd werd dat het inderdaad Gods wil was om een kerk te bouwen, of een stuk land te kopen, of enige verandering aan te brengen in het leven van zijn gemeenschap. Tijdens de eerste decennia, nadat de gemeenschap naar Engeland was verhuisd, vroegen de bouw en de inrichting van de klooster-kerken veel van zijn gebed en zijn aandacht. Na het schilderen jaren-lang achter zich te hebben gelaten, begon hij iconen en fresco's te schilderen voor deze nieuwe plaatsen van eredienst. In zijn icono-grafie, evenals in zijn geschriften, deelde hij zijn geestelijke ervaring mede – van de tijd van zijn eerste ontmoeting met de Persoon van Christus in de openbaring "IK BEN DE ZIJNDE" tot aan zijn jaren van eenzaamheid in de woestijn. Zijn theologie van de persoon wordt weerspiegeld in zijn iconen, zowel als zijn ervaring van het Ongeschapen Licht. Hij streefde ernaar het Aangezicht van Christus uit te drukken, dat hem in dit Licht geopenbaard was. Doch hij was nimmer tevreden met zijn werk en vaak wijzigde en herschilderde hij de iconen van Christus die hij had gemaakt. Zoals hij zeide:[60]

> Er is geen icoon van Christus die overeenstemt met onze gedach-ten, onze verwachtingen, onze dromen. Wanneer ik een icoon van Christus zie, dan zie ik slechts dat het Christus IS en mijn intellect snelt omhoog, eindeloos hoger.

Hij geloofde dat elke icoon zou moeten dienen als een 'springplank' naar de eeuwigheid. Alles wat hij maakte voor de kerken van zijn klooster werkte samen om het innerlijk gebed des harten aan te moedigen. Hij gebruikte bijvoorbeeld zachte kleuren in zijn iconen en muurschilderingen, zodat het intellect niet zou worden afgeleid door sterke uiterlijke indrukken. Ook besteedde hij veel aandacht aan elk detail van de compositie en aan de evenwichtigheid van de

---

[60] Sr. Gabriela, "Seeking Perfection", EN p.183.

fresco's. De broeders die met hem samenwerkten herinneren zich hoe hij zeide:[61]

> Als het er even naast is, dan raakt men na enige tijd vermoeid om ernaar te kijken. Als het juist is, dan heeft men er zelfs na een eeuw niet genoeg van... Het is belangrijk dat er harmonie is, niets zou misplaatst of onevenwichtig moeten zijn, maar in de details zou geen enkele herhaling moeten voorkomen, geen hand zou enkel moeten worden gespiegeld... Schoonheid is iets waarvan men merkt dat het tot ons spreekt, dat is, men voelt een 'vibratie' oog in oog met hetgeen men ziet.

In het enorme fresco van het Laatste Avondmaal aan de muur boven de Heilige Altaartafel, koos oudvader Sophrony ervoor het moment te tonen nadat Judas de opperzaal verlaten had. De meeste voorstellingen van het Laatste Avondmaal beelden Judas af terwijl hij het brood neemt dat Christus juist heeft ingedoopt, maar oud-vader Sophrony verkoos het moment te schilderen dat de spanning van Judas' aanwezigheid verwijderd was en de Heer vrijuit kon spreken. De uitdrukking van Zijn zegenend gebaar en de volmaakte aandacht van de leerlingen schept een atmosfeer van grote vrede en zachtmoedigheid, die ook uitstraalt uit de gouden achtergrond. De gehele compositie brengt op de gelovigen het gevoel over aanwezig te zijn aan de tafel des Heren. Tot in de negentig werkte oudvader Sophrony onvermoeid aan elk detail van het ontwerp van wand-kleden, priestergewaden, vloerbedekking, schilderingen, verlichting, en aan de wijze waarop de Diensten werden gevierd, om heel de mystieke schoonheid van de Orthodoxe Kerk te samen te brengen in zijn kapellen en in de Liturgieën die daar gevierd werden.

Oudvader Sophrony was de overste van het klooster dat hijzelf gesticht had, doch tenslotte bracht hij zijn laatste jaren door als kluizenaar binnen de kloostermuren. Hij bezat een grote liefde voor het instituut van het monnikschap. Hij zag het monnikschap als de 'derde genade' in de economie van Gods voorzienigheid voor het heil van de mens – de eerste genade kwam door de Wet die aan Mozes gegeven was, en de tweede – de 'genade voor genade' – kwam in de Persoon van Christus. Boven alles benadrukte hij de

---

[61] Ibid., EN p.137-138.

praktijk van de gehoorzaamheid, die hij niet zozeer beschouwde als een offer aan God (overeenkomstig het conventionele begrip van de gehoorzaamheid), maar veeleer als een eer, een goddelijk privilege waarmee de mens door God begiftigd wordt. Immers, wat kan een mens ten offer brengen aan God, Die niets nodig heeft? De Oudvader schreef:[62]

God ... verlangt geen offer, maar Hij wil Zijn barmhartigheid aan ons openbaren (Mt.9:13; 12:7) – dit is Zijn verlangen. Wanneer wij onze vleselijke wil afsnijden omwille van de gehoorzaamheid aan God, omwille van de vervulling van Zijn wil, dan worden wij door het vervullen van de goddelijke wil deelgenoten aan het goddelijk leven. Dus de daad van het vrijwillig afsnijden van onze wil maakt onze opgang tot een redelijke uitdrukking[63] van onze liefde tot God. En deze mogelijkheid van een vrije en bewuste opgang, uiteraard met medewerking van de genade, vormt een weldaad jegens ons en niet ons offer aan God.

In het instituut van het monnikschap zag oudvader Sophrony tevens een alomvattende genadegave van de Heilige Geest. Hij had hier zulk een eerbied voor, omdat hij daarin de praktijk en de training bij uitstek ontwaarde, die de mens leiden tot de verwerving van de goddelijke universaliteit van Christus. Wanneer de monnik in gebed voor Gods aanschijn in zichzelf de gehele broederschap draagt, en als geen enkel lid daarvan ooit afwezig is in zijn hart, dan zal de tijd komen dat zijn hart zodanig wordt uitgebreid door de genade dat hij hemel en aarde zal omvatten, en de gehele schepping zal opdragen aan Gods barmhartigheid. Volgens de oudvader vormt dit tevens de verwerkelijking van het

---

[62] Zie de brieven aan David Balfour, "Striving for Knowledge of God", RU p.153, GK p.170-171, EN p.154-155.

[63] Vgl. de uitdrukking m.b.t. de 'redelijke eredienst' van de gelovigen (Rom.12:1). Het begrip 'redelijk' verwijst in deze context naar de menselijke 'rede', zijn vermogen tot redelijk denken (τὸ λογικόν). De dienst aan God wordt niet voltrokken in tegenstrijd met de rede (zoals in sommige oude heidense praktijken, die berusten op de redeloze hartstochten). Integendeel, in de heilige diensten en in de gehoorzaamheid uit liefde tot God werken alle vermogens van de mens samen, zodat een dergelijke daad van het hart samengaat met een bewust redelijk begrip en een bewuste keuze. *Noot vert.*

hypostatische beginsel in de mens, want aldus is hij tot beeld en gelijkenis geworden van Christus, de Nieuw Adam.

Wij hebben bijna dertig jaar aan de zijde van de Oudvader geleefd. Wij hadden veelvuldig en ongebroken contact met hem. Tien minuten met hem samen waren als de eeuwigheid. Zijn omgang met ons was eenvoudig en natuurlijk, en hij eerde ieder van ons, en gaf elk het gevoel van zijn eigen uniek-zijn op deze aarde en in de ogen van God. Hij identificeerde zich met iedereen en had geen favorieten. Nimmer hadden wij hem als vanzelfsprekend kunnen aannemen, want zijn woord, geladen met genade, ontsprong aan een andere wereld. Hoewel zijn geest voortdurend in beslag genomen werd door het gebed voor het heil van de gehele wereld, was zijn denken nimmer gescheiden van zijn klooster. Verder oordeelde hij niemand. Hij plaatste zichzelf te allen tijde lager dan allen, om hen te helpen. Wanneer hij nieuwe bezoekers van het klooster ontmoette dan bejegende hij hen met nederige liefde, om hen een gevoel van eer te geven als beelden van God, en aldus hun hart ontvankelijk te maken voor Gods genade, precies zoals de Heer ons dat leerde in Zijn ontmoeting met de Samaritaanse vrouw. Hij placht te zeggen dat men niet moest bezien wat een persoon is, maar wat hij kan worden door Gods genade. Dan zullen wij in de ontmoeting met die persoon Diegene eren naar Wiens beeld hij gevormd is.

Sinds oudvader Sophrony's vroegste kinderjaren had in zijn binnenste het Ongeschapen Licht ervan getuigd, dat de eeuwigheid Christus *is*. Telkens wanneer hij tot ons sprak over zijn band met Christus, dan bewerkte hij in ons een opening voor het begin van deze band en bracht hij een glimp van het Licht in ons hart, zodat wij Diens beeld in ons binnenste zouden mogen zien. Vanuit zijn eigen ervaring droeg hij op ons over, dat onze band met Christus onze intrede is in de eeuwigheid, die in dit leven begint en vervolmaakt wordt in het toekomende leven.

Heel het doel van de geschriften van oudvader Sophrony is te getuigen van deze openbaring van de Persoon van Christus in zijn leven. En toch, juist in de gedeelten waar hij alleen Christus beschrijft, slaagt hij erin – paradoxaal als dit is – op de meest volledige wijze uit te drukken wie hijzelf is als persoon. In deze gedeelten wordt hij doorzichtig voor ons. Door ons in woorden te vertellen wat hij gezien heeft en enkel te spreken over het Licht, laat hij ons

– onbedoeld – het beeld na van de waarachtige menselijke hypostase: staande voor het aanschijn van Christus en geheel in beslag genomen door Hem. Aldus voelen wij waarlijk dat wij hem kennen en hem kunnen vertrouwen, en dat niet slechts in psychologische zin – daar hij nauwelijks over zichzelf spreekt – maar veeleer in ontologische zin, omdat wij (elk van ons) in zijn woorden ook onze eigen hypostase aan het licht zien komen. Dit is de gave die hij ons bedoelde na te laten, die genadegave die hem allereerst geschonken werd door het Woord:[64]

> Wanneer de Levende God – IK BEN DE ZIJNDE – in het hart komt, dan is de vreugde van de ziel van licht vervuld. Hij is van een vreugdevolle tederheid, zachtmoedig. Ik kan Hem aanspreken als "Gij" – en aan Zijn "Ik" en mijn "Gij" hangt heel het 'Zijn': zowel God als deze wereld... Elk ogenblik van ons leven, elke harteklop – alles – bevindt zich onophoudelijk onder Zijn gezag. Heel mijn 'zijn', zowel tijdelijk als eeuwig, wordt mij door Hem geschonken tot in elk detail – behalve mijn zonden, die Hij kent, maar waar Hij geen deel aan heeft. Wanneer ik in Hem verblijf, dan kan ik evenals Hij zeggen: "ik ben". Doch als ik buiten Hem ben, dan sterf ik. Wanneer de Geest Gods op mij nederdaalt, dan heb ik Hem lief met geheel mijn wezen. Deze staat beleef ik als van mij persoonlijk, niet als iets dat buiten mij is. Maar vanuit mijn ervaring weet ik toch ook, dat dit leven tot mij komt van Hem. Door Zijn komst in mij, dus door mijn eenwording met Hem in die Energie van het Zijn, leef ook ik zoals Hijzelf: Hij is mijn leven. Zijn Leven is het mijne.

---

[64] "We Shall See Him", GK p.325, EN p.209.

2

Persoon-zijn: de vrucht van het schouwen van het Ongeschapen Licht

ls oudvader Sophrony terecht gekarakteriseerd is als de theoloog van het hypostatische beginsel, dan is het evenzeer terecht en legitiem hem te erkennen als een ingewijde met een rijke ervaring in het schouwen van het Ongeschapen Licht, en als een leraar die ons onderricht in de goddelijke eigenschappen daarvan. In zijn gepubliceerde werken kan men een rijke en volmaakte behandeling vinden van het onderwerp van het Ongeschapen Licht van de Godheid. Enkele uitgebreide hoofdstukken bevatten een systematische uiteenzetting van de voorwaarden voor het schouwen van het Ongeschapen Licht – zowel als de karakteristieken van de aard daarvan, het proces dat de ziel brengt tot het schouwen van dit Licht, en de vruchten die het resultaat zijn van deze ervaring. De werken van oudvader Sophrony bevestigen dat het doel bij uitstek van het menselijk bestaan, zijn vóóreeuwige roeping door de Beginloze God, is om een "woonplaats" te worden "van Zijn Licht tot in eeuwigheid".[1]

In zijn geschriften belijdt oudvader Sophrony herhaaldelijk, direct of indirect, dat hem "meer dan eens verwaardigd werd het Goddelijk Licht te schouwen",[2] en dat hij aldus in de geest "de maat van de mens" kende.[3] Daarbij geeft hij toe: "Nu, tegen het eind van mijn dagen, waag ik het te verhalen van datgene wat ik voorheen met ijver verborg".[4] Hij riskeert het tot zijn broeders te spreken over "datgene, waarvan ik voorheen niet gewaagd zou hebben te spreken, dit beschouwend als een verstandloze daad".[5] Hij "geneert [zich] tot het pijnlijke toe deze woorden aan te bieden, die mogelijk boven-

---

[1] "We Shall See Him", GK p.200-201, EN p.127.
[2] "On Prayer", GK p.70, EN p.48; zie ook "We Shall See Him", GK p.73-74, EN p.48.
[3] "On Prayer", GK p.81, En p.56.
[4] Ibid., GK p.44, EN p.30.
[5] "We Shall See Him", GK p.275, En p.178.

matig hoogmoedig zullen lijken en derhalve weerzinwekkend".[6]
Maar, zoals hijzelf zegt:[7]

Velen op aarde hebben de zaligheid ontvangen van de aanblik
van dit wondere Licht. De meesten van hen hebben deze zegen
bewaard als het kostbaarste geheim van hun leven, en zijn aldus
overgegaan tot de andere wereld, aangetrokken door dit wonder.
Anderen echter hebben het gebod ontvangen om aan hun
broeders, nabij en ver, het getuigenis na te laten van deze
verheven realiteit.

Oudvader Sophrony ontving de eerste ervaringen van dit heilige
Licht in zijn tedere kinderjaren, en alleen die voorvallen uit deze
periode bleven onuitwisbaar in zijn herinnering gegrift. Wanneer
hij in de armen gedragen uit de kerk kwam, zag hij zijn geboorte-
stad – die in die tijd heel zijn wereld was – "verlicht door twee
soorten licht".[8] Het natuurlijke licht verhinderde niet dat hij de
aanwezigheid gewaar werd van een ander Licht, dat hem vervulde
met een vredige vreugde.

Tegen het eind van zijn jeugdjaren verliet hij de Vader der
Lichten en wendde zich tot de mystieke filosofie van het niet-
Christelijke Oosten. Deze grauwe periode van zijn leven duurde acht
jaar. In die tijd, bij de beoefening van de transcendente meditatie,
werd hij het licht van zijn eigen intellect gewaar. Hij spreekt daarnaast ook over de ervaring van andere soorten licht en lichten: het
licht van de kunstzinnige inspiratie, het licht van de filosofische
bespiegeling, het licht van de wetenschappelijke kennis en de
licht-achtige verschijningen van vijandige geesten. Pas toen
oudvader Sophrony zijn volle rijpheid bereikte werd hij zich
bewust van zijn fout:[9]

Gaandeweg raakte ik ervan overtuigd dat ik me op de verkeerde
weg bevond – dat ik mij verwijderde van het waarachtige, het
werkelijke 'Zijn', en op weg was naar het niet-zijn. De authentieke
kennis schemerde nog niet aan de horizon van mijn geest. Dit was

---

[6] Cf. ibid, GK p.277, EN p.180.
[7] Ibid., GK p.256-257, EN p.166.
[8] Ibid., GK p.56, EN p.37.
[9] Ibid., GK p.42-45, EN p.27-28.

een periode van uiterste spanning. Mijn innerlijke staat leek op een klein bootje dat in de nacht op de golven heen-en-weer geslingerd wordt: Dan weer steeg mijn intellect tot de top van een golf, dan weer werd ik door een andere golf woedend in de diepte gesmeten. Doch Diegene, van Wie ik mij verwijderd had als zijnde "nutteloos", wendde Zich niet voor immer van mij af; en Hijzelf zocht een gelegenheid om mij te verschijnen. Plotseling legde Hij mij de Bijbeltekst voor van de Sinaïtische openbaring: "IK BEN DE ZIJNDE" (LXX Ex.3:14) ... En terwijl ik over mijzelf weeklaagde onder hevig geween, het niet wagend mijn gedachten op te heffen tot Hem, verscheen Hij mij in Zijn Licht.

Dit wonder van zijn aanraking met Gods levende eeuwigheid vond pas plaats toen zijn drang tot God onstuitbaar werd en hij naar Hem verlangde tot de dood toe. Volgend op deze ommekeer leefde hij in ontroostbare bekering. Vanaf die tijd, tot aan zijn roeping tot het monnikschap, bezocht het Licht hem geregeld, telkens wisselend in intensiteit.

Nadat hij de Heilige Communie had ontvangen op de Grote en Heilige Zaterdag van 1924, terwijl hij nog als kunstenaar in Parijs leefde, overschaduwde het Licht hem wederom. "Van een vreugdevolle tederheid, vol vrede en liefde" bleef het Licht drie dagen lang met hem.[10] Hij leefde deze gebeurtenis als zijn eigen opstanding, en de gehele kosmos – die hem vanwege de gedachtenis aan de dood lange tijd dood en ijdel had toegeschenen – werd nu mét hem medeopgewekt. De woorden van het Pascha, "Opgestaan is Christus, en geen dode is er meer in het graf",[11] weerklonken in zijn diepste innerlijk met alles doordringende kracht. Tijdens deze schrikwekkende doch wonderbare periode, waarin hij bad als een waanzinnige en overvloedige tranen vergoot – "vermorzeld tot op het bot"[12] – voelde hij het Licht als een Vuur dat zowel in zijn ziel als in zijn lichaam alles verteerde wat vreemd was aan God. Hij verhaalt:

Ik weet niet hoe ik overleefde. Nimmer zal ik in staat zijn het

---

[10] Ibid., GK p.274-275, EN p.178.
[11] Uit de Homilie van de heilige Johannes Chrysostomos, gelezen in de Paasnacht. [Voor een Nederlandse vertaling, zie de uitgaven van het Orthodox Klooster te Den Haag, vert. Archim. Adriaan. *Noot vert.*]
[12] "We Shall See Him", GK p.51, EN p.33.

"vuur" dat ik toen ervoer en de wanhoop, in woorden weer te geven – doch tegelijkertijd ook die kracht, die mij vasthield in onophoudelijk gebed van een uiterste spanning... [in] deze vrees-wekkende periode overheerste in het gebed het wanhopige verdriet, vaak vergezeld van de gewaarwording van een *vuur*... deze vurige vlam verbrandde iets binnenin mij.[13] [Het] verteerde, zowel in mijn uiterlijk lichaam als binnenin mijn ziel, al hetgeen ik tijdens dat branden gewaar werd als vreemd aan God.[14]

Bij één specifieke gelegenheid daalde er een vlam op hem neer na een bezoek in een aanzienlijke ambiance, waar hij onder de indruk was geraakt van een vorm van schoonheid die niet van de Heilige Geest afkomstig was. Zijn vergissing was bijna ongemerkt geweest:[15]

Eens (in Parijs) was ik op een receptie van een beroemd dichter, die zijn gedichten voorlas. Het was een bijeenkomst van de élite. Alles was onberispelijk georganiseerd, uit sociaal oogpunt beschouwd. Rond middernacht keerde ik naar huis terug. Onder-weg vroeg ik me af: Hoe verhoudt zich dit verschijnsel, één van de nobelste uitingen van de menselijke creativiteit, met het gebed? Binnengekomen in mijn kamer begon ik te bidden: "Heilige God, Heilige Sterke, Heilige Onsterflijke..." – en zie, een zachte vlam, onzichtbaar en teder, aan de oppervlakte van mijn gelaat en mijn borst, [verbrandde iets] zo licht als een briesje, [dat] niet in overeenstemming was met de Geest Gods.

Deze heilige vlam kwam in antwoord op zijn gebed en reinigde hem van de ragfijne sluier van hoogmoedige zelfingenomenheid, die hem bedekt had vanwege zijn waardering voor de wereldse voordracht. Het deed hem terzelfder tijd Gods heiligheid gewaar worden, waartoe hij zich op machtige wijze aangetrokken voelde, en Diens schoonheid, die zelfs de edelste vorm van menselijke creativiteit overstijgt.

In de daaropvolgende maanden onttrok hij zich aan het artistieke milieu waartoe hij behoord had en, vol dankbaarheid jegens de heilige en levende God, aanvaardde hij de roeping tot het monnik-

---

[13] Ibid., GK p.51-52, EN p.33-34.
[14] Ibid., GK p.274, EN p.178.
[15] "On Prayer", GK p.58-59, EN p.39-40. De tekst tussen rechte haken komt over-een met de Russische editie (2011), p.43-44. [Aldus ook de Griekse vertaling.]

schap. In de herfst van 1925 trad hij in, in het Klooster van de Heilige Panteleimon op de berg Athos, waar zijn berouwvolle bekering zich onverminderd voortzette, met nog groter intensiteit en bestendigheid dan tevoren. Aan het eind van zijn dagtaak, zodra hij terugkeerde in zijn cel en nog voordat hij de deur kon sluiten, werd hij door wenen overweldigd:

> Bij tijden wierp de pijn dat mijn ziel van God gescheiden was, mij op de vloer, en in de rust van de nacht hield ik urenlang niet op tranen te vergieten en te weeklagen over dit onuitsprekelijk grote verlies.[16] [Ik sprak] de woorden van het gebed langzaam uit, één voor één.[17]
>
> Wanneer het wenen een zekere grens overschreed, dan verdween de aarde, heel de zichtbare wereld, uit mijn bewustzijn en was ik alleen met God. Het ongenaakbaar Licht, voortkomend uit de Beginloze, schonk mij mijzelf te zien... volkomen ontbloot in heel mijn wezen.[18]
>
> Alle gewaarwording van mijn nauwe kleine cel verdween en mijn intellect, het lichaam vergetend, werd zichzelf gewaar in het licht van het Evangeliewoord. Mijn geest, geconcentreerd op de bodemloze wijsheid van het woord van Christus, vrij van al het materiële, werd vervuld van een louterende vuur door het schijnsel van de geestelijke Zon – een gewaarwording vergelijkbaar met het lichaam dat zich uitstrekt onder de middagzon. Een zachtmoedige vrede vervulde dan mijn ziel, die alle noden en alle moeiten der aarde vergat.[19]

De nachtelijke stilte van de berg Athos schonk de Oudvader reeds een voorsmaak van het Koninkrijk Gods, en door zijn verblijf in de Geest van zijn geliefde God verstond hij de zin van de uitdrukking "het paradijs Gods". Van dag tot dag hoopte de energie van deze goddelijke verlichting zich op in zijn hart "tot aan de volle (geestelijke) dag", wanneer de nacht verlicht wordt door de onbeschrijfelijke geneugte daarvan.[20]

Kort na zijn diakenwijding in 1930, verbleef de Oudvader naar

---

[16] "We Shall See Him", GK p.169, EN p.162.
[17] Ibid., GK p.282, EN p.183.
[18] Ibid., GK p.169, En p.162.
[19] Ibid., GK p.282-283, En p.183.
[20] Cf. Spr.4:18 & LXX Ps.138(139):11-12.

Gods welbehagen twee weken lang in het Ongeschapen Licht. In de avond zat hij op zijn balkon en bezag hoe de zon onderging achter de berg Olympus, terwijl hij terzelfder tijd een ander Licht schouwde dat hem teder omving en op vredige wijze zijn hart binnenkwam. Dit Licht maakte dat hij medelijden en liefde voelde voor degenen die zich jegens hem ruw gedroegen, en hij werd van medelijden vervuld voor de gehele schepping. Na zonsondergang trok hij zich terug in zijn cel om zich voor te bereiden op de Goddelijke Liturgie en gedurende heel zijn gebed bleef het Licht mét hem.[21]

Uiteindelijk stond de goddelijke voorzienigheid toe dat dit uitgestrekte en wondere bezoek onderbroken werd door een klein, onvoorzien voorval: Op een avond vroeg een naburig asceet oudvader Sophrony naar zijn mening over het schouwen van het Ongeschapen Licht volgens de heilige Simeon de Nieuwe Theoloog. In zijn antwoord aan de asceet poogde oudvader Sophrony zijn persoonlijke ervaring te verbergen. Doch in de geest richtte hij zich onwillekeurig op hetgeen hij in die tijd beleefde. Onmiddellijk na deze korte uitwisseling ging hij, zoals gewoonlijk, voort met bidden – maar dat Licht en die liefde waren niet langer mét hem.[22] Later begreep hij, dat God Zich in Zijn voorzienigheid had teruggetrokken om hem te beschermen tegen het gevaar van de hoogmoed. Enkele jaren later zou de Oudvader, met pijn in zijn ziel, aan David Balfour schrijven: "De wisseling van de golven van duisternis en licht zijn het lot van de monnik".[23]

Nadat hij veertien jaar in het klooster had geleefd, trok de Oudvader zich terug in de woestijn, met de zegen van de raad der oudsten van het Klooster. Daar vestigde hij zich in het schrikwekkende Karoulia, waar hij zich eindelijk volkomen en zonder afleiding kon overgeven aan de geest der bekering die hem zozeer verteerde. Vaak wekenlang besloten in zijn grot keek hij niet eens naar buiten om te zien of het dag of nacht was, maar hij bleef voortdurend met zijn aangezicht op de grond in een vloed van tranen, terwijl hij met een dringende roep God smeekte om de wereld te behouden en

---

[21] Zie " We Shall See Him", GK p.284-285, EN p.184.
[22] Zie ibid., GK p.285, EN p.184-185.
[23] Cf. Brieven aan David Balfour (Подвиг Богопознания), RU p.260, GK p.289, EN p.263.

hemzelf daarbij. Deze periode van zijn leven viel samen met de Duitse bezetting van Griekenland, en op de berg Athos was de situatie uiterlijk zeer rustig. Innerlijk werd zijn geest geheel in beslag genomen door het schouwen van de hel op aarde en in de geschiedenis. Hij werd overweldigd door afschuw van zijn eigen gesteldheid, die God hem in Zijn barmhartigheid had geopenbaard. Hij zag zichzelf geheel bedekt met zweren, en het Koninkrijk van zulk een God onwaardig. Hij vertelt:

> De verschrikking van de eeuwige ondergang en de weeklacht der bekering vormden mij, op zekere geheimvolle wijze, geheel en al om tot gebed. In vrijheid... bereikte mijn geest een staat van het schouwen van voorheen onbekende werkelijkheden: van de oneindige afgrond van het 'zijn', de duistere woningen van het dodenrijk, maar ook de Hemel overgoten van het Ongeschapen Licht... Soms daalde ik af tot in de diepten der hel, op andere ogenblikken hief de Heer mij op tot de hemelen.
> Bij tijden stond ik op die ondefinieerbare grens, waar men zowel het Licht van de Godheid schouwt als de " buitenste duisternis"...[24]
> Ik herinner me... dat wanneer de ziel terugkeerde tot de gewone waarneming van de materiële wereld, de geestelijke gewaarwording mét mij bleef, in mij, van mijn ervaring tijdens het gebed in die onverstoorbare en onvermoede afgrond. In die oneindigheid bestaat noch boven, noch beneden, noch voorwaarts of achterwaarts, noch links of rechts.[25]

Het Ongeschapen Licht is volkomen anders van aard dan het natuurlijke licht. Niettemin wordt het licht genoemd, omdat het ontspringt aan de geestelijke Zon van het Hemelse Jeruzalem; en zoals het natuurlijke licht leven schenkt aan de zichtbare schepping, even zo schenkt het Ongeschapen Licht het leven aan de wereld der geesten, aan de engelen en aan de rechtvaardigen. Het Ongeschapen Licht is de Goddelijke Energie van de Vader en van de Zoon en van de Heilige Geest. Het is het Licht van het Aangezicht van Christus, want Hij heeft het aan de wereld geopenbaard. "Het volk dat in duisternis gezeten is heeft een groot Licht gezien, en voor hen die

---

[24] "We Shall See Him", GK p.224, EN p.143.
[25] Ibid., GK p.225, EN p.143-144.

gezeten zijn in het land en de schaduw des doods is een Licht opgegaan".[26] Christus de Heiland is gekomen en heeft de wereld begenadigd met de kennis van de Vader der Lichten, een kennis die bij de Val verloren was gegaan. Hij kwam en droeg op de mens Zijn vóóreeuwige heerlijkheid over die Hijzelf van de Vader bezat, die van nature en in eeuwigheid de Zijne was. In Zijn onveranderlijke liefde voor ons "tot het einde", verlangt Hij de gelovigen te zien "daar" waar Hijzelf is, namelijk "aan de rechterhand van de Vader". Bijgevolg is de Vleeswording van het Woord van de Vader de onwankelbare grondslag van de openbaring van het Licht des Levens.

In zijn geschriften benadrukt oudvader Sophrony dat geloof in de Vleeswording van Jezus Christus de primaire voorwaarde is die het de mens mogelijk maakt deelgenoot te worden aan het Goddelijk Licht. Telkens wanneer dit Licht aan de mens verschijnt, getuigt het derhalve van de Goddelijkheid van de Heer Jezus en van de onveranderlijke waarheid van Zijn onderricht.[27] De Oudvader zegt dat het Licht aan de ziel de onwankelbare overtuiging en zekerheid schenkt dat Hij Die verschenen is de Christus is, "de Eeuwige Meester van al wat bestaat, de Eerste en de Laatste... onzichtbaar en terzelfder tijd zintuiglijk waarneembaar... – door het vuur der liefde dat het hart vervult, en door het licht van het begrip dat het intellect verlicht".[28] Van onze kant is daarom de meest fundamentele voorwaarde voor onze verlichting door het Goddelijk Licht het geloof dat Jezus Christus God is. Zonder geloof bestaat er geen mogelijkheid tot God te naderen, want "al wat niet uit geloof is, dat is zonde".[29] Het geloof dat God overtuigt bestaat in een onbetwijfeld vertrouwen op Christus-God. Een dergelijk geloof bevat heilbrengende kracht en schenkt de mens vleugels die hem over de afgrond der zonde heendragen tot "het Licht van de Theophanie van de Heer dat de overwinning brengt over de dood".[30] Geloof dat Christus de Waarheid is van het onvergankelijke 'Zijn' opent de geest van de

---

[26] Mt.4:16.
[27] Zie "We Shall See Him", GK p.263, EN p.170.
[28] Ibid., GK p.291, EN p.189.
[29] Rom.14:23.
[30] Cf. "On Prayer", GK p.114, EN p.75; zie ook "We Shall See Him", GK p.194, EN p.122-123.

mens voor het wijdse gebied van het Ongeschapen Licht. De Oudvader schrijft:

> Al ben ikzelf in werkelijkheid nog zozeer "niets", toch verscheen mij het Ongeschapen Licht juist vanwege mijn geloof in Christus.[31] Toen ikzelf zonder aarzelen geloofde dat Christus God is, omstraalde mij een Licht dat niet van deze wereld is. En tot op zekere hoogte, net als Paulus, kende ik Hem in Dit Licht. Eerst geloofde ik met een levend geloof en vervolgens werd mij het Licht geopenbaard. Gebeurde datzelfde niet ook met de Apostelen Petrus, Jakobus en Johannes? Toen zij bij monde van Petrus de goddelijkheid van Christus beleden, antwoordde Deze: "Amen, Ik zeg tot u: Er zijn sommigen onder degenen, die hier staan, die de dood niet zullen smaken, totdat zij de Zoon des mensen hebben gezien, komende in Zijn Koninkrijk"[32] – hetgeen kort daarop vervuld werd op de berg Thabor. Op dezelfde wijze droeg ook Paulus op geestelijke wijze Christus in zijn hart, Die hij vervolgd had, en daarom verscheen hem het Licht der Godheid in kracht. En ik verstout mij te zeggen, dat het zien van het Ongeschapen Licht onverbrekelijk verbonden is met het geloof dat Christus *God* is – en niet alleen daarmee verbonden, maar op paradoxale wijze hangt het één af van het ander". [33]

Wanneer de mens het geloof aanvaardt, ontdekt hij werkelijk de goddelijke herkomst en het absolute karakter van het scheppende woord van Christus – het vervullen daarvan maakt hem tot medewerker van God in het werk van zijn eigen hernieuwing, en zo wordt de wereld getransfigureerd tot het wondere paradijs Gods.[34]

Onwankelbaar en vrijelijk verkozen geloof dat Christus God is, uiterlijk uitgedrukt door een leven dat gelijkvormig is aan Zijn geboden, trekt een voorbereidende genadegave aan van goddelijke verlichting, die de ziel ervaart in de vorm van liefde en warmte. Daarbij is zulk een geloof de zekerste weg tot het onderscheiden van de eigen zonden.[35] Volgens het woord van de Oudvader is de zonde in diepste wezen, in zijn metafysische dimensie, "altijd een

---

[31] "On Prayer", GK p.50, EN p.33.
[32] Mt.16:28.
[33] "We Shall See Him", GK p.247, EN p.157.
[34] Zie ibid., GK p.283, EN p.184.
[35] Cf. ibid., GK p.64, EN p.42.

misdaad jegens de liefde van de Vader".[36] Het besef van de eigen zonden, vergezeld van het gevoel van verlatenheid dat het gevolg is van de zonde, is een grote genadegave van de Hemel, die de mens "ontvankelijk" maakt "voor de energieën van de genade: hetzij deze verlichting door het Ongeschapen Licht, hetzij een andere vorm van vervoering, kennis of openbaring".[37]

De bewustwording van de eigen zondigheid en innerlijke woestenij stort de ziel in een staat van diepe berouwvolle bekering. De bekering is de tweede onontbeerlijke voorwaarde voor de goddelijke verlichting. Het Goddelijk Licht, het licht van de Heilige Geest, is in eerste instantie onzichtbaar. De wijze waarop het verschijnt is verborgen; het verlicht "van achteren, van verre", en openbaart aan de gelovige de geestelijke "plaats" waar hij zich bevindt – in onze tegenwoordige gevallen staat is de naam van deze duistere en troosteloze plaats: "hel" (of: "hades").[38] Deze bewustwording doet het hart branden en verlicht het intellect; het stelt de gelovige in staat binnen te treden in de sfeer van het Goddelijk 'Zijn'. Het helpt hem op ontologische wijze Gods plan te onderscheiden voor de mens van "vóór de grondlegging der wereld"; het maakt dat hij in Christus het oorspronkelijke Beeld onderscheidt Waarnaar de mens geschapen werd, volgens de vóóreeuwige Raad van de Drieëne God.

Tevens wordt in het hart van de gelovige het verbond hernieuwd dat hij met Christus is aangegaan bij de Doop: dood te zijn voor de zonde, en alleen voor God te leven. Hij heeft het heldere besef dat de zonde hem afsnijdt van de Heilige God der liefde, Die Licht is en in Wie "in het geheel geen duisternis" is[39] – en dat de mens door de zonde wordt omvangen door de dood. Met andere woorden, deze staat van verlichting stelt de mens in staat tegelijkertijd twee dingen te zien: aan de ene kant ziet hij de duisternis van zijn eigen innerlijke woestenij, en aan de andere kant schouwt hij de mens in

---

[36] "On Prayer", GK p.84, EN p.57; zie ook "We Shall See Him", GK p.31, 333-334, EN p.20, 211-211.

[37] "We Shall See Him", GK p.40, EN p.26. [Het begrip 'vervoering' verwijst hier naar een ervaring als die van de apostel Paulus, cf. 2Kor.12:2,4. *Noot vert.*]

[38] Zie ibid., GK p.53, EN p.34-35. [De meest gebruikelijke term in onze streken is 'hel'; het Grieks gebruikt in veel gevallen, zoals ook hier, de term 'hades' als aanduiding van deze geestelijke 'plaats'. *Noot vert.*]

[39] 1Joh.1:5.

zijn volmaaktheid, het beeld van het Licht van de Heilige der heiligen, in wie Gods ziel een welbehagen heeft.[40] Deze aanvankelijke
verlichting openbaart de ramp van zijn armoede en zijn verstoken
zijn van die staat waarin hij zou moeten zijn, om te leven in "zijn eenheid, onvergankelijk tot in eeuwigheid, met de Vader van al wat
bestaat".[41] Deze tweevoudige visie, een terugkerend thema in de
werken van de Oudvader,[42] is dynamisch en van een voortdurend
toenemende intensiteit; het wordt een bron van nimmer-
eindigende inspiratie, die de gelovige doet verzinken in nog
grotere diepten van berouwvolle bekering en geestelijke groei in
Christus. Hij beseft dat de zonde de goddelijke adem in de mens
verstikt, en dus verafschuwt hij de zonde, en strijdt daartegen door
middel van de bekering.

> De aanblik van de eindeloze heiligheid van de nederige God aan
> de ene kant, en aan de andere kant de gewaarwording van de
> luciferische duisternis die in ons leeft, leiden de mens tot een
> dergelijke staat, waarin heel zijn wezen verdrukking lijdt vanuit
> de onstuitbare *smartelijke* impuls tot de Heilige God. Hierbij is
> hij bevangen door een sterke afkeer van zichzelf, en een diep
> wenen beheerst zijn ziel. Deze pijn is geestelijk, metafysisch,
> ondraaglijk..[43]

Aldus ervaart de godvrezende mens in zijn bekering terzelfder
tijd twee tegengestelde realiteiten: hij is zich bewust van zowel zijn
eigen weerzinwekkende nietigheid, als van de barmhartige nederdaling van God.[44] Hoe vuriger en diepgaander zijn bekering wordt,
hoe helderder hij God ziet, en hoe vaster hij overtuigd is van zijn
eigen onwaardigheid voor Diens aanschijn. Het staan tussen deze
twee uitersten is een martelaarschap. De gewaarwording van zijn
innerlijke duisternis vermorzelt hem, terwijl de aanblik van de
grenzeloze heiligheid en nederigheid van God hem aantrekt met

---

[40] Zie "We Shall See Him", GK p.44, EN p.28, (cf. Hebr.10:38).
[41] Ibid., GK p.53, EN p.35.
[42] Zie bijvoorbeeld in "We Shall See Him", GK p.53, 71, 92-93, 102-103, 156,
216-217, 277-278, EN p.35, 46, 59, 66, 100, 137, 180, en in "On Prayer",
GK p.71, 85, 217, EN p.49, 58, 93.
[43] "We Shall See Him", GK p.241, EN p.153-154.
[44] Cf. ibid., GK p.277, EN p.180.

een smartelijke drang. In zijn gebed der bekering wordt hij gepijnigd door de gewaarwording van zijn vuilheid, en hij bezit het martelende besef dat hij waarlijk "de ergste van allen" is.[45]

In het geval van oudvader Sophrony ging dit besef gepaard met een charismatische wanhoop aangaande zijn eigen persoon, die nog versterkt werd door de onverwachte gewaarwording van de nabijheid van de Levende God. Zijn diepe bekering vervulde hem met wanhoop over zichzelf en bereikte zulk een mate van zelfhaat, dat hij bad zonder enige gerichtheid op zichzelf:[46]

> Wat er met mij gebeurde ging mij volstrekt te boven; en ik, de onwetende, weeklaagde smartelijk in mijn bekering, wetend dat ik de vergeving onwaardig was. Ik werd volkomen verteerd door het verlangen naar de Vader. En dit verlangen was zodanig, dat zelfs toen de vlam die mij verteerde werd omgevormd tot licht, ik niet in staat was mijn aandacht te richten op deze gave, en mijn zelfveroordeling tot de buitenste duisternis verliet mij niet.[47]

Het aanhoudende gebed van berouwvolle bekering, met de heilige pijn van de zelfhaat en een diepe dorst naar God, wordt, volgens het getuigenis van de Oudvader, tot een "hongerige vlam".[48] Het helpt de mens zich te ontdoen van de hartstochten, en zichzelf te bevrijden van elke gehechtheid aan deze wereld, inclusief zijn eigen leven. Begeesterd door deze tweevoudige ervaring – van de duisternis van de dood die hij in zichzelf omdraagt, en van de hoop op God de Heiland, Wiens schoonheid en heiligheid hij schouwt – leeft hij zijn "hel der bekering", en hij verzinkt in een menigte van geestelijke "hete tranen", die zijn intellect reinigen van elk hartstochtelijk beeld.[49] In deze staat van diepe nederigheid, waarin de mens die in bekering leeft het niet waagt zichzelf ook maar het minste bezoek vanuit den Hoge waardig te achten, komt Gods welbehagen tót hem: zijn geest wordt losgemaakt van deze wereld, en overgebracht tot een andere, oneindige wereld. Dit is het vreeswekkende ogenblik waarin de mens wordt "weggevoerd" en binnentreedt

---

[45] Cf. ibid., GK p.241, EN p.154.
[46] Cf. ibid., GK p.69, EN p.45.
[47] Ibid., GK p.197-198, EN p.124-125.
[48] Cf. ibid., GK p.44, EN p.29.
[49] Cf. ibid., GK p.77, EN p.50.

in de wereld van het Goddelijk Licht, waarin hij de eeuwigheid ervaart. De zelfhaat, de uitdrukking van de volmaakte liefde van de mens tot God – een eigenschap van de waarachtige persoon – bereidt de weg voor de goddelijke verlichting; deze zelfhaat is zo onontbeerlijk dat, volgens oudvader Sophrony, Christus niet gekend kan worden zonder de zelfhaat, noch kunnen ons dan "de grenzeloze horizonnen van de ons geboden liefde" geopenbaard worden.[50]

> Wanneer God ons tot Zich trekt, dan wordt het gebed van de smartelijke bekering alles-verslindend. In het intellect en het hart bestaat niets dan enkel de vlammende dorst om de Heer te vinden, de Heilige der heiligen. En onverwacht voltrekt zich het wonder: Hij komt, zoals wij nimmer hadden gedacht, noch gehoord, noch was het in ons hart opgekomen: een straal van de ongeschapen Zon dringt door tot in de afgrond van onze duisternis.[51] Is het dus mogelijk te spreken over het Licht van deze Zon? Dit Licht vertroost de bedroefde ziel op Zijn eigen bijzondere wijze: Het schenkt vrede aan het verontruste hart, Het verlicht het intellect met een nieuwe visie. De ziel die tot dan toe stervende was, wordt vervuld met onvergankelijk leven.[52]

Oudvader Sophrony gebruikt de woorden 'wonder' en 'feest' om het onuitsprekelijke moment te beschrijven wanneer onze ziel wordt weggevoerd tot het gebied van Gods lichtende oneindigheid. De eenheid van de geest van de mens met de Geest Gods is inderdaad een wonder, zelfs groter dan dat van de schepping der wereld uit het niets.[53] In deze luisterrijke gebeurtenis zijn zelfhaat en pijn op paradoxale wijze verweven met de goddelijke liefde van Christus, Die gekomen is om de ziel te genezen van al haar wonden.

> Met deze zelfhaat wordt het gebed in zekere zin waanzinnig, het verslindt alles, en het maakt mij los van al het geschapene; het brengt mijn geest over tot een lichtdragende oneindigheid, tot een onbeschrijfelijke afgrond. Daar vergeet ik de bitterheid van de tirannieke zelfhaat: in een volledige zelfverloochening wordt alles veranderd in liefde tot God – op deze paradoxale wijze is de

---

[50] Ibid., GK p.228, EN p.145.
[51] Cf. 1Kor.2:9.
[52] "We Shall See Him", GK p.103, EN p.67.
[53] Cf. "On Prayer", GK p.66, 103, EN p.45, 103.

zelfhaat verweven met de liefde tot God. Ditzelfde gebeurt ook met de vreze: Deze vermorzelt mij tot grote pijn, maar de Liefde geneest deze pijn en dan vergeet ik alle vrees. Doch wanneer mijn geest terugkeert van dit feest van Gods Liefde in Christus, dan komt opnieuw de vrees voor de verwijdering van *dat* Licht, van *dat* Leven: zal dit dan niet altijd zo zijn?[54]

Het wonder van deze vervoering in het gebied van Gods licht-dragende oneindigheid is onbeschrijfelijk. Het hart van de mens kan de kracht ervan niet omvatten, noch is zijn intellect in staat de oneindigheid ervan te vatten. Het is de intrede van de menselijke geest in een "onvermoede afgrond van een geestelijk gebied, waar niets en niemand bestaat dan alleen de God der liefde, en de aanblik van Diens oneindigheid".[55] Buiten de vormen van deze wereld, in die geestelijke oneindigheid, staat de menselijke geest "alleen voor de Enige, ... ontbloot, op onzegbare wijze vervuld van de kennis van zowel de aard van onze val als van de Goddelijke eeuwigheid".[56] Tijdens het schouwen "zwijgen" hart en ziel, vrij van elke vraag; de ziel is "vervuld van een zalige verwondering voor Gods aan-schijn".[57] De geest van de mens wordt binnengeleid in de sfeer van het noëtische Licht en elke gewaarwording van de materiële wereld valt weg, zelfs die van zijn eigen lichaam.

> Voor mij geest onthulde zich de goede eeuwigheid, hoewel nog ver van mij verwijderd... een gewichtloze, onzichtbare kracht deed mij overgaan tot een noëtisch-geestelijke ruimte. 'Daar' bleef ik alleen: de aarde was verdwenen, er bestonden noch zon, noch sterren, noch mensen, noch enig ander schepsel: ik was zelfs mijn lichaam niet gewaar. Het gebeurde dat ik het Licht als zodanig niet zag, maar niettemin drong mijn blik door tot onpeilbare diepten. In smartelijke wanhoop schreeuwde mijn ziel tot God..."[58]

Het Licht omarmt de mens op geheimnisvolle wijze van buitenaf, maar op even wonderlijke wijze is al zijn aandacht geconcentreerd in

---

[54] Ibid., GK p.231, EN p.103.
[55] Cf. "We Shall See Him", GK p.68-69, EN p.44.
[56] Cf. ibid., GK p.130, EN p.82.
[57] Ibid., GK p.262, EN p.170.
[58] Ibid., GK p.224-225, EN p.143. [Zie ook: GK p.257, EN p.166-167.]

zijn hart, dat brandt van liefde, dan weer in medelijden jegens allen, dan weer in vurige dankbaarheid jegens zijn God en Weldoener.[59]

Met de komst van het Licht wordt de geest van de mens op tedere, onmerkbare wijze weggevoerd. Even teder en onmerkbaar keert zijn geest terug tot het gewone gewaarwording van zijn omgeving, door het terugtrekken van het Licht:

> Met het terugtrekken van het Licht, dat zich even stil voltrekt als zijn komst, keert de ziel langzaam weer terug tot de gewone gewaarwording van de materiële werkelijkheid. In het verzachte hart heerst een diepe vrede. De geest van de mens verblijft tegelijkertijd zowel in de verheven Goddelijke atmosfeer als in die van de aarde. De eerste trekt zich echter gaandeweg terug en er komt een droefheid in de ziel, een zeker tastbaar verdriet, omdat de kracht van de onuitsprekelijk goede aanraking met Gods Geest afneemt, terwijl de gewaarwording van de natuurlijke werkelijkheid zich herstelt. De geurende sporen van het schouwen verzwakken, doch worden niet geheel uitgewist. Doch ook die verzwakking verwekt een subtiele heimwee naar God, terwijl het gebed vredig voortstroomt en vanuit heel het wezen van de mens...[60] – en dan, op natuurlijke wijze, groeit de dorst naar een volmaakter, dat is, een onveranderlijke en onvervreemdbare eenwording met de geliefde God.[61]

Het zou onmogelijk zijn om in dit hoofdstuk alles te omvatten waarvan de Oudvader getuigt en al wat hij overdraagt aan de Kerk omtrent het schouwen van het Ongeschapen Licht. De vruchten van dat schouwen zijn ontelbaar en zijn gedachten daaromtrent zeer verheven. Oudvader Sophrony merkt bijvoorbeeld op, dat zelden in de geschiedenis van de Kerk het schouwen van het Licht zulk een volheid bereikt dat de schouwende een persoonlijke openbaring verwaardigd wordt en de stem hoort van het hemelse welbehagen van de Vader.[62] Laten wij besluiten met slechts vier van de vruchten van het schouwen van het Goddelijk Licht die door de Oudvader beschreven worden.

---

[59] Zie ibid., GK p.257, EN p.166-167.
[60] Ibid., GK p.281, EN p.182.
[61] Cf. ibid., GK p.322, EN p.207.
[62] Cf. ibid., GK p.291, EN p.188-189.

De eerste vrucht is de nederigheid, die zich manifesteert op twee niveaus. Een eerste bezoek van het Licht verwekt de erkenning van de zonde als een daad van "zelfmoord" op het eeuwige vlak. Dit, samen met de intense beleving van de hel der bekering, sterken de menselijke natuur en maken dat zij het schouwen van God zal kunnen verdragen – want om iets goddelijks te schouwen dient men zelf in harmonie te zijn met het onderwerp van het schouwen.[63] Daarnaast wordt een onbeschrijfelijke, goddelijke nederigheid geschonken aan degenen die het Goddelijk Licht hebben gezien.[64] Niets op aarde is daaraan gelijk: het is een eigenschap van de Goddelijke Liefde. Deze wordt tijdens het schouwen overgedragen door de genade van de Heilige Geest en kan vervolgens nimmermeer vergeten worden. Het wordt voor immer het voornaamste doel van de smeekbede, zoals in het gebed dat de heilige Silouan ons leert: "O Heer, schenk mij Uw heilige nederigheid, opdat Uw liefde in mij moge wonen..."[65] Met deze nederigheid komt er nimmer een einde aan de inspiratie van de ziel, daar de Heilige Geest getuigt van haar heil.[66]

De tweede vrucht is het gebed voor de wereld. Het Goddelijk Licht is werkzaam in het diepe hart en bewerkt de uitbreiding daarvan, zodat dit heel de volheid van de Godheid en de mensheid kan omvatten. Vanaf de eerste stadia van zijn ervaring van het Ongeschapen Licht groeide de persoonlijke bekering van oudvader Sophrony uit tot dit de tragedie van de gehele Adam omvatte, en hij begon te bidden voor de gehele mensheid:

> Soms raakte een onzichtbaar vuur de kruin van mijn hoofd en doorstraalde dan vlug mijn gehele lichaam tot aan mijn voeten, waarop een vurige gebed met groot wenen voor de wereld mij urenlang beheerste.[67]

Geleid tot zulk gebed door de werkingen van de Heilige Geest, leeft de mens op existentiële wijze het beeld van de Drieëne God.

---

[63] Ibid., GK p.213, EN p.134.

[64] Cf. "We Shall See Him", GK p.35, 43-44, EN p.23, 28; "On Prayer", GK p.53-54, EN p.36.

[65] "Saint Silouan", GK p.360, EN p.278, NL p.301.

[66] Cf. ibid., GK p.373, EN p.289, NL p.311.

[67] "On Prayer", GK p.58, EN p.39.

In dit soort gebed ervaart men de eenwezenlijkheid van het menselijk geslacht. Dergelijk gebed openbaart de ontologische betekenis van het tweede gebod: "Gij zult uw naaste liefhebben als uzelf".[68] "De gehele Adam wordt tot één Mens – de Mensheid".[69]

De derde vrucht van het Goddelijk Licht is de liefde voor onze vijanden, het hoogtepunt van de twee grote geboden. Tijdens het schouwen van het Licht wordt de staat van Christus Zelf op de mens overgedragen. Aldus wordt de geest van de mens gelijkvormig aan de Geest van Hem Die Zijn handen heeft uitgestrekt aan het Kruis omwille van Zijn vijanden, omwille van zondige mensen – die inderdaad zijn vijanden zijn, daar de zonde die voortkomt uit de vleselijke gezindheid "vijandschap is jegens God".[70] Degene die verwaardig werd het Aangezicht van Christus te zien in het Ongeschapen Licht bezit hetzelfde medelijden en dezelfde liefde als Christus.[71]

De vierde vrucht is de theologie als een dogmatisch bewustzijn. Nadat het schouwen voorbij is, is de mens in heel zijn wezen gewaar dat hij deelgenoot geworden is van een goddelijke staat en van de kennis van goddelijke dingen. Hij is vervuld van kennis van het mysterie van God en van de wegen des heils. Wanneer dit heilig Licht de mens overschaduwt plant het de woorden van Christus in het diepst van zijn wezen. Het verzegelt hem met de goddelijkheid van Christus. De theologie is derhalve een genadegave van de Heilige Geest. Het is een geestelijke gesteldheid. De Oudvader zegt: "Wanneer de mens, op vergelijkbare wijze als de Apostelen, door de genade wordt weggevoerd tot het schouwen van het Goddelijk Licht, dan drukt hij dit vervolgens uit in theologie, 'verhalend' hetgeen hij heeft gezien en gekend".[72] Waarachtige theologie is het verhalen van de ontmoeting tussen God en de mens, van Aangezicht tot aangezicht, in het Ongeschapen Licht.

> Heel het lichaam van ons leven is met wonden overdekt, op alle niveaus, en de pijn reikt tot die grens, waar het lijdende intellect stilzwijgt in een staat van intens verblijven, buiten de tijd. Terug-

---

[68] Mt.22:39.
[69] "We Shall See Him", GK p.309, EN p.203.
[70] Rom.8:7.
[71] Zie "We Shall See Him", GK p.284, EN p.184.
[72] "Saint Silouan", GK p.220, EN p.170, NL p.179.

kerend uit dit ontologische schouwen, ontdekken wij in de diepten van het hart gedachten die reeds gereedliggen, die wij niet zelf hebben uitgedacht; in deze gedachten ligt de voorsmaak besloten van verdere openbaringen omtrent God. Deze charismatische gave kan niet beschreven worden in onze al te dagelijkse woordenschat. De ervaring leert dat deze gave niet anders geassimileerd wordt, dan door een langdurig proces van volkomen zelfontlediging.[73]

Het vertalen van deze ervaring in menselijke woorden van een dergelijke kwaliteit vindt pas plaats vele jaren na het eerste bezoek van de genade, wat ruim de tijd schenkt voor de assimilatie van de geestelijke ervaring. Dan neemt de genade de vorm aan van geestelijke kennis, van theologie 'op grond van de ervaring', hetgeen de Oudvader definieert als 'dogmatisch bewustzijn'.[74]

Doch hoewel oudvader Sophrony door zijn woorden het Ongeschapen Licht zo nabij doet schijnen en zo gemakkelijk toegankelijk voor elke ziel die zich bekeert, placht hij op nogal strenge toon uit te roepen: "Wat heeft het voor zin, uit te weiden over het Licht van de Thabor, als men niet in zichzelf "de heilige kracht van de Vader" draagt, "de zachtmoedige liefde van de Zoon, het ongeschapen Licht van de Heilige Geest"?[75]

En zo verstaan wij nogmaals, dat er geen andere opgang bestaat tot de Vader der Lichten, dan hetzelfde pad waarlangs Christus tot ons is nedergedaald. Eerst dienen wij neder te dalen in onze persoonlijke hel der bekering, opdat Hij ons van daaruit kan opheffen tot het Licht der liefde:

> Wat wil ik eigenlijk zeggen met dit alles? Juist dit: Door de berouwvolle bekering die mij geschonken werd, tot aan de zelfhaat toe, ontving ik onverwacht de ervaring van een wondere vrede, en het ongeschapen Licht omving mij, doordrong mij, maakte ook mij licht gelijk Hetzelve, en het schonk mij om het Koninkrijk te leven van de God der Liefde – het Koninkrijk waaraan "geen einde" zal zijn.[76]

---

[73] "We Shall See Him", GK p.26-27, EN p.17.
[74] "Saint Silouan", GK p.247, EN p.185, NL p.205.
[75] Ibid., GK p.248, EN p.186, NL p.205-206.
[76] Lk.1:33; "We Shall See Him", GK p.232, EN p.148.

3

Het portret van de Persoon
in de heilige Silouan

e theologie van het hypostatische beginsel wordt in de geschriften van de heilige Silouan en oudvader Sophrony op katafatische wijze uitgedrukt, hoewel de inhoud ervan oneindig is en onbeschrijfelijk. Het is dit positieve element dat overheerst in al hun onderricht. Beiden spreken van een God Die gekend en geliefd is, Wiens Licht en Aanwezigheid zich ophopen het hart op zeer tastbare wijze. God vervult de mens met de Heilige Geest op een manier die persoonlijk en onherhaalbaar is. Het thema van het persoon-zijn behoort tot de kern van de geschriften van de heilige Silouan, hoewel hij wanneer hij schrijft over de band tussen God en de mens veeleer het woord 'ziel' gebruikt, dan het woord 'persoon' of 'hypostase'. Oudvader Sophrony zei vaak tot ons, dat hij het hypostatische beginsel had leren verstaan als een geestelijk verschijnsel en een geestelijke staat, door de persoon van zijn Oudvader. Hij gaf daarbij toe, dat alles waar hij in zijn geschriften over uitweidt omtrent het principe van de persoon in feite een portret is van de heilige Silouan.

De heilige Silouan werd geboren in 1866 in het dorp Sjovsk, in de provincie Tambov. Zijn ouders noemden hem Simeon. Als een kind van vier jaar begon hij twijfel te ervaren toen hij een rondzwervende boekverkoper tot zijn vader hoorde zeggen dat God niet bestaat. Hij besloot dat hij als hij groot was, heel de wereld zou rondtrekken om God te zoeken. Zijn twijfels hielden aan tot hij ongeveer negentien jaar was. In die tijd werkte hij op het landgoed van prins Trubetskoj, en op een dag hoorde hij het levensverhaal van de heilige Johannes Sezenov (1791-1839), die in het nabijgelegen dorp had geleefd. De heilige Johannes was een lijfeigene op het eigendom van een wrede pachtheer, die hem meedogenloos tuchtigde. Op de leeftijd van vijftien jaar begon hij te zwerven, te voet bezocht hij heilige plaatsen, en hij werd zelfs toegelaten als novice in het Lavra te Kiev. Tegen zijn wil haalde de pachtheer hem terug en bond hem met ijzeren ketenen om bij de zwijnen op zijn landgoed te leven. Na enkele maanden bevrijdde God hem door een wonder van zijn banden en vervolgens leefde hij als kluizenaar in Sezenov, waar hij later een klooster stichtte.

Het levensverhaal van de heilige Johannes Sezenov raakte de jonge Simeon, omdat de Heilige zo dichtbij geleefd had en toch God had gekend. Simeon besefte, dat dit betekende dat God zeer nabij is, en zijn geloof werd hersteld. Na deze ontdekking begon zijn hart te branden van liefde tot God, en hij bad onder tranen. Zich bewust geworden van de verandering in zichzelf, voelde hij zich aangetrokken tot het monastieke leven. Terwijl voorheen, wanneer hij aan het werk was, de aanblik van de aardige jonge dochters van de prins hem verontrustte, bezag hij hen nu met tederheid alsof zij zijn eigen zusters waren. Dit eerste bezoek van de genade hield drie maanden aan. Helaas wilde zijn vader hem niet toestaan meteen in te treden in een klooster, maar hij zei hem eerst zijn militaire dienst te vervullen.

Terwijl hij wachtte om te beginnen aan zijn militaire dienst, begon Simeons dorst naar God gaandeweg te verminderen en hij keerde terug tot zijn vriendschappen in het dorp. Bij één gelegenheid, tijdens een dorpsfeest, poogde een schoenmaker zijn accordeon te grijpen, en Simeon – zich niet bewust van zijn eigen fysieke kracht – gaf hem een vuistslag die hem bijna doodde. Ook viel hij in de zonde van onkuisheid, en aldus begon het rumoer van de jeugd zijn eerste monastieke roeping te verstikken. Doch hij werd wederom geroepen, ditmaal door middel van een visioen, dat volgde op een periode van achteloos leven. Hij droomde dat er een slang in zijn keel binnenkroop en hij hoorde een uitzonderlijk zoete en schone stem zeggen: "In uw droom hebt gij een slang ingeslikt, en dat was u weerzinwekkend. Evenzo is het ook voor mij niet aangenaam uw werken te zien". Toen hij deze stem hoorde, wist hij dat de hoogstheilige Moeder Gods tot hem gesproken had, daar dit een volkomen transformatie bewerkte in zijn ziel.[1]

Op de leeftijd van zesentwintig jaar werden alle negatieve elementen in de jeugd van de heilige Silouan uiteindelijk overwonnen door zijn verlangen naar Christus en door de nederigheid. De ijdelheid van het wereldse leven verachtend, ging hij de heilige Johannes van Kronstadt bezoeken, en toen hij hem niet thuis vond, liet hij een briefje achter met het verzoek om te bidden dat niets hem

---

[1] "Saint Silouan", GK p.18, EN p.10-15, NL p.27.

zou verhinderen om monnik te worden. In deze tijd voelde hij dat hij voortdurend voor een vreeswekkende keuze stond, in een bijzondere charismatische vreze: ofwel God, ofwel de hel. Aanvankelijk verscheen de hel voor zijn innerlijke ogen als een martelende afwezigheid van de genade. Vlammen loeiden om hem heen en vergezelden hem bij iedere stap, en voorkwamen dat hij de gedachtenis aan God verloor. In 1892 arriveerde hij op de berg Athos en werd monnik in het Klooster van de Heilige Panteleimon, waar hij zesenveertig jaar in ascese leefde.

De gave van het hypostatische beginsel is een gebeurtenis die in elke mens uniek is en onherhaalbaar, en evenzo ontwaren wij in de heilige Silouan iets wat specifiek is aan zijn ervaring. Het verlangen is iets dat allen gemeenschappelijk hebben, maar in de heilige Silouan richtte dit hem met bijzondere kracht op God, vanwege zijn besef van de eeuwige ondergang. Na zijn eerste zes maanden in het klooster bereikte hij een staat van grote wanhoop. Hij bad voortdurend met een uiterst verlangen om te worden verzoend met de Levende God, waarbij hij zich verstoken voelde van elke heilbrengende relatie met Hem, hetgeen vergezeld ging van een charismatische gewaarwording van de hel. In zijn uitputtende zoektocht naar de Persoon van God kwam hij tot een volkomen zelfontlediging en tot de diepste wanhoop, tot op het punt dat hij dacht: "God is onverbiddelijk!" Toen ervoer hij een volstrekte verlatenheid en zijn geest viel in een onbeschrijfelijke duisternis van angst, ongeveer een uur lang. Vanuit de diepten van deze hel uitte hij het korte gebed: "Heer Jezus Christus, ontferm U over mij, de zondaar" – en toen verscheen God aan hem, in Zijn goedheid, op onvatbare wijze, zodanig dat heel zijn wezen, zelfs zijn lichaam, vervuld werd van het vuur van de genade van de Heilige Geest. In deze staat van overvloed omscheen hem het luisterrijke Goddelijk Licht, en zijn geest werd weggevoerd tot in de hemel, buiten de grenzen van deze wereld.

Toen ontving de heilige Silouan een nieuwe geboorte "vanuit den Hoge", in de Heilige Geest, en hij leerde de grenzeloze liefde van Christus kennen. Hij voelde de onuitsprekelijke vreugde en de zoetheid van de aanwezigheid van de Heilige Geest in zijn ziel, die op verbazingwekkende en onverwachte wijze getuigde van zijn heil. Door dit supra-kosmische getuigenis herkende hij de goddelijkheid van Christus in Degene Die hem verschenen was. Hij werd overtuigd van zijn verzoening met God en hij was vervuld van verwondering over de onbeschrijfelijke nederigheid en zachtmoedigheid van Christus. Hij werd gewaar dat zijn hart werd uitgebreid, en hij bad voor alle naties onder vele tranen. De onuitsprekelijke zoetheid en begeestering, die ontsprongen aan de eenwording van zijn ziel met God, trok heel zijn wezen aan tot de wereld in den hoge.

In de beschrijvingen van deze grote gebeurtenis die wij in de geschriften van de heilige Silouan herhaaldelijk tegenkomen, zien wij dat zijn wezen toen een volheid van genade en Godskennis ondervonden, die de mens karakteriseren als een hypostase. Zoals oudvader Sophrony zou zeggen, vond hij de plaats van het hypostatische beginsel, zodat ook hij – door Gods genade – kon zeggen "ik ben".

In de ascetische strijd die voorafging aan de ervaring van de heilige Silouan, en in de geestelijke tocht die daarop volgde, kan men duidelijk de unieke aard zien van zijn relatie met de persoonlijke God. Zoals de heilige Silouan bevestigt, werd – volgend op dit ogenblik van het schouwen van de Heer – zijn lichaam vervuld van de genade van de Heilige Geest, zodat hij verlangde te lijden voor Christus. Hij werd Diens volmaakte, onzegbare nederigheid gewaar, en de grenzeloze uitbreiding van Diens liefde, die de gehele wereld omvat en zich zelfs uitstrekt tot zijn vijanden.

Hoe kwam een ongeletterd man tot zulk een begrip? Het is zeer eenvoudig. Op het ogenblik van het schouwen werd de heilige Silouan verenigd met de Heer, Die Zijn eigen staat op hem overdroeg. Daar de Heer in Zichzelf de gehele Adam draagt en alle volkeren behoudt, kon ook de heilige Silouan, in zijn deelgenootschap aan Diens universaliteit, geen andere gedachte of smeekbede hebben dan het verlangen en het gebed dat allen mogen worden behouden. De vrucht van zijn eenwording met Christus was zo verheven, dat de authenticiteit van dit schouwen niet kan worden ontkend.

Juist om deze reden was de heilige Silouan niet in staat de hemelse verschijning te vergeten, en tot aan het eind van zijn leven deed hij alles om trouw te blijven aan wat dit hem geleerd had. Deze gebeurtenis was de machtige intrede van de geest van de heilige

Silouan in het Koninkrijk van de God der liefde, en zijn geest werd overschaduwd door de levende en eeuwige aanwezigheid van de Heer der heerlijkheid. Enkel de herinnering aan deze gebeurtenis was voldoende om de genadegave van God in hem te doen opvlammen, en bleek een bron van nieuwe kracht voor een volkomen nieuwe start, met een steeds groter verlangen en een onlesbare dorst naar zijn groei in God. De herinnering aan deze ervaring veranderde vaak in gebed, en het is daarom dat in zijn geschriften het onderricht wordt afgewisseld met gebed. Hij onderricht terwijl hij bidt, en hij bidt terwijl hij onderricht – in zijn ziel zijn beide tegelijk werkzaam.

Dit herinnert ons aan Petrus, de eerste der apostelen, die zelfs in zijn ouderdom niet kon vergeten hoe hij aanwezig was geweest bij de Transfiguratie van de Heer op de berg Thabor, hetgeen de bron van inspiratie was voor zijn apostolisch onderricht. Hij schrijft: "Daarom zal ik niet verzuimen u altijd hieraan te herinneren... want wij zijn ooggetuigen geweest van Zijn majesteit... toen wij mét Hem waren op de heilige berg".[2]

Op vergelijkbare wijze was de andere aanvoerder der apostelen, de heilige Paulus, "niet ongehoorzaam aan het hemelse gezicht"[3] dat hij ervaren had op zijn tocht naar Damascus. Getrouw droeg hij dit altijd in zichzelf om, en soms drukte hij dit uit als een lofzang, zeggende: "O, de diepten van de rijkdom, van beide de wijsheid en de kennis van God! Hoe ondoorgrondelijk zijn Zijn oordelen, en hoe onnaspeurlijk Zijn wegen!"[4] De woorden die hij hoorde in zijn vervoering waren "onuitsprekelijk... hetgeen een mens niet geoorloofd is te spreken".[5] De herinnering aan zijn ontmoeting met Christus veranderde in gebed en geestelijke dorst, zodat hij te allen tijde wandelde "in nieuwheid des levens", en ernaar "jaagde, of hij ook grijpen mocht, waartoe hijzelf gegrepen was door Christus Jezus... vergetende hetgeen achter hem lag, en zich uitstrekkend naar hetgeen vóór hem lag".[6] De ontmoeting met de eeuwige Heer omvat de

---

[2] 2Petr.1:12-18.
[3] Hand.26:19.
[4] Rom.11:33.
[5] 2Kor.12:4.
[6] Cf. Fil.3:12-13.

volheid van tijd en ruimte. Het is de hoogste vervulling van het doel van elk schepsel, en de vervulling van de mens als persoon.

Oudvader Sophrony schrijft dat het kenmerkend is voor de Christus tegelijkertijd op twee niveaus te leven: het tijdelijke en het eeuwige. Hij ziet de tijd als een wonderlijk proces, waarin God "uit niets" goden vormt, aan Hem gelijk.[7] Hij overweegt daarbij dat iedere mens geschapen is met ditzelfde vermogen om het ongeschapen Leven van de Godheid te omvatten, en dat elk zijn 'toegewezen tijd' heeft, die kort is doch voldoende om de Levende God te ontmoeten en het hypostatisch beginsel in zichzelf te verwezenlijken, volgens de goddelijke wil.[8] Daarom is de spanne van dit tijdelijke leven een tijd van samenwerking met de wil van God, als de Gever, en de wil van de mens, als de ontvanger, opdat het vóóreeuwige plan van de Schepper moge worden vervuld, namelijk, de vergoddelijking van Zijn redelijk schepsel.

Het kader van deze wereld is hopeloos beperkend voor diegenen die de opperste bestemming van het hypostatische beginsel willen bereiken, het "beeld" en de "gelijkenis" van God in de mens. Doch deze wanhoop verwekt gebed van een andere intensiteit, van een andere dimensie: het reine gebed, van aangezicht tot Aangezicht met de Beginloze God. Deze ontmoeting van twee wilsverlangens, in harmonische identiteit tijdens het reine gebed, leidt de mens tot Gods oneindige volmaaktheid. Hij verlaat dit leven niet, maar hem wordt de kracht geschonken in tijd en ruimte te leven op het eeuwige niveau, door de overschaduwing van de Heilige Geest. Gods eeuwigheid vangt elk ogenblik van de tijd, en Zijn oneindigheid omvat onze geschapen en driedimensionale ruimte. Alleen God, Die grenzeloos is, is in staat elk moment van de tijd te omvatten. Toch is dit een innerlijke gewaarwording die verworven wordt door het hart van iemand die in zichzelf de afstraling draagt van de Absolute God. Het is daarom dat zulk een mens zo hevig reageert op de gedachte aan de dood en zich wendt tot een volledige en ontologische bekering.

In het onbeschrijfelijke schouwen van de Levende Christus, zoals de heilige Silouan dit ervoer, verdwenen tijd en ruimte, en

---

[7] "We Shall See Him", GK p.397, EN p.224.
[8] Zie "On Prayer", GK p.26, EN p.16.

hij werd volledig opgenomen in de eeuwigheid, tot op het punt waar hij niet wist of hij "in het lichaam of buiten het lichaam" verkeerde. Hij werd Christus gewaar in het diepst van zijn wezen, en zijn hart werd uitgebreid met de volheid van de kracht van het leven waarvan hij deelgenoot werd gemaakt. Toen het schouwen eindigde en hij terugkeerde tot zijn gewone waarneming van de wereld, bleef de kennis van het onvergankelijke 'Zijn' dat hij ontdekt had, voortdurend bij hem. Het schouwen van de heiligheid van Christus en Diens vlekkeloze liefde verwarmde zijn hart en gaf een sterke impuls aan zijn geest, hetgeen hem vrij maakte van alle aardse banden en hem leidde tot de goddelijke oneindigheid.

Zoals de heilige Silouan zelf zegt, ervoer hij in zijn leven afwisselend twee gesteldheden. De ene: "wanneer de ziel zich in God bevindt, dan raakt de wereld volkomen 'vergeten', en de ziel schouwt God alleen",[9] en de andere: "ook in de woestijn leert de Geest Gods ons te bidden voor de mensen en voor de gehele wereld".[10] Tijdens het reine gebed verzonk zijn geest in de Geest van God en dan vergat hij de wereld op aarde. Maar wanneer hij dan terugkeerde, vol van de liefde van Christus, dan gaf hij zichzelf over aan het gebed voor de gehele wereld, waarbij hij overvloedige tranen vergoot.

Men kan hetzelfde verschijnsel van de wisseling tussen tijd en eeuwigheid ontwaren in zijn dagelijkse bezigheden. Hij schrijft:

> Ik heb geschreven, aangetrokken door Gods liefde, waarvan ik nimmer verzadigd raak. Ik zat, en heel mijn ziel werd bevangen door God, en geen enkele gedachte naderde mij of verhinderde mijn intellect te schrijven over de geliefde Heer. En wanneer ik een woord schrijf, dan ken ik het volgende nog niet, maar dat wordt in mij geboren, en dan schrijf ik dat op.[11]

Tegen het eind van zijn leven, toen zijn hypostatische beginsel ontwikkeld was, zien wij niet alleen dat zijn leven volkomen overschaduwd werd door de goddelijke eeuwigheid, en dat hij "de einden der eeuwen"[12] genaderd was, maar ook dat de vrees voor

---

[9] "Saint Silouan", GK p.609, EN p.492, NL p.514.
[10] Ibid., GK p.380-381, EN p.296, NL p.317.
[11] Ibid., GK p.619, EN p.501, NL p.523.
[12] 1Kor.10:11.

de dood geheel verslonden was door het vuur van de goddelijke liefde die hem vervulde. Zoals de grote apostel Paulus, die "het verlangen [had] ontbonden te worden, en met Christus te zijn",[13] evenzo schrijft de heilige Silouan, die hetzelfde verlangen bezat tot op het punt dat hij "als krankzinnig" was:

> Mijn ziel is genaderd tot de dood, en verlangt ten zeerste om de Heer te zien en voor eeuwig mét Hem te blijven... Heel de dag en heel de nacht is mijn ziel in beslag genomen door U, o Heer. Uw Geest trekt mij aan, opdat ik U zou zoeken, en de gedachtenis aan U verblijdt mijn intellect. Mijn ziel heeft u liefgekregen en zijn verheugt zich dat Gij mijn God en mijn Heer zijt, en zij verlangt naar U tot tranen toe... Uit liefde voor de Heer is de ziel als was zij krankzinnig geworden. Zij blijft zwijgend zitten, en wil niet spreken. En als een krankzinnige ziet zij de wereld en verlangt haar niet, en zij kijkt niet eens naar haar. En de mensen weten niet dat zij haar geliefde Heer ziet; en de wereld is achtergebleven en in vergetelheid geraakt, en de ziel wil geen aandacht aan haar schenken, want de onvergankelijke zoetheid is niet in haar. Aldus is het in de ziel, die de goddelijke zoetheid heeft leren kennen van de Heilige Geest.[14]

Vergelijkbare ervaringen van het overwinnen van tijd en ruimte, hetgeen een weerklank is van de overwinning op de dood, kunnen we ook vinden in de werken van oudvader Sophrony. Hij schrijft:

> Ik zie dat mijn intellect onafgebroken terugkeert tot dat schouwen, waarvan ik mijzelf niet kan losrukken, en waar ik reeds meer dan een halve eeuw geleden mee vertrouwd begon te raken. De Heer neemt mij volkomen in beslag. De mij omringende werkelijkheid zie ik, en tegelijkertijd zie ik haar niet. Mijn blik glijdt daartoe af op die momenten, wanneer ik mij bezighoudt met de onvermijde-lijke noden van het dagelijks leven. Maar of ik nu slaap of waak, God omvangt mij, meer nabij dan de lucht die ik inadem. In de afgelopen decennia werd de genade op velerlei wijze overvloedig over mij uitgegoten – bij tijden als een brede rivier, doch soms als een waterval, dat is, als een uitstorting van "levend water" over

---

[13] Fil.1:23.
[14] "Saint Silouan", GK p.622, EN p.503-504, NL p.526-527.

mijn hoofd.[15] Het gebeurde – en het gebeurt nog steeds – dat zich voor mijn aanschijn de grenzeloze uitgestrektheden openden van de oceaan, of dat ik als een gewichtloze nietigheid boven een vreemdsoortige noëtische afgrond hing... En nu bevindt ik mij in verlegenheid: Hetgeen ik hier beschreven heb, is niet meer dan een ruwe schets van een groots panorama in het schetsboek van de schilder. Mijn ziel wil psalmzingen in hymnen tot God, Die mij armzalige met zulk een liefde tegemoet kwam, maar ik heb geen woorden die Hem waardig zijn.[16]

Net als zijn leermeester, de heilige Silouan, leefde ook oudvader Sophrony, diens leerling, de tijd en de ruimte op getransfigureerde wijze en nam hij door de genade deel aan het Goddelijk 'Zijn'. Soms vergat de heilige Silouan wat oudvader Sophrony tegen hem gezegd had, omdat zijn geest verzonken was in de Geest Gods. Voor hen beiden waren de grenzen van tijd en ruimte samengevloeid, en aldus waren beiden in staat hetgeen transcendent en eeuwig is uit te drukken in tijd en ruimte. Zij brachten de woorden van de eeuwigheid in de tijd, en verhieven hetgeen aards en tijdelijk is tot de eeuwigheid. Juist hierin ligt de genezende kracht van hun woorden, die werkzaam is in de ziel van hun lezers en hen deelgenoot maakt van de genade der wedergeboorte. Hun leven wordt beheerst door de herinnering aan hun ontmoeting met de persoonlijke God en hun ervaring van de eeuwigheid. Deze wordt voortdurend omgevormd tot gebed, hetgeen allereerst hun eigen genadegave doet opvlammen, en vervolgens die van degenen die met hen in aanraking komen. Naast deze transformatie in het leven van hen beiden, is daar ook het aspect van hun geest, die werd weggevoerd tot in het andere leven. Het is niet mogelijk de ervaring van die vervoering in woorden uit te drukken, maar men kan tot op zekere hoogte uitdrukken wat er gebeurt wanneer de tijd overschaduwd wordt door de eeuwigheid, zodat allen daardoor onderricht worden en het Lichaam van de Kerk wordt opgebouwd.

Het schouwen van de Persoon van de verheerlijkte Christus verrijkte de heilige Silouan met een rechtstreekse kennis van God. Deze kennis gaat tegelijkertijd vergezeld van een verbreding van

---

[15] Joh.4:10.
[16] "On Prayer", GK p.119-120, EN p.78-79.

het bestaan van de mens. Het breidt het hart van de mens uit om hemel en aarde te omvatten in een geest van gebed. Het is de Heilige Geest die deze existentiële kennis meedeelt, welke vrede schenkt aan de ziel en op woordloze wijze getuigt van haar heil. Hij bevestigt dat wij voor eeuwige met de Heer zullen zijn.[17] Aldus is de menselijke geest voortdurend brandende met goddelijke liefde en dit maakt hem vrij van de geschapen wereld. De 'smaak' van deze ervaring stelt hem in staat elk geestelijk verschijnsel te onderscheiden. Hij verlangt het heil van alle mensen evenzeer als dat van hemzelf. Deze staat werd door de heilige Silouan uitgedrukt in zijn gebed: "Ik smeek U, barmhartige Heer, dat al de volkeren der aarde U mogen kennen door de Heilige Geest".[18] Wanneer de mens allen hetzelfde deel toewenst van de geestelijke genadegaven die hijzelf heeft ontvangen, begint hij ernaar te dorsten dat allen zouden worden behouden en hij verlangt ernaar voor Christus te lijden. Dit bewijst dat de hypostase van de mens is uitgebreid daar hij in zichzelf datgene draagt wat oneindig en eeuwig is.

Net als Christus zijn liefde voor ons heeft getoond door Zijn heilig Lijden, evenzo dorsten wij ernaar Zijn liefde te beantwoorden door te lijden. Eén van de meest treffende voorbeelden hiervan is het leven van de heilige hiëromartelaar Ignatius de 'God-dragende'. Vervuld van een vurige liefde voor Christus, smeekte de Heilige de Christenen van Rome geen wegen te vinden om zijn martelaarschap te voorkomen, zeggende dat dit slechts het begin was van zijn leerlingschap. Hij waarschuwde, dat als de wilde dieren hem respecteerden, zoals zij dat met andere martelaren deden, hij hen zou smeken hem te verslinden, opdat hij de eenwording met Christus zou mogen bereiken. Hij was bereid elke verdrukking te lijden, zichtbaar of onzichtbaar, omwille van het verwerven van Jezus Christus. Hij achtte het beter te sterven voor Christus, dan te regeren over de einden der aarde.[19] Met diepe dankbaarheid voor het offer van de Heer, schrijft hij:

---

[17] Cf. "Saint Silouan", GK p.407, 485, EN p.319, 386, NL p.339, 407.
[18] Ibid., GK p.355, EN p.274, NL p.296.
[19] Zie H. Ignatius van Antiochië, "Epistle to the Romans", m.n. §§ 5,6 & 7 (een Engelse vertaling is te vinden in: "Early Christian Writings", vert. Maxwell Staniforth, Penguin Books, 1978; p.105-106).

Ik schrijf terwijl ik nog in leven ben, maar mijn verlangen is naar de dood. Mijn liefde is gekruisigd, en ik brand niet met liefde voor aardse dingen. Maar in mij is een *Levend Water*, dat welsprekend is, en in mij zegt: "Kom tot de Vader".[20]

Vanaf het begin van het Christendom hebben de waarachtige leerlingen die in hun hart de inwoning van Christus hadden verworven, ditzelfde verschijnsel gedeeld van de overwinning op de dood. Zoals Christus door de overwinning van Zijn Dood het centrum werd van het onvervreemdbare leven, en de Nieuwe Vader van hen die behouden worden, evenzo wordt de mens, door deelgenoot te worden aan Christus' overwinning en aan Zijn genade, als een andere Adam, het centrum van het leven en de steun van de gehele wereld. De mens is groot wanneer hij in God is, Die groot is. Zoals de mens door de kracht van de goddelijke liefde in staat is heel de wereld te omvatten, zo wordt hij ook tot centrum van de wereld. De Heer, de Schepper der wereld, houdt al wat bestaat in de palm van Zijn hand, en de mens als hypostase is eveneens in staat in zichzelf niet alleen de veelvoudigheid van de kosmische realiteiten te omvatten, maar ook heel de volheid van het goddelijk en menselijk 'zijn'.[21]

Tijdens het schouwen van Christus kende de heilige Silouan de nederige aard van de goddelijke liefde, die geschonken wordt zonder maat. In zijn geschriften maakt hij een verschil tussen deze goddelijke nederigheid en de ascetische nederigheid, die de vrucht is van inspanning en godvruchtige werken. Hij stelde dat de nederigheid van Christus niet te beschrijven is. Deze is aanwezig in de zielen die verwaardigd werden de Heer te zien, en die daarom de maat kennen van de volmaaktheid waarnaar zij streven, maar die zij niet kunnen bereiken zonder de grote genade van de Heilige Geest. Zij vergelijken zich niet op grond van menselijke maatstaven, maar op grond van de goddelijke maat, geopenbaard door Christus, welke die van de aarde oneindig ver overtreft. In de Persoon van Christus schouwen zij de mens, zoals God hem bedoelde toen hij Adam schiep. Het is juist daarom dat de grote apostel Paulus, die dit perspectief van de

---

[20] Cf. ibid.. Voor het Griekse origineel, zie o.a.: «Οἱ Ἀποστολικοὶ Πατέρες» (*De Apostolische Vaders*), Ἀλ. & Ἐ. Παπαδημητρίου, Ἀθῆναι, ἐκδ. «ΑΣΤΗΡ», 1953.
[21] Zie "We Shall See Him", GK p.288-289, EN p.187, 197.

nederigheid als genadegave van God bezat, stelt: "Christus Jezus is in de wereld gekomen om zondaars te behouden, van wie ik de eerste ben".[22] Christus heeft deze onbeschrijfelijke, door de genade geschonken nederigheid aan de heilige Silouan geopenbaard, en roept allen om hierin te worden ingewijd: "Leert van Mij, want Ik ben zachtmoedig, en nederig van hart; en gij zult rust vinden voor uw zielen".[23]

De geestelijke nederigheid van de heiligen, die gelijk is aan de goddelijke nederigheid van Christus, is een hemelse genadegave die werkzaam is in de ziel van diegenen die, in de Heilige Geest, verwaardigd werden om het Aangezicht te zien van de zachtmoedige en nederige Heiland. Het is een engelgelijke staat met een onophoudelijke geneigdheid Christus te loven en te danken, Die ons heeft vrijgekocht door Zijn kostbaar Bloed. Wij zouden kunnen zeggen dat dit één van de meest volmaakte en "beste genadegaven"[24] is waar de waarachtige vrienden van Christus naar streven. Dan worden zij deelgenoten van die goddelijke ijver, die de Heer bezat toen hij het heil der wereld bewerkte, waar Hij over sprak als een 'doop' en waartoe Hij "gedrongen werd tot het volbracht zij".[25] Zodanig was het verlangen van de Heer naar dit werk, dat Hij dit op de eerste plaats stelde, zeggende dat dit zijn "spijze" was.[26] Deze genadegave van de goddelijke ijver is de meest volmaakte en meest passende voor de mens-hypostase, die nimmer voor zichzelf leeft maar in voortdurende verwijzing naar Christus, zijn oerbeeld, en in gebed voor zijn medemensen. Hij brandt van verlangen dat Christus zou "groeien" en zou worden "grootgemaakt"[27] in heerlijkheid, en hij treurt in vurige ijver omwille van zijn medemensen, dat zij het eeuwig heil mogen vinden en de rust in God.

In wezen is de geestelijke nederigheid een ander gezicht van de goddelijk liefde, die gericht is op hetgeen nuttig is voor de ander en op diens heerlijkheid – en voor ons is de voornaamste 'ander': de Heer. Aldus heeft Hij Zijn liefde voor ons getoond. Hij heeft ons in

---

[22] 1Tim.1:15.
[23] Mt.11:29.
[24] 1Kor.12:31.
[25] Lk.12:50.
[26] Joh.4:34.
[27] Cf. Joh.3:30 & Fil.1:20.

het bijzonder een 'voorbeeld', een 'model en een patroon' gegeven in Zijn hogepriesterlijk gebed, waarin hij de heerlijkheid die de gelovigen zullen ontvangen door Zijn dood beschouwt als Zijn eigen heerlijkheid.[28]

De heilige Silouan had, vanaf het ogenblik van het schouwen, de Christus-gelijkende nederigheid tot doel van zijn leven gemaakt, tot het einde toe. Daarom schrijft hij:

> De liefde Gods is een brandend vuur. Vanwege deze liefde verdroegen de heiligen alle verdrukkingen en ontvingen zij het vermogen wonderen te doen: Zij genazen zieken, zij wekten doden op, zij wandelden op de wateren, in het uur van het gebed werden zij in de lucht geheven, door hun gebed deden zij regen uit de hemel neerkomen; doch ik zou alleen wensen de nederigheid te leren en de liefde van Christus, opdat ik niemand zou kwetsen, maar voor allen moge bidden als voor mijzelf.[29]

Deze "betere" genadegave was Silouans metgezel tot het einde toe. Het is daarom, dat toen oudvader Sophrony hem kort voor zijn dood vroeg of hij wilde sterven, hij antwoordde: "Ik ben nog niet nederig geworden".[30] Deze woorden vatten de essentie samen van zijn innerlijke houding, en wijzen op de eindeloze geestelijke volmaaktheid waarin hij was ingewijd.

De Christus-gelijkende nederigheid schonk de heilige Silouan iets bijzonders onder de uiteenlopende gaven. Toen de diepte van de verlatenheid die hij doormaakte, en die hij gevoeld had als een dodelijke pijn, getransformeerd werd door zijn schouwen van de Levende Christus,[31] werd dit tot een heilige vrijmoedigheid. Aldus was hij onvermoeid en bracht zijn leven door tussen een diepe vreugdevolle treurnis vanwege zijn liefde voor Christus, en het uitputtende gebed, allereerst voor het heil van het Christelijk geslacht en vervolgens voor de het heil van de gehele wereld. Hij schrijft:

> De ziel die God heeft gekend, haar Schepper en Hemelse Vader, kan geen rust meer vinden op deze aarde. En de ziel overweegt:

---

[28] Zie Joh.17.
[29] "Saint Silouan", GK p.444, EN p.350, NL p.372.
[30] Ibid., GK p.319, EN p.243, NL p.262.
[31] "We Shall See Him", GK p.215-216, EN p.136.

"Wanneer ik voor de Heer zal verschijnen, dan zal ik Hem smeken om Zijn grote barmhartigheid voor heel het geslacht der Christenen" ... En dan weer denkt zij: "Ik zal bidden voor heel het geslacht der mensen, dat alle mensen mogen terugkeren tot de Heer en rust vinden in Hem, want de liefde Gods "wil dat allen behouden worden".[32]

De nederigheid trekt de goddelijke genade aan, en de genade begeestert de dienaar Gods, terwijl deze genade terzelfder tijd hard met hem meewerkt om hem te helpen. Hoe meer de man Gods zichzelf vernedert, des te groter en heiliger vrijmoedigheid hij verwerft, wat hem maakt tot een medewerker van God in zijn gebed dat de wereld behouden moge worden van de algehele ondergang.

Na zijn schouwen van de Levende Christus worstelde de heilige Silouan vijftien jaar om zijn geest te reinigen van elk spoor van de ijdele trots, en heel zijn wezen gelijkvormig te maken aan de genade die hem geschonken was. Tenslotte werd hem verwaardigd de stem des Heren te horen: "Houd uw geest in de hel, en wanhoop niet". Toen werd hem de volmaakte kennis geschonken van de wetenschap van de weg van Christus, de zekere weg die leidt tot de overvloed van het eeuwige leven. Oudvader Sophrony vertelde ons vaak dat de grootste gebeurtenis in zijn leven zijn ontmoeting was met de heilige Silouan en zijn erfenis van het openbarende woord van de Heer: "Houdt uw geest in de hel, en wanhoop niet", door de kracht waarvan hij bevrijd werd van alle demonische aanvallen en hoogmoedige gedachten.

De heilige Silouan werd rechtstreeks door de Heer in de goddelijke nederigheid onderricht, voor de tweede maal in zijn leven, toen Diens woord in zijn hart weerklonk: "Houd uw geest in de hel, en wanhoop niet". Door dit woord werd hij standvastig op de weg der nederigheid, die de weg is van de Heer Zelf.[33] De studie van deze weg is een levenslange arbeid, en hij noemt dit een "grote wetenschap".[34] Deze te volgen schenkt een rechtstreekse kennis van het grote "mysterie", dat "niet in woorden kan worden uitgedrukt"[35] –

---

[32] "Saint Silouan", GK p.417, EN p.328, NL p.348 (cf. 1Tim.2:4).

[33] Ibid., GK p.384-385, EN p.299, NL p.320.

[34] Ibid., GK p.547, EN p.437, NL p.460.

[35] Ibid., GK p.391, EN p.305, NL p.326.

waardoor de vijanden overwonnen worden,[36] waardoor de moedeloosheid verdreven wordt[37] en het intellect gereinigd, en waardoor
de mens "het vuur van de genade van de Heilige Geest" verwerft.[38]

De goddelijke nederigheid maakt de mens "van God geleerd", het
openbaart de wijze van bestaan van God Zelf. Wanneer de gelovige
de nederwaartse tocht[39] van de zelfvernedering onderneemt, dan vervult hij de wet van Christus en plaatst hij zichzelf op Diens weg – en
daar Christus, zoals Hij zeide, Zelf de Weg is, wordt Hij de gelovige
tot Metgezel en maakt Hij hem tot deelgenoot van Zijn genade. Elke
mens die zichzelf op het pad des Heren plaatst trekt de Heilige Geest
aan. Hij wordt door de Heilige Geest onderricht in de nederigheid
en wordt gelijk aan zijn Leermeester, Jezus Christus, de Zoon van
God. De goddelijke nederigheid is de volmaaktheid van Diens liefde
die zich tot allen uitstrekt, zelfs tot Zijn vijanden. Hierom was de
genadegave der nederigheid het doel van het gebed van de heilige
Silouan, heel zijn leven lang.[40]

De nederigheid maakt de mens tot een tempel van de Heilige
Geest en tot woonplaats van de Godheid. De nederigheid brengt de
genade die uiteindelijk de oude en onvernieuwde mens overwint. De
vreugde, het licht en de rouwmoedigheid die de nederigheid verge-
zellen vinden het diepe hart van de mens, dat de troon is van de
Koning der koningen. De nederdaling in het diepe hart wordt bereikt
door de "grote wetenschap" van de weg der nederigheid, waar de
heilige Silouan zo graag en zo veelvuldig van sprak. In het diepe
hart getuigt de Heilige Geest van de genade des heils. De uiterste
bekering waartoe deze grote wetenschap inspireert en de onuitsprekelijke vreugde die in de ziel geboren wordt door dit getuigenis
van de Heilige Geest, leiden de kinderen Gods tot de volmaakte
geestelijke vrijheid die verkondigd wordt door de woordloze verzuchtingen van het hart.

---

[36] Zie ibid., GK p.383, 390-391, 515, 544, EN p.298, 304, 411, 434, NL p.319,
325, 432-433, 457.
[37] Zie ibid., GK p.395, EN p.309, NL p.330.
[38] Ibid., GK p.388, EN p.302, NL p.323.
[39] Zie "Saint Silouan", GK p.312-214, EN p.237-238, NL p.256-258; zie ook
Archim. Zacharias (Zacharou), "Christ, Our Way and Our Life", p.65-70.
[40] "Saint Silouan", GK p.360, EN p.278, NL p.300-301.

Zoals de heilige Silouan de goddelijke nederigheid zag als het gewaad der heerlijkheid dat Adam en Eva bekleedde in het paradijs, evenzo zag ook oudvader Sophrony de nederigheid als de meest zalige en godgelijke werkelijkheid, die geschouwd wordt door degenen die behouden zijn. In het paradijs zullen de nederigen en de minsten vreugde en verrukking ervaren wanneer zij zichzelf laaggeplaatst zien en anderen meer verheerlijkt dan zijzelf. "De heerlijkheid van zijn broeder zal ook zijn eigen heerlijkheid zijn; en de aanblik van personen verheerlijkt door het Goddelijk Licht, een jubelende blijdschap".[41] De goddelijke nederigheid maakt de mens volmaakt gelijkend op God, Die "al het Zijne" schenkt aan de onrechtvaardige mens en "zich verheugt" over de bekering van de zondaar.[42]

Wanneer de mens die de goddelijke nederigheid heeft gekend ook maar enige vermindering voelt van de genade in zijn ziel, wordt hij geïnspireerd tot een immer nieuwe daad van bekering. Het verlangen zich het beeld van Christus eigen te maken wordt het opperste en definitieve verlangen van zijn bestaan. Hij ziet de zonde in het licht van Gods heiligheid. Er is geen eind aan zijn bekering, die hem dood maakt voor de hartstochten en levend voor God alleen. In deze staat van genade verwekt alles wat hij tegenkomt een grotere inspiratie en een volmaakter liefde voor zijn Verlosser. Hij schouwt hoe heel de schepping de lofzang der heerlijkheid aan de Schepper volbrengt, en leeft de woorden van de Psalm: "De hemelen verhalen de heerlijkheid Gods, het uitspansel doet kond van het werk Zijner handen".[43]

Het zich openen van het diepe hart van de mens betekent de verbreking van de ijzeren keten van het individu, zodat de universele liefde die hij in zich draagt moge worden uitgebreid om heel het 'Zijn' van God te omvatten en heel het 'zijn' van de mens.[44] In deze goddelijke staat bezit hij de gezindheid van Christus, en vanaf dat moment geeft hij niet langer om "de dingen der mensen" maar

---

[41] "We Shall See Him", GK p.122, EN p.79; zie ook "Saint Silouan", GK p.385, EN p.300, NL p.321.

[42] Zie Lk.15:31-32.

[43] LXX Ps.18(19):1/2.

[44] Zie "His Life is Mine", EN p.40.

om die "van God". Alles wat hij tegenkomt verwekt in hem een grotere inspiratie en een volmaakter liefde voor zijn Verlosser. Evenals God "wil dat allen behouden worden",[45] zo brengt ook hij, door de kracht van de Geest, ieder schepsel voor Gods aanschijn en doet hij voorspraak voor iedere sterfelijke ziel. Hij voelt zich als een andere Adam en houdt niet op te treuren omwille van heel het menselijk geslacht. Hij bereikt de ontologische bekering, die wij kunnen zien in de persoon van de heilige Silouan, en dit is een teken van zijn vervulling als hypostase.

Door een buitengewone genadegave van God in de Geest werd de heilige Silouan een universele mens, tot troost voor velen en vooral voor degenen die in wanhoop verkeren. Hij drong tot de diepten van Gods denken en verkreeg kennis van Zijn mysteriën. Hij verwierf de volmaakte genade die hij ervoer als een goddelijke gewaarwording in zijn hart, en zelfs in zijn lichaam, en hij uitte woorden van eeuwige wijsheid die hij ontving tijdens het reine gebed. Gedurende bijna een halve eeuw bad hij voor de gehele wereld onder overvloedige tranen. Als een heilige erfenis liet hij de gelovigen zijn woord na: dat de Christus-gelijkende nederigheid en de liefde voor de vijanden het onfeilbare criterium zijn voor de aanwezigheid van de Heilige Geest in de Kerk. Bovendien vormen deze beide tezamen de verzekering van het heil voor iedere mens.[46]

De heilige Silouan werd in de van God geschonken nederigheid onderricht door zijn schouwen van de Persoon van Christus en door het klinken van Diens stem in zijn hart, hetgeen hem leidde tot de volmaakte gelijkenis aan Hem. De aanblik van Zijn Aangezicht en de klank van Zijn stem deelden aan de geest van de heilige de onzegbare schoonheid mede van de wandel van de onberispelijke en smetteloze Christus, Die "als een schaap ter slachting" werd geleid,[47] en door Zijn uiterste nederigheid aan het Kruis de uiteindelijke overwinning behaalde op de dood en voor de wereld het leven verwierf. Deze kennis van de Persoon van Christus, die de heilige Silouan reeds vroeg in zijn monastieke leven geschonken werd,

---

[45] "Saint Silouan", GK p.350, EN p.270, NL p.292, (cf. 1Tim.2:4).
[46] Zie "Saint Silouan", GK p.111, 132, 153, 304, 344, EN p.89-90, 105, 114, 230, 265, NL p.101, 117, 126, 248-249, 285 – (e.a.).
[47] Cf. Jes.53:7.

inspireerde al zijn geschriften – waarin hij zijn grootste verlangen uitdrukt, dat zijn gebed was gedurende de laatste veertig jaar van zijn leven:

> Ja, Heer, verhoor het gebed der aarde. Alle volkeren zijn beangst; allen zijn moedeloos door de zonde; allen schieten tekort in Uw genade en leven in duisternis. O volkeren, laat ons roepen tot de Heer – heel de aarde – en ons gebed zal worden verhoord, want de Heer verheugt zich over de bekering der mensen. En alle hemelse machten wachten erop dat ook wij zullen genieten van de zoetheid van de liefde Gods en de schoonheid zullen zien van Zijn Aangezicht.[48]

---

[48] "Saint Silouan", GK p.439, EN p.346, NL p.368.

Christus, de Vader
der toekomstige eeuwigheid

4

Theologie als een geestelijke staat
van de persoon

Voor de mens is God de eeuwige en beginloze Gebeurtenis. Als Hij niet "vóór eeuwige tijden" had gewenst de mens te scheppen en hem deelgenoot en deelnemer te maken van Zijn volmaaktheid en van Zijn leven,[1] dan zou God voor immer onbekend zijn gebleven voor alle schepselen, en een onvatbaar mysterie. Christus, de Zoon en het Woord van de eeuwige Vader, Wiens vleeswording de vaste grondslag vormt van de Godskennis van het Christendom, is de drager van iedere openbaring van de Goddelijke Gebeurtenis.

De openbaring van de waarachtige God is "niet naar de mens".[2] Het gaat de maat van de mens oneindig ver te boven en daarom heeft onze Heer Jezus Zich verwaardigd onze "enige Leermeester" te worden.[3] In Zijn Persoon droeg Hij de volheid van de kennis van God en getuigde: "Alle dingen zijn mij overgeleverd van de Vader, en niemand kent de Zoon, behalve de Vader; noch kent iemand de Vader, behalve de Zoon, en diegene aan wie de Zoon Hem wil openbaren".[4] Hij verwaardigde Zich ons in bekende en begrijpelijke woorden de wegen te tonen tot de eeuwige waarheid, en Hij "maakte" alles "bekend" wat Hij gehoord had van Zijn hemelse Vader.[5] Hij sprak over de mysteriën van het Koninkrijk der hemelen "in gelijkenissen"[6] en "spreekwoorden".[7] Doch Hij zond een "andere Trooster, opdat [Deze] tot in eeuwigheid mét ons zou zijn",[8] om ons te herinneren aan Zijn woorden, om Zijn gelijkenissen te verklaren en Zijn spreekwoorden uit te leggen. Met andere woorden, omwille van

---

[1] Zie 2Tim.1:9; Tit.1:2.
[2] Gal.1:11.
[3] Cf. Mt.23:8.
[4] Mt.11:27.
[5] Cf. Joh.15:15.
[6] Mt.13:10.
[7] Joh.16:25.
[8] Cf. Joh.14:16.

ons werd Christus de unieke bron en de onvergelijkelijke gebeurtenis van de authentieke theologie.

Doch door "het lijden des doods"[9] ontving Christus alle natiën ten erfdeel en maakte hij "vrienden", die Hij deelgenoot maakt van de kennis van God en Diens raadslagen.[10] Christus' vrienden zijn ook deelgenoten in het mysterie van Zijn theologie. Hij schenkt hen de zalving van Zijn Heilige Geest, opdat zij "van God geleerd" mogen zijn, en het juiste begrip hebben om het getuigenis van de waarachtige God te kennen en te bevestigen.[11] Door hun hemels leven en hun hemelse woorden, worden Christus' vrienden – de heiligen van alle eeuwen – eveneens theologische 'gebeurtenissen', die het licht des geloofs brandende houden, en de gewaarwording van de persoonlijke God levend houden in deze wereld.

Het onderricht van deze beide oudvaders van onze tijd, de heilige Silouan en zijn leerling oudvader Sophrony, vormt bij elkaar genomen een unieke theologische gebeurtenis van dergelijke aard. God schonk Zijn woord rechtstreeks aan de heilige Silouan, en later vertrouwde deze dit toe aan oudvader Sophrony, opdat deze zijn onderrichtingen zou uitleggen en doorgeven, vanwege zijn gelijksoortige ervaring. Door zijn geestelijk leerlingschap en zijn aanraking met de wondere ervaring van de heilige Silouan, werd oudvader Sophrony allereerst in staat gesteld het beginsel van de hypostase te verstaan. Vervolgens, telkens wanneer oudvader Sophrony 'theologie sprak', had hij altijd het wonderbaarlijke leven van zijn Oudvader in gedachten, en diens ervaring van de verlichting door het overvloedige Licht van het Aangezicht van de zachtmoedige en nederige Christus.

In zijn boek over de heilige Silouan bevestigt oudvader Sophrony dat de waarachtige theologie niet de vrucht is van intellectuele belezenheid, noch een constructie van de menselijke rede, maar veeleer de vertelling van een belangrijk voorval, namelijk de ontmoeting tussen de menselijke geest en de Levende God.[12] Aldus, wanneer oudvader Sophrony theologie spreekt, voert hij terzelfder

---

[9] Cf. Heb.2:9.
[10] Cf. Joh.15:13-15.
[11] Cf. Heb.1:9; 1Joh.2:27; 5:20.
[12] Zie "Saint Silouan", GK p.220, EN p.170, NL p.179.

tijd een tweevoudige taak uit: Hij verhaalt en interpreteert de gegeven realiteit van de buitengewone ervaring van de heilige Silouan, in wiens persoon de eeuwenoude traditie van de Kerk werd samengevat. En tegelijkertijd getuigt hij van enkele van de genadegaven die hijzelf vanuit den Hoge ontvangen had in zijn lange strijd van vurig gebed en ontroostbare treurnis.

Voor oudvader Sophrony is de theologie bovenal een "verblijven in God".[13] Dit gaat gepaard met de heilbrengende en herscheppende kracht van de Geest, Wiens (goddelijke) natuur weliswaar onmede- deelbaar is, maar Die niettemin een verlichtende openbaring schenkt. De mens die drager is van deze geestelijke staat, draagt "het woord des levens".[14] Ook weet hij te onderscheiden tussen het authentieke schouwen, waartoe de vurigheid van de bekering leidt, en de be- drieglijke beschouwing van logische veronderstellingen, hoe briljant deze ook mogen lijken.[15] Zelfs wanneer hij spreekt op een relatieve menselijke wijze van spreken, draagt zijn woord het zegel van de genade en het verzekert de harten van degenen tot wie het gericht is, zodat ook zij deelgenoten worden van Christus' onvergan- kelijke vertroosting.

Het onderricht van oudvader Sophrony, in het bijzonder zoals dit vervat ligt in zijn belijdenis en geestelijke autobiografie "We Shall See Him as He Is" (*Wij zullen Hem Zien zoals Hij Is*), vormt een compleet theologisch systeem. Hij beschrijft de ontologische bekering die, in zijn volmaakte vorm, de mens tot de wortel toe hernieuwt. Het toppunt van deze bekering is, wanneer de geestelijke zon, de persoon-hypostase, opstraalt in het hart.[16] De persoon is de exacte en volmaakte verwerkelijking van de mens, die vanaf den beginne geschapen was "naar het beeld en de gelijkenis" van God.

De theologie die geschonken wordt als een genadegave van Christus is het resultaat van het geloof. Hiermee wordt de gelovige op harmonische wijze ingevoegd in het Lichaam van Christus, de Kerk. Er is een aanvankelijk geloof, en er is ook een volmaakt geloof.

---

[13] "Principles of Orthodox Asceticism", RU p.116, GK p.15. Dit artikel is nog niet volledig in het Engels vertaald.
[14] Fil.2:16.
[15] Zie "Saint Silouan", GK p.220, EN p.170, NL p.179.
[16] Cf. "We Shall See Him", GK p.301, EN p.195.

Het aanvankelijke geloof bestaat erin ons leven te richten op de Heer. Voor iedereen die God wil zoeken, begint de tocht met te geloven dat "Hij is, en dat Hij een Beloner wordt van degenen die Hem naarstig zoeken".[17] Het geloof is volmaakt wanneer het uit het hart komt en "werkzaam is door de liefde",[18] wanneer het begeestert met een hartstocht voor Christus.

Naar de ervaring van oudvader Sophrony wordt de weg tot het geloof voorbereid door de gedachtenis aan de dood. Wanneer deze genade de mens bezoekt, gaat dit gepaard met een vreemd innerlijk gevoel dat zich vestigt in het 'diepe hart'. Dit overtuigt hem "van de ijdelheid van alle aardse verworvenheden".[19] Tegelijkertijd wordt het intellect beheerst door een bepaald soort schouwen, dat heel het kosmische 'zijn' toont in zijn onderworpenheid aan een dreigende en onvermijdelijke dood. Dit schouwen is schrikwekkend, omdat het heel de geschapen wereld waarmee de mens verbonden is, doet zien "als een luchtspiegeling die steeds op het punt staat te verdwijnen in de eeuwige afgrond van het niets".[20] Daarbij wordt de bewustwording van zijn persoonlijke dood onaanvaardbaar voor de geest en dit verwekt in de ziel een ondraaglijke pijn. Deze geestelijke werkzaamheid van de gedachtenis aan de dood getuigt van het feit dat alle kosmische gebeurtenissen getekend zijn door ijdelheid en nutteloosheid. Als een mens sterft met al wat zijn bewustzijn omvat – zelfs de Schepper der wereld – dan betekent dit dat hij niet het authentieke leven bezit, maar dat alle dingen als een schaduw en als een droom voorbijgaan.

In werkelijkheid is de werkzaamheid van de gedachtenis aan de dood niets anders dan Gods eeuwigheid, in het negatieve aspect daarvan, die aanklopt aan de deur van de ziel. Dit wekt de mens uit de eeuwenlange slaap van de zonde en van het gebrek aan Godskennis, maar deze eeuwigheid kan in hem geen plaats vinden voordat hij de reinigende werking ervan ondergaat. De gevolgen hiervan zijn echter zeer heilzaam.

In de periode van dit geestelijk verschijnsel verwerft de mens kostbare kennis. Hij raakt los van al het geschapene. Hij komt tot

---

[17] Heb.11:6.
[18] Gal.5:6.
[19] Zie "We Shall See Him", GK p.17, EN p.11.
[20] Ibid., GK p.19, EN p.12.

het besef dat zelfs eeuwen van de geneugten van het leven slechts een bespotting zijn van zijn geest, die een absolute nood heeft aan de eeuwigheid. Zijn aandacht is binnenin hemzelf geconcentreerd waar hij zijn eenheid ontdekt met heel de schepping, die onder dezelfde veroordeling ligt van de ijdelheid en de dood. In zekere zin voelt hij dat hij het centrum is van heel de schepping – niet de schepping die de heerlijkheid Gods verkondigt, zoals de profeet David helder schouwde, maar de schepping die zucht en steunt omdat zij is overgeleverd aan verderf en ijdelheid, en wacht op haar verlossing. De mens wordt geconfronteerd met de eeuwige dood die in hem en rondom hem heerst.

Dit is het meest kritieke ogenblik. De zelfbepaling van de mens voor de eeuwigheid hangt af van de houding die zijn geest zal aannemen bij de aanblik van de dood die hem bedreigt. Als hij deze aanvaardt als een natuurlijk verschijnsel, dan zal hij in de afgrond der vergetelheid storten en voor immer worden uitgedoofd. Als hij deze als onnatuurlijk en onaanvaardbaar beschouwt, en zich in geloof wendt tot de Heer van leven en dood, dan wordt hij deelgenoot aan Christus' overwinning en erfgenaam van Diens Koninkrijk. Wanneer de mens zich aldus tot God wendt, komt dit van binnenuit, en daardoor raakt het geloof geworteld in zijn hart, hetgeen het begin is van een diepe innerlijke band met de Heer.

Geloof van deze aard verwekt de vreze Gods, die volstrekt verschillend is van de gewone psychologische en dierlijke vrees. De mens verblijft dan in Gods aanwezigheid, die hem reinigt en hem leven schenkt. Hij leeft in vreze en beven, dat hij misschien zou wegvallen van de Persoon van Hem, Die zijn enig streven is geworden. Deze vreze is ook het begin van de liefde, en gaat vergezeld van verwondering voor het aanschijn van God, Die hem openbaar begint te worden. Dit verwekt tevens ontzetting over de eigen onwaardigheid en de mogelijkheid zulk een goede en geliefde God te verliezen.

Daarenboven is deze vreze, naar het Schriftwoord, "het begin der wijsheid",[21] want hij die de Heer vreest, geeft "in plaats van de tijdelijke" dingen de voorkeur aan "de eeuwige, in plaats van de

---

[21] LXX Ps.110(111):10; Spr.1:7.

vergankelijke [aan] de onvergankelijke",[22] en zijn geest verlaagt zich niet tot iets van deze wereld, maar vraagt van God de eeuwigheid. Zijn enige verlangen en doel is om God welgevallig te zijn. Aldus wordt hij geplaatst in een eschatologisch perspectief, dat de zonde uitwist en zijn inspiratie vermeerdert, zodat hij voort kan gaan op de weg van God. Tenslotte leidt de vreze Gods tot de aanvang van de "bekering ten leven",[23] die "wijs [kan] maken tot heil door het geloof in Christus Jezus".[24]

De vreze Gods brengt de geestelijke verlichting en als zodanig vormt dit het begin van de verwerving van de staat van de theologie. Oudvader Sophrony onderscheidt verschillende niveaus van vreze Gods. Het hoogste niveau is de vrees "om de God, Die ons geopenbaard is in het avondloze Licht, onwaardig te blijken".[25] Zulk een vreze Gods is niet alleen de onontbeerlijke voorwaarde voor de bekering, maar ook de bron van inspiratie die deze geest van deze bekering bewaart. Wanneer de mens verlicht wordt door deze vreze, dan voelt hij tegelijkertijd de aanwezigheid van de Levende God, zowel als de gewaarwording van de vuilheid die hij in zich draagt. Hij staat voor het Aangezicht (= de Persoon) van God. Hoe duidelijker het beeld van de Heer Jezus wordt, des te weerzinwekkender vertoont zich de aanblik van zijn eigen ontaarding. Hij worstelt om zich te ontdoen van al de vuiligheid van vlees en geest. Het Oerbeeld aan Wie hij refereert en op Wie hij verlangt te gelijken is niet iemand van deze wereld, maar de Heer Zelve, Die hem tot dit leven geroepen heeft en hem heeft voorbestemd tot de heerlijkheid van Zijn beginloos Koninkrijk. In dit eschatologisch perspectief blijft de inspiratie onverminderd bewaard, omdat de mens in verwachting leeft van de hemelse Heiland en belijdt dat de Heer gekomen is en zal wederkomen "om zondaars te behouden, van wie ik de eerste ben".[26]

De gelijkenis aan Christus is dynamisch en oneindig, en daarom is er geen einde aan 's mensen bekering op deze aarde. Zoals de Heer Zichzelf ontledigd heeft van de rijkdom van Zijn goddelijkheid en

---

[22] Cf. Liturgie van de heilige Basilius de Grote, in de gebeden van de Anaphora (na de consecratie van de Gaven).
[23] Hand.11:18.
[24] Cf. 2Tim.3:15.
[25] "We Shall See Him', GK p.29, EN p.19 (cf. Mt.10:37-38).
[26] 1Tim.1:15.

in Zijn onbeschrijfelijke armoede de mens rijk heeft gemaakt, door hem de "overvloed"[27] te schenken van Zijn leven en Zijn licht, zo streeft degene die in bekering leeft ernaar zichzelf te ontdoen van alle "overvloed van boosheid", [28] om heel zijn wezen te bevestigen als een woonplaats toebereidt voor God tot in alle eeuwigheid.

In zijn geschriften komt oudvader Sophrony voortdurend terug op het thema van de bekering en het ontbreekt hem aan voldoende woorden om het belang daarvan adequaat uit te drukken. Zoals het geloof de vreze Gods bewerkt, en de goddelijke vreze de geestelijke verlichting, zo leidt de verlichting vanuit den Hoge tot berouwvolle bekering, hetgeen tot doel heeft de mens te herstellen in de heerlijkheid en de eer die hij had in den beginne, toen hij in Gods aanwezigheid verbleef. Dit is een wondere aanwezigheid. Het onthult de uiterste schoonheid van de Persoon van de Heer, zowel als het mysterie van de zonde. In een waarachtig besef van de zonde, en de gewaarwording van het effect daarvan op het metafysische vlak, wordt de zonde ervaren als een belediging van het eeuwig Koninkrijk van Licht en Liefde. Wij worden berispt vanwege onze onrechtvaardigheid jegens "Christus... het onberispelijk en smetteloos lam",[29] het Lam God, Dat ons heeft verlost van de eeuwige ondergang door Zijn kostbaar Bloed en ons bevrijd heeft van de ijdele levenswandel die wij van onze vaderen geërfd hadden.[30] Doch tegelijkertijd, hoe meer de gelovige zich inspant in bittere bekering, des te meer wordt hij gereinigd van de zonde en wordt hij ontvankelijk voor de veranderingen die de Geest in hem bewerkt. Hij wordt steeds meer verenigd met de Persoon van Christus, Die hem deelgenoot maakt van Zijn gesteldheid. Hij verwerft het reine gebed en kent het intellect des Heren.[31] Met andere woorden, hij verwerft de genadegave van de theologie.

De geest van de mens bereikt deze staat van de theologie wanneer zijn bekering gepaard gaat met de gezegende wanhoop, hetgeen, naar het inzicht van oudvader Sophrony, een genadegave is van

---

[27] Cf. Joh.10:10.
[28] Jak.1:21.
[29] 1Petr.1:19.
[30] Cf. 1Petr.1:18.
[31] Cf. 1Kor.2:16; LXX Jes.40:13. [D.w.z. hij verstaat hoe de Heer de dingen ziet. *Noot vert.*]

Godswege.[32] Dit soort wanhoop volgt op de geestelijke verlichting, waarbij de mens de leugenachtigheid ziet van de staat waarin hij zich bevindt en, in volkomen wantrouwen jegens zichzelf, alles hangt aan de barmhartigheid en de goedheid van Hem "Die de doden opwekt, en de dingen die niet zijn, tot het zijn roept".[33] De van God geschonken wanhoop wordt gekenmerkt door een diepe nederigheid en leidt tot een nog hoger niveau van geloof, gelovend "tegen hoop op hoop".[34] Dit verleent een machtige stuwkracht aan de bekering en verwezenlijkt het wonder dat plaatsvindt wanneer het geschapen wezen van de mens verenigd wordt met het ongeschapen 'Zijn' van God.

Oudvader Sophrony's ervaring van de bekering was zeer uitgebreid en fundamenteel – zodanig, dat hijzelf zegt: "pijn ... is het grondthema van mijn leven in God". Hij gaat voort: "Hoe dieper de geestelijke pijn, des te sterker is ook de aantrekking tot God. Hoe dynamischer onze nederdaling tot in de diepten van de eindeloze oceaan van het lijden, des te zekerder is ook de opgang van onze geest tot in de hemelen".[35] Oudvader Sophrony geloofde, dat de mens slechts waarachtig is wanneer hij in bekering leeft en de algemene waarheid belijdt van zijn persoonlijke val en die van de gehele wereld. Dan, omdat hij waarachtig is, trekt hij de Geest der Waarheid aan, Die hem reinigt en rechtvaardigt.

Oudvader Sophrony spreekt in zijn geschriften van twee soorten bekering. De eerste is ascetisch. Hierin overheerst de menselijke of psychologische factor. Dit is de intense en pijnlijke strijd die de gelovige onderneemt om God ervan te overtuigen dat hij Hem toebehoort en één van de Zijnen is, zoals de Psalmist zegt: "Ik ben de Uwe, behoud mij".[36] Hij onderwerpt zichzelf aan het oordeel door Gods woord en streeft ernaar de geboden des Heren tot enige wet te maken van heel zijn bestaan. Door een zorgvuldig en gedetailleerd onderzoek van zijn eigen innerlijk leven raakt hij overtuigd van zijn uiterste armoede en komt hij tot

---

[32] Zie "We Shall See Him", GK p.43, EN p.28.
[33] Rom.4:17.
[34] Rom.4:18.
[35] "We Shall See Him", GK p.137, EN p.88.
[36] LXX Ps.118(119):94.

een diepgaande bekering. Wanneer zijn ascetische inspanning een zekere volheid bereikt die door God erkend en aanvaard wordt, dan wordt hem verwaardigd de stem van de Heer te horen, die hem verzekert: "Gij zijt Mijn zoon, heden heb Ik u verwekt".[37] Dan wordt hij waarlijk wedergeboren in de genade van het zoon-schap, volgens de belofte: "Al het Mijne is het uwe".[38] Dit is de waarachtige wedergeboorte waarvan Christus gesproken heeft tot Nicodemus, die in het geheim Zijn leerling was.[39]

Vanaf dit ogenblik gaat de geest van de mens over tot het transcendente niveau van de goddelijke liefde, en zijn bekering neemt ontologische dimensies aan. Dit is de tweede soort bekering, en deze is een genadegave van God, want van nu af aan is het veeleer God genade die al wat de mens doet in hem bewerkt. De stem van de Heer verwekt een vreeswekkend "beven" van heel het wezen van de mens.[40] Dit is de ontmoeting van zijn hart met de Heilige der heili-gen, waar de Oudvader in verwondering het volgende over uitroept:

> O, deze aanraking van de Heilige der heiligen! Het is onmogelijk dit met iets anders te vergelijken: Het voert onze geest weg naar het gebied van het ongeschapen 'Zijn'; het verwondt het hart door een liefde, anders dan die welke men gewoonlijk aanduidt met deze term. Het Licht van deze liefde wordt uitgegoten over heel de schepping, over heel de wereld der mensen..."[41]

De stem van Christus, de Leermeester, gaat vergezeld van het schouwen of de gewaarwording van de heiligheid en de nederigheid van God, hetgeen de ziel "verwondt... en in grote godvrezendheid valt zij innerlijk in aanbidding neder voor Hem, in liefde. Zulk gebed wordt soms gevolgd door het schouwen van het ongeschapen Licht".[42] De kennis van deze liefde vervult de leerling van Christus met begeestering en zaligheid, en dringt hem ertoe God, zijn

---

[37] Cf. LXX Ps.2:7.
[38] Lk.15:31.
[39] Zie Joh.3:3-8.
[40] 1Kon.19:11.
[41] "On Prayer", GK p.22, EN p.14.
[42] Ibid., GK p.20-21, EN p.13.

Weldoener, "na te jagen", opdat hij "moge grijpen, waartoe ook hijzelf gegrepen is".[43]

Wanneer een mens zichzelf overlevert aan de geest der bekering op het ontologische niveau, dan opent zijn hart zich volkomen en het wordt uitgebreid om Christus' roeping te ontvangen op een wijze die absoluut is. Hij koopt elk moment van zijn leven uit, omdat hij elke psychologische gesteldheid weet om te vormen tot een geestelijke staat. Hij verbindt elke gedachte en elke gewaarwording met de Persoon van Christus. Dit vermogen om psychologische gesteldheden om te vormen tot gebed inspireert tot onophoudelijke dankbaarheid en liefde. Dan worden Christus' woorden vervuld: "elke schriftgeleerde onderwezen in het Koninkrijk der hemelen, is gelijk een mens, een meester van het huis, die voortbrengt uit zijn schat, nieuw en oud".[44]

Hoe meer de werking van de geestelijke verlichting in de ziel toeneemt, des te zichtbaarder wordt het beeld van de Heer Jezus afgedrukt in het hart, en het contrast tussen deze geestelijke schoonheid en de lelijkheid van de gevallen mens wordt immer sterker. In de geest van de mens wordt een weerzin geboren jegens zichzelf en een vurig verlangen Christus-gelijkend te worden. Doch deze strijd lijkt onmogelijk en doet de asceet verzinken in een oceaan van tranen.[45] Zoals Christus de Zijnen die in de wereld waren heeft liefgehad tot het einde,[46] zo smacht degene die in bekering leeft naar Christus tot aan zelfhaat toe, en vervult daarmee de onwrikbare voorwaarde om Zijn leerling te kunnen zijn.[47] Oudvader Sophrony zegt, dat in deze staat van berouwvolle bekering er "een ogenblik [komt] waarin een straal van het Goddelijk Licht door de dichte duisternis heendringt en voor onze ogen een scheur maakt, waar doorheen wij de Bron van dit Licht zien".[48]

Wij zien dus dat de bekering op het ontologische vlak zowel een voorwaarde is voor de verlichting van de mens door het

---

[43] Cf. Fil.3:12.
[44] Mt.13.52.
[45] Zie "We Shall See Him", GK p.92, EN p.59.
[46] Joh.13:1
[47] Lk.14:26.
[48] "On Prayer", GK p.153, EN p.144; zie ook "We Shall See Him", GK p.25, EN p.16.

Ongeschapen Licht, als het resultaat daarvan. Het diepe hart van de mens is de plaats waar al deze grote geestelijke gebeurtenissen plaatsvinden. Het is het centrum van zijn wezen en het doel van het bezoek van de Heer. Tijdens de staat der verlichting breidt de Heilige Geest het hart uit. Door de volledige bekering die wij hierboven beschreven hebben, vervult de mens het eerste grote gebod der liefde op een wijze die God welgevallig is. Zijn gebed verwerft "kosmische en meta-kosmische dimensies".[49] De meta-kosmische dimensie is de goddelijke liefde die werkzaam is in het hart dat is uitgebreid. De kosmische dimensie is het gebed van een mens die in bekering leeft vanwege de zonden van de gehele wereld en voorspraak doet voor de gehele Adam. Dan vervult hij het tweede gebod des Heren, dat gelijk is aan het eerste.

Na de verlichting door de Heilige Geest wordt de mens gewaar wat het waarachtige doel van God is voor iedere mens, en hij bidt dat iedere sterfelijke ziel hetzelfde erfdeel geschonken moge worden als hijzelf ontvangen heeft. Volgens de grote apostel Petrus, wanneer "de dag aanbreekt, en de morgenster opgaat in [onze] harten",[50] dan komt "de verborgen mens des harten"[51] te voorschijn uit zijn nauwe gevangeniscel van egocentrisch individualisme en wordt deelgenoot aan de universaliteit van Christus, de Nieuwe Adam. Door de Heilige Geest ontvangt de geest van zulk een mens vleugels en hij stijgt uit boven de eeuwige bergen en hij schouwt de diepten. Hij wordt als een engel Gods en in zijn persoon brengt hij heel de schepping voor Gods aanschijn. Dan vervult hij de theologische maat die zijn Schepper in zijn natuur geplant had, toen Hij hem schiep naar Zijn eigen beeld en gelijkenis. Oudvader Sophrony drukt deze realiteit uit wanneer hij getuigt:

> ... [dat de mens] in zijn uiteindelijke voltooiing drager zal blijken van de volheid van het God-menselijk leven; hij zal vervolmaakt worden naar de gelijkenis van Christus, de God-mens... En wij weten dat het eigen is aan dit hypostatische beginsel in ons, om

---

[49] "On Prayer", GK p.153, EN p.144.
[50] 2Petr.1:19.
[51] 1Petr.3:4.

door de liefde in de eeuwigheid een onuitsprekelijk luisterrijk en heilig leven te omvatten.[52]

Hoe vollediger de zelfontlediging van de bekering die de mens ondergaat, hoe volmaakter de grootheid en de heiligheid zal zijn van het leven dat hij zal beërven.[53]

Het hart is de plaats waar de eenwording plaatsvindt van de mens met God en met heel het geslacht van Adam. Het wordt de smeltkroes van het vuur van de goddelijke liefde. Het intellect van de mens wordt in dit vuur gedoopt en gelijkvormig gemaakt aan de goddelijke en vreeswekkende gebeurtenis die de veranderingen van de rechterhand des Allerhoogsten daar voltrekken. Daar wordt hij zijn opgang gewaar tot de eeuwige bergen van Gods waarheid en getuigt hij tevens van de waarachtigheid van de mens, Diens beeld. Hij aanbidt God "in geest en in waarheid",[54] door de Geest der Waarheid "Die uitgaat van de Vader,[55] en door de geest en de waarheid die de mens kenmerken die in bekering leeft.[56] Dan wordt het intellect van de mens tot gevangene van Jezus Christus en het is geheel gegrepen door elke gedachte die vrijelijk leidt tot de gehoorzaamheid van Christus.[57] Hij opent zijn mond, de Heilige Geest wordt tot hem aangetrokken, en zijn hart uit een goed woord – het woord der theologie.

Zo kunnen wij de werkelijke voorwaarden zien voor de waarachtige theologie. De theologie refereert aan een grote persoonlijke en specifieke gebeurtenis, waarvan de waarachtige theoloog deelgenoot en getuige wordt. Zoals de Oudvader zegt, is men in een staat van theologie, niet wanneer men op volmaakte wijze kan redeneren over het onderricht aangaande de Heilige Drieëenheid, maar wanneer men in zichzelf "de heilige kracht gewaar [is] van de Vader, de zachtmoedige liefde van de Zoon, het ongeschapen Licht van de Heilige Geest".[58]

In de staat van verlichting bezit de mens een dogmatisch bewust-

---

[52] "We Shall See Him", GK p.287-288, EN p.186.
[53] Zie ibid., GK p.81, En p.53.
[54] Joh.4:24.
[55] Joh.15:26.
[56] Zie 1Joh.1:8-10.
[57] Zie 2Kor.10:5.
[58] "Saint Silouan", GK p.248, EN p.186, NL p.205-206.

zijn. Anders gezegd, het dogmatische onderricht van de Openbaring is de inhoud van zijn ervaring. Hij weet dat de Drie Personen van de Drieëenheid eenwezenlijk zijn, maar hij onderscheidt ook het persoonlijke karakter van elk van hen. Dit wordt weerspiegeld in zijn bijzondere benadering en verwijzing naar elk van de Personen op de tijd van zijn gebed.[59] Wanneer hij in deze staat verkeert, voelt hij zijn eigenheid, doch terzelfder tijd ook zijn eenheid met het leven van heel de mensheid, en hij draagt een vurig gebed op voor haar heil.[60] Het gebed voor de wereld is een genadegave van de Heilige Geest, die er zonder twijfel op wijst dat de mens een waarachtige theoloog is, een deelgenoot in de theologische gebeurtenis van het gebed des Heren in de hof van Gethsémane.

Uit het bovenstaande kunnen wij zien waarom de Oudvader onderstreept: "Het intellect dat geneigd is tot de verbeelding is on-geschikt voor de theologie".[61] De verbeelding van het intellect is niet in staat de grenzen van de geschapen werkelijkheid te over-stijgen, terwijl de verlichting van de genade het hart van de mens doet deelnemen aan Gods energie, die "meer dan overvloedig... al wat wij vragen of bedenken" te boven gaat.[62] Wij kunnen ook begrijpen waarom de Oudvader geen bovenmatige waarde hecht aan grote geleerdheid in de academische theologie, hoewel hij daar niet aan voorbijziet. Hij beschouwt dit als bruikbaar voor het historische leven van de Kerk, maar alleen wanneer dit gepaard gaat met een levend geloof en in nederige navolging van het onder-richt van de Apostelen, Profeten en heilige Vaders.[63]

De waarachtige theologie werkt als een dwangbuis voor de filosofie, die vereist dat het intellect vrij kan zwerven temidden van de strijd en discussies tussen de diverse door mensen gecreëerde systemen. Zij houdt evenmin van de psychologie, die de mens als onafhankelijk en autonoom beschouwt. De waarachtige theologie bindt het intellect aan de Gebeurtenis van de Waarheid die ons is

---

[59] Zie "We Shall See Him", GK p.263-264, EN p.171
[60] Zie ibid., GK p.340, EN p.216.
[61] Ibid., GK p.48, EN p.31.
[62] Ef.3:20.
[63] Zie "On Prayer", GK p.99, EN p.63.

geopenbaard, en verplicht het nederig toe te geven dat het geschapen is uit het niets.

De Oudvader bevestigt dat het geloof dat Christus God is de voorwaarde is voor de verlichting vanuit den Hoge, de hoeksteen van elke geestelijke genadegave,[64] en bijgevolg ook de voorwaarde voor de theologie. Geloof in Christus onthult de tragische natuur van de zonde, in de metafysische dimensie daarvan, dat is, "als de val uit het zalige en onbedorven leven in het Licht, dat uitgaat van het Aangezicht van de Vader van allen".[65] Dit begrip vermorzelt de mens, het openbaart zijn verborgen zonden, het onrecht van de afstand tussen hemzelf en God waar hij zich tot dan toe niet van bewust was – en dit alles leidt hem tot het laatste stadium van de ascetische nederigheid: het gevoel dat hij "erger [is] dan allen".[66] Hij wordt geïnspireerd tot een diepgaande bekering, die hem brengt tot een volmaakte en heilige vreze dat hij de schat zou kunnen verliezen die hij gevonden heeft, de God van zijn heil. Dan wordt zijn nederigheid in toenemende mate een geschenk van de genade, omdat de onbeschrijfelijke goddelijke liefde hem ervan overtuigt dat hij het eeuwige leven met zulk een God onwaardig is. Dit is de voorbereiding tot een grotere volheid van heilige liefde, die leidt tot de goddelijke eeuwigheid en het enige wonder teweegbrengt dat hij verlangt. "Deze gebeurtenis is luisterrijker dan elke andere gebeurtenis in de geschiedenis van de gevallen wereld: de één-wording van God met de mens".[67]

In zijn geschriften spreekt oudvader Sophrony over het misleide begrip van de transcendente meditatie van de Oosterse religies, dat de notie van het individu verwart met de persoon. Het principe van de persoon is niet een beperkend principe, maar veeleer "het principe dat in zichzelf de oneindigheid opneemt".[68] In veel van de religies van het Oosten daarentegen, wordt ernaar gestreefd het principe van de persoon te overstijgen. Gods voorzienigheid liet toe dat oudvader

---

[64] Zie "We Shall See Him", GK p.113, 119, 244-245, 247, EN p.73, 77, 155-156, 157.

[65] "On Prayer", GK p.247, EN p.114-115.

[66] Ibid., GK p.174, EN p.157.

[67] Ibid., GK p.231, EN p.103.

[68] "We Shall See Him", GK p.294, EN p.190.

Sophrony in zijn jeugd in deze dwaling viel, zodat hij later een volmaakte apologeet zou blijken van de Christelijke openbaring.

Zoals wij eerder hebben gezien, leidt de Christelijke ascese in een relatie van liefde voor God tot de verlichting van de menselijke persoon en de eenwording met de Goddelijke Persoon van Christus. Zelfs in een staat van verlichting blijft de mens een afzonderlijk persoon. De vergoddelijking is een genadegave van God waaraan de mens deelgenoot wordt. De Christelijke ascese is exclusief gerelateerd aan de Persoon van Christus, terwijl in de Oosterse ascese het principe van de persoon afwezig is.

Christus, Eén van de Heilige Drieëenheid, heeft een wezen dat voor eeuwig verborgen en ongenaakbaar is. In Zijn Persoon bezit Hij daarnaast een energie, door welke Hij de wereld en de mens geschapen heeft en waarmee Hij "werkt tot nu toe"[69] om Zijn Schepping te behouden. In de theologieën en kosmologieën van de Vedanta daarentegen, wordt de mens beschouwd als van hetzelfde geslacht en hetzelfde wezen als 'het absolute' (brahman), vanwaar hij is voortgekomen en waartoe hij moet terugkeren. Volgens deze theorie dient de ziel (atman) van de mens verbonden te worden met 'brahman', de onveranderlijke realiteit achter de wisselende realiteiten binnen de tijd. Bij een dergelijke eenwording streeft de mens ernaar de menselijke hypostase uit te wissen, zodat de ziel (atman) moge worden opgelost in de anonieme oceaan van het reine 'zijn', het boven-persoonlijke absolute.

Om dit doel te bereiken, onderneemt de Oosterse asceet een bepaalde ascese waarin hij strijdt om zichzelf te ontdoen van alle lijden en van alle relatieve vormen van het voorbijgaande bestaan, om aldus te worden opgenomen in de abstracte en mentale sfeer van het reine 'zijn'. Dit negatieve en onpersoonlijke ascetisme, in plaats van te leiden tot het schouwen van God, leidt er slechts toe dat de mens zichzelf schouwt. De Upanishads zeggen nergens dat de hoogmoed een obstakel is voor de eenwording met het 'absolute', of dat de charismatische nederigheid een deugd is. Er is geen spoor van de positieve dimensie van de ascese als het ontvangen van een bovennatuurlijke vorm van leven, waarvan de God Die Zichzelf geopenbaard heeft de enige bron is. De kunstmatige 'ontkleding'

---

[69] Cf. Joh.5:17.

van de Vedanta en het Boeddhisme, zelfs in de meest aantrekkelijke vormen daarvan, is slechts de helft van het plaatje. Daarbij bestaat bovendien het gevaar, dat het intellect, ontbloot zijnde in de 'wolk der ontkleding', zich op zichzelf richt in verbazing over zijn eigen lichtende doch geschapen schoonheid, en aldus "het schepsel vereert boven de Schepper".[70] Het hart kan geen deelnemen aan dit soort ascese. Vooruitgang daarin hangt slechts af van de individuele wil om te slagen. En dan, volgens het woord van de Heer, "wordt het laatste van die mens erger dan het eerste".[71]

De apofatische ascese in het Christendom impliceert noodzakelijkerwijze het afleggen van de oude aardse mens met zijn hartstochten en zijn zonden. Doch daarnaast, en belangrijker, bestaat het positieve aspect van het zich bekleden met de nieuwe mens der genade. Wij ontdoen ons van het beeld van de vergankelijke mens, maar "wij [dragen] ook het beeld van de Hemelse".[72] Het bekleed worden met Gods genade, "overkleed te worden met onze woonstede, die uit de hemel is",[73] wordt voltrokken door de begeestering die voortkomt uit het tweevoudige schouwen van enerzijds onze zondigheid en onze armoede, en anderzijds de onuitsprekelijke schoonheid van de nederige liefde van Christus.

Er bestaan verschillende religies die de mens, vanaf het begin van zijn schepping tot op heden, verleiden door zijn natuurlijke neiging tot de eeuwigheid. Zij verlangen dit te bereiken zonder navolging van de kruisiging die vereist wordt door Gods geboden. Wij weten dat het Kruis en de Opstanding van Christus de enige brug vormen die hemel en aarde verenigt. Naar de ervaring van de oudvader vermijdt de Orthodoxe ascese het lijden niet. Integendeel, de beproevingen en de pijn die de mens lijdt "[staan] ten dienste aan de voorbereiding van de ontmoeting met God",[74] die plaatsvindt op het eeuwige vlak – en die de grootste zegen is die de mens kan ontvangen.

De ervaring van Gods profeten, hoewel echt en waarachtig, is

---

[70] Cf. Rom.1:25.
[71] Mt.12:45.
[72] 1Kor.15:49.
[73] 2Kor.5:2.
[74] "We Shall See Him", GK p.337, EN p.214.

niettemin zo groot dat deze ondoorgrondelijk en onmededeelbaar blijft. Wanneer een poging wordt gedaan dit te beschrijven en aan de mensen over te brengen, wordt dit in hun ogen verkleind – omdat zij niet dezelfde ervaring bezitten. Daarom, toen de Heer probeerde de kennis van de Hemelse Vader mee te delen aan mensen die noch "Zijn stem" hadden gehoord, noch "Zijn gedaante" hadden gezien, daalde Hij af tot hun aardse waarneming, opdat zij een recht geloof mochten hebben in Degene, Die Hem gezonden had, zeggende tot hen: "Mijn Vader is meerder dan Ik".[75]

De waarachtige theologie is een groot en diep mysterie. Zij is nederig van aard, omdat Christus, haar Leermeester, nederig is. Gods heiligen dragen de schat ervan in hun hart. De Schrift zegt: "Negen gedachten heb ik zaliggesproken in mijn hart, en de tiende zal ik zeggen met mijn tong".[76] De theologie van de heiligen is derhalve slechts de tiende gedachte, die uitstraalt vanuit hun hart. In het besef van ons eigen onvermogen om de voorwaarden daarvoor te vervullen, zouden wij dit mysterie moeten benaderen met wijze eerbied en nederigheid. Dan zal de theologie haar doel vervullen: de verheerlijking van God en het heil van de mens.

Vragen & Antwoorden

Vraag: Vader, tot in welke mate zouden wij moeten zoeken naar de tastbare en transcendente ervaring van Gods aanwezigheid. Anders gezegd, wordt dit geacht een normatieve ervaring te zijn voor ons allen, als Christenen, of is dit een bijzonderheid die enkelen eigen is?

Antwoord: Er zijn in elke generatie altijd maar weinig heiligen geweest. Dat is een patroon door de eeuwen heen in de geschiedenis van de Kerk. De heilige Silouan is een zeldzaam geval. Doch elke generatie die volgt in de voetsporen der heiligen, vertrouwend op hun ervaring, beërft de zegeningen van de heiligen. Al kunnen wij niet worden weggevoerd tot in de derde hemel, zoals de heilige Paulus, toch, door de Naam van Christus aan te roepen, voelen wij de

---

[75] Joh.14:28.
[76] Wijsheid van Sirach 25:7.

warmte, de zoetheid en de vrede van Zijn Naam. Als wij deze aanroepen met vreze en nederigheid, dan voelen wij in ons hart iets van een andere wereld. Ook wanneer wij in de Liturgie deelnemen aan het Lichaam en Bloed van Christus, bijvoorbeeld, vinden wij een zekere genade, gelukt het ons enige vertroosting van God te ontvangen. Wanneer wij Zijn woorden lezen met geloof en proberen ze toe te passen in ons leven, dan ontvangen wij eveneens de tekenen van Zijn aanwezigheid. Er zijn vele manieren waarop het leven van de Kerk ons verzekert van ons heil, zodat wij weten dat wij de Heer toebehoren en een levende hoop bezitten. Hij is "de hoop der heerlijkheid"[77] en wij bezitten een levende hoop in deze hoop der heerlijkheid, die onze Heer is.

De heiligen zijn uiteraard groot in de genade Gods en zij zijn wonderbaar: "God is wonderbaar in Zijn heiligen".[78] Maar door Gods genade hopen ook wij het heil te vinden door hun gebeden. De Kerk is een Lichaam en wij zijn ledematen van de Kerk. En elk van de leden van het Lichaam van Christus heeft een bijzondere genadegave. Wij kunnen geen lid zijn van dit Lichaam zonder enige genadegave. Onze gave moge klein zijn, maar deze kleine gave helpt ons om binnen te treden in de gemeenschap van de grote genadegaven van de andere ledematen van het Lichaam. En wij worden behouden als een Lichaam, als het volk van God. Natuurlijk, God is wonderbaar in Zijn heiligen. Maar Hij kan het niet verdragen dat iemand verloren zou gaan. Hij wil dat allen behouden worden en komen tot kennis van Hem.

Vraag: Vader Zacharias, God heeft ons lief als personen, en Hij heeft elk van ons voor eeuwig lief als persoon. Als wij onszelf kunnen openstellen voor deze dimensie van de universele liefde, dan worden wij zelfs deelgenoot aan deze oneindige liefde voor onze eigen persoon. Hoe kunnen wij als Priesters en geestelijke vaders de goede tijding overdragen van Gods oneindige liefde voor elk van ons als persoon, zonder dat wij dit verwarren met de verheffing van ons eigen ik?

---

[77] Kol.1:27.
[78] Aldus de Septuagint, LXX Ps.67:36 (68:35).

Antwoord: Ooit las ik een voordracht over het verschil tussen het gezag van de machtigen van deze wereld en de authenticiteit van het geestelijk gezag van de mannen van God. En dit deed mij beseffen dat wij, om deze realiteit over te dragen, eerst zelf moeten binnentreden in de levenschenkende aanwezigheid van God. Als wij dit contact met de Heer hebben gehad, van aangezicht tot Aangezicht, dan zal het woord dat wij spreken een energie in zich dragen die de harten van degenen die ernaar horen zal verzekeren. Herinner u Mozes: hij trad binnen in de lichtende wolk van Gods aanwezigheid, en hij kwam uit deze wolk naar beneden met zulk een gezag, dat elk woord dat hij uitte tot wet werd. Degenen die deze wet overtraden ontvingen hun rechtvaardige vergelding: zij lieten hun beenderen achter in de woestijn, zoals wij lezen in de Schriften. Mozes was met dit geestelijk gezag bekleed, doordat hij eerst was binnengetreden in Gods aanwezigheid.

Evenzo, vóór Pinksteren, volgden de apostelen Christus in vrees en beven, toen Hij opging tot Golgotha. Maar toen de heilige Petrus het vuur van de Heilige Geest ontving, bracht hij – die zulk een eenvoudig man was – eerst vijfduizend en toen drieduizend personen tot ommekeer door de kracht van zijn woord.

Het gezag en de macht van Christus zijn niet als het gezag en de macht van de mensen van deze wereld, omdat Hij niet gekomen is om gediend te worden, maar om Zijn leven te geven tot losprijs voor velen. Het is daarom niet belangrijk de macht te bezitten van de heersers van deze wereld, die hun gezag doen gelden en de wereld vernietigen, en die zichzelf als weldoeners beschouwen; wat belangrijk is, is om de Geest van Christus te verwerven, die de harten verzekert van hen die naar ons horen.

Vraag: Vader Zacharias, U heb gesproken over een tweevoudige bekering, kosmisch en supra-kosmisch, en u hebt – als ik het goed begrepen heb – de kosmische bekering verbonden met het tweede gebod, en de supra-kosmische bekering met het eerste gebod?

Antwoord: Ik ben mij niet bewust van de filosofische implicaties van deze termen. Ik heb daar slechts mijn eigen betekenis aan gegeven. Ik heb 'supra-kosmisch' gebruikt om te refereren aan het niveau van de energie van God; terwijl 'kosmisch' het niveau is waarop deze eeuwige energie zich openbaart, door het gebed voor de gehele wereld.

Vraag: Zou men kunnen zeggen dat elke mens die individualistisch leeft, in isolement leeft, terwijl de persoon of hypostase liefde bezit; met andere woorden, ik wordt een persoon in zoverre ik een ander liefheb? Ik weet niet of dat overeenkomt met wat oudvader Sophrony onderrichtte?

Antwoord: Ja. In het begin richten wij ons binnenwaarts, in ons streven aan onszelf te werken voor onze genezing en verzoening met God door de bekering. Dit werk aan ons hart is van groot belang. Het is de enige activiteit die de ziel toebereid en haar vergezelt tot na het graf. Het reinigt het hart zodat de genade daarin opeengehoopt kan worden. Wanneer de energie van de genade een zekere, door God gekende volheid bereikt, dan wordt het hart uitgebreid om hemel en aarde te omvatten. In deze staat is de mens waarlijk naar het beeld en de gelijkenis van God. Hij ontvangt het intellect en het hart van God. Hij begint alle mensen te zien zoals God hen ziet, en hij wenst voor hen hetzelfde aandeel van de goddelijke barmhartigheid als aan hemzelf geschonken is, daar alle mensen in dit leven zijn gekomen met dezelfde bestemming en hetzelfde doel: God te leren kennen in de Heilige Geest en voor eeuwig met Hem te leven. Dit inspireert in hem het gebed voor het heil van de gehele wereld als voor zichzelf. Hij brengt elk schepsel voor Gods aanschijn in overweging en smeekbede. Dit is de uiterlijke uitdrukking van de mens, wanneer hij verwerkelijkt is als een waarachtige persoon in de gelijkenis van de Goddelijke Hypostase van Christus, Die de waarachtige en enige Middelaar is tussen God en de mens.

Er is een passage in de heilige Gregorius Palamas, in zijn brief aan de moniale Xenia, waarin hij spreekt over deze staat:

Wanneer... "de dag aanbreekt en de morgenster opgaat in onze harten",[79] dan gaat "de waarachtige mens – het intellect – uit naar zijn ware werk",[80] en in dat licht bestijgt het de weg die leidt tot de eeuwige bergen. In dit licht beziet het op wonderbare wijze bovenwereldse dingen, ofwel nog gebonden aan de materiële

---

[79] Cf. 2Petr.1:19.
[80] Cf. LXX Ps.103(104):23.

werkelijkheid waar het oorspronkelijk mee verbonden was, ofwel gescheiden daarvan – afhankelijk van het niveau dat het heeft bereikt. Want het stijgt niet omhoog op de vleugels van de verstandelijke verbeelding – immers, het verstand zwerft altijd rond, als blind, zonder een accuraat en zeker begrip te hebben, hetzij van zintuiglijke dingen die niet onmiddellijk aanwezig zijn, hetzij van transcendente noëtische realiteiten. Maar het stijgt in waarheid op, opgeheven door de onzegbare kracht van de Geest, en met een geestelijke en onuitsprekelijke waarneming hoort het de onuitsprekelijke woorden[81] en ziet het de onzichtbare dingen. En het raakt geheel vervoerd door dit wonder, zelfs wanneer het daar niet langer is, en het wedijvert met het onvermoeibare koor der engelen, nu het zelf waarlijk tot een engel van God is geworden op aarde. Door zichzelf brengt het elk geschapen ding nader tot God, want het neemt nu zelf deel aan alle dingen, en zelfs aan Hem Die alle dingen te boven gaat, daar het door geloof gelijkvormig is geworden aan het goddelijk beeld.[82]

Dit is waarlijk een uiterst schone beschrijving van het persoonzijn. Dit is de theorie van de persoon: wanneer de mens elk schepsel tot God brengt, dat wil zeggen, wanneer hij in zijn hart heel de schepping heeft omvat en deze in zijn voorbede voor Gods aanschijn brengt.

---

[81] Cf. 2Kor.12:4.

[82] H. Gregorius Palamas, "To the Most Reverent Nun Xenia", in "The Philokalia" (Faber&Faber), Vol.4, p.316-317.

5

Het hypostatische beginsel:
een unieke genadegave van de Schepper,
de Drieëne God

De God der Christenen is niet een verre god die slechts één hypostase heeft en die men op geen enkele wijze kan kennen. Noch is Hij enkel een absoluut en transcendent gegeven of een soort onpersoonlijke kracht, het produkt van de angst of van een ziekelijke menselijke verbeelding. God is nabij en wordt gekend door de mens, die Zijn meest kostbaarste schepsel is. God heeft Zichzelf aan de mens geopenbaard. Hij is een Feit dat het geschapen intellect te boven gaat. Hij is God in Drieëenheid. Heel de Heilige Schrift verhaalt Zijn wonderdaden – in de schepping, de instandhouding en het behoud der wereld. "Door het woord des Heren werden de hemelen bevestigd; door de adem van Zijn mond al hun heir".[1] Voorzeker hebben wij de zekerste en meest volmaakte kennis van God ontvangen in de Persoon van de Eniggeboren Zoon, het Woord van God, toen Hij waarlijk mens werd "voor ons en omwille van ons heil". Hijzelf "heeft ons verstand gegeven, opdat wij de waarachtige God zouden kennen"[2] als Vader, Zoon en Heilige Geest. Wederom, Hijzelf is het Die allen die geloven in Zijn Naam begenadigt met de genade der wedergeboorte en de macht van het zoonschap.

Dus God is Drieëenheid, één God in drie Personen of drie Hypostasen, onscheidbaar en onverdeeld. Elke Hypostase of Persoon is volmaakt en waarachtig God, en draagt in Zichzelf de volheid van het Goddelijk 'Zijn', het Wezen en de Energie daarvan. Niettemin is God Eén, met één enkel Wezen of Natuur, waarvan één Energie of Heerlijkheid uitstraalt. De beginloze Vader verwekt de Zoon buiten de tijd, en vóór alle eeuwen doet Hij de Geest uit Zich uitgaan, en Hij draagt heel Zijn Wezen op Hen over. De Zoon is geboren uit de Vader en leeft geheel in de

---

[1] LXX Ps.32(33):6.
[2] Cf. 1Joh.5:20.

Vader en in de Heilige Geest. De Heilige Geest gaat uit van de Vader, leeft geheel in de Vader, en rust in de Zoon.

Ondanks de absolute eenvoud en het niet-samengesteld zijn van het Goddelijk 'Zijn', zijn er drie 'aspecten' of 'wijzen' van Zijn te onderscheiden: de Hypostase (Persoon), het Wezen (Natuur) en de Energie (Daad/Werkzaamheid). De Hypostase is volkomen geïdentificeerd met het Wezen, en het Wezen met de Energie, zonder dat één van deze drie 'aspecten' herleidbaar is tot de andere. De Hypostase is de drager van het Wezen, en het Wezen is de ontologische inhoud van de Hypostase. Tussen deze twee bestaat geen prioriteit, superioriteit of tegenstelling. De Hypostase en het Wezen, hoewel onderscheiden, zijn geïdentificeerd als één Eenheid. Dit is de eerste antinomie die voortkomt uit deze triadologische leer.

Elk van de drie Hypostasen draagt in Zichzelf de volheid van het Goddelijk 'Zijn', dat aan Elk toebehoort op absolute wijze; elke Persoon is dus dynamisch equivalent aan de Drieëne Eenheid. Ondanks de volmaakte identiteit in het Wezen, en de gemeenschap in het Wezen, behouden de drie Hypostasen onverminderd Hun respectievelijke eigenheid en uniciteit. Dit is de tweede schijnbare tegenstelling van identiteit en onderscheid. Elke Hypostase heeft alles gemeenschappelijk met de andere twee Hypostasen, behalve de specifieke eigenheid van Zijn eigen Persoon-zijn. De beginloze Vader, Die niet verwekt of geboren is, de mede-eeuwige Zoon, Die verwekt is, en de Heilige Geest, Die uitgaat. Deze drie Hypostasen of Personen vormen een puur Feit van het Zijn, dat God Zelf aan de mens geopenbaard heeft.[3] In het Goddelijk 'Zijn' bestaat er niets buiten de Hypostase. Ook de zelfbepaling van de Goddelijke Hypostasen in de eeuwigheid is een "beginloos feit"[4] dat inherent is aan de Hypostasen Zelf, en op geen enkele wijze bepaald of opgelegd is door het Wezen.[5]

---

[3] Zie het artikel van Archim. Sophrony "The Unity of the Church in the Image of the Holy Trinity", in "Truth and Life", EN p.13-14.
[4] "We Shall See Him", GK p.299, EN p.193.
[5] "We Shall See Him", RU p.243, GK p.316-317. Dit gedeelte is niet opgenomen in de Engelse editie.

De derde schijnbare tegenstelling (of: antinomie) omschrijft de eenheid en het onderscheid tussen het Wezen en de Energie in God. De vierde en laatste antinomie betreft de eenheid van de ongeschapen Energie met de geschapen menselijke natuur.

De Goddelijke Energie is de uitstraling van het Wezen van God, dat volstrekt transcendent, onbegrijpelijk en onmededeelbaar blijft. Doch Gods leven (de Energie) als zodanig, verenigt zich met de Zijn met rede begiftigde schepselen en vergoddelijkt hen, zonder dat dit hen verandert in ongeschapen wezens. Het overbrugt enkel de kloof tussen de ongeschapen God en de geschapen mens. Deze bovennatuurlijke eenheid van het geschapene en hetgeen ongeschapen is, werd op volmaakte wijze verwezenlijkt in de éne Hypostase van de Zoon, het Woord van God. Ook bij deze vereniging van de goddelijke natuur en de menselijke natuur, werd de menselijke natuur niet veranderd in een goddelijke natuur – Christus blijft voor eeuwig "Eén in twee naturen".

Mozes was de eerste die de openbaring ontving van het mysterie van de levende en persoonlijke God. God zeide tot hem: "IK BEN DE ZIJNDE".[6] Het persoonlijke 'Ik' draagt heel het Goddelijk Wezen en leeft voor eeuwig. In Zijn hypostatisch zelf-bewustzijn ligt het Wezen geheel vervat in de Hypostase, en Deze bezit tevens de volheid van de Energie, die daar onafscheidelijk van is.

Toen de Heer in de wereld kwam in het vlees, bevestigde Hij de openbaring die Hij vanouds aan Mozes geschonken had en zeide herhaaldelijk, met volledig gezag, dat Hij het opperste 'Feit van het beginloze Zijn' is: "Indien gij niet gelooft dat Ik Ben, zult gij sterven in uw zonden".[7] Tevens beloofde Hij de persoonlijke eeuwigheid aan diegenen die met Hem verenigd zijn in geloof en liefde, zeggende: "Ik leef, en gij zult leven".[8] Wij zien dus dat Christus de waarachtige Persoon is en dat Hij in Zichzelf de volheid van het leven draagt. "In Hem was het Leven, en het Leven was het Licht der mensen".[9] Zo weten wij dat de hypostatische geest van de mens niet zal oplossen in een supra-persoonlijk 'absolute', als een druppel

---

[6] Ex.3:14 [Vertaald naar LXX, zie Inleiding, noot 4, p.6.]
[7] Joh.8:24,28,58 & 13:19 (e.a.).
[8] Joh.14:19.
[9] Joh.1:4.

in de oceaan of als een ademtocht in de lucht,[10] maar zijn specifieke eigenheid en uniciteit zal behouden voor alle eeuwigheid.

Het beginsel van de Hypostase van Christus is geen begrenzend principe. Het is een beginsel dat de onbegrensdheid van het 'Zijn' omvat, en het is de basis en het fundament van de gehele schepping. Hoewel het aan elke menselijke definitie ontsnapt, kan het gekend worden door de gemeenschap in de genade Gods, die gegeven wordt aan diegenen die Zijn geboden bewaren. Wil iemand deze hypostatische waarheid, de Persoon van Christus, vinden, dan dient hij zich in zijn zoeken af te vragen, niet "Wat is waarheid?", maar "Wie is waarheid?" De eerste vraag behoort tot de wetgeving of de filosofie, die geen kennis hebben van, en niet in verband staan met, de opperste waarheid, die de grondslag is van de gehele schepping. Het is daarom, dat toen Pilatus Christus deze vraag stelde, hij niet op een antwoord wachtte, maar "uitging tot de Joden".[11] Oudvader Sophrony zegt, dat als hij de oorspronkelijke of axiomatische waarheid had bedoeld, en de vraag gesteld had 'Wie?', hij het antwoord ontvangen zou hebben dat de Heer aan Zijn leerlingen gaf bij het Laatste Avondmaal: "Ik ben de Waarheid".[12]

In elk tijdperk beantwoordt de wijsheid Gods in menselijke woorden, door de mond van de vrienden van God, alle existentiële problemen die naar voren komen. Door de eeuwen heen hebben de Vaders en Leermeesters van de Kerk uitgeweid over deze openbaring, om de grootsheid van het heil in Christus te benadrukken dat God aan de mens geschonken heeft. In het begin lag daarbij de nadruk op de genade en de macht van het zoonschap, dat God schenkt aan diegenen die Zijn Zoon ontvangen als de Heiland vanuit de Hemel. God heeft Zijn Christus gezonden als de "Vorst des levens",[13] opdat Hij de "heiliging en verlossing"[14] moge worden voor allen die geloven in Zijn Naam. Later, in de vierde eeuw, benadrukten de heiligen de volmaakte gelijkenis van de mens aan zijn oerbeeld, Christus, die God door Zijn genade schenkt aan diegenen die Zijn

---

[10] "We Shall See Him", RU p.244, GK p.318. Dit gedeelte is niet opgenomen in de Engelse editie.
[11] Cf. Joh.18:38.
[12] Cf. Joh.14:6, zie "Saint Silouan", GK p.140, EN p.111, NL p.123-124.
[13] Hand.3:15.
[14] 1Kor.1:30.

geboden vervullen. In de veertiende eeuw, geconfronteerd met de uitdaging van de humanistische en veeleer abstracte theologie van enkele van zijn tijdgenoten, zette de heilige Gregorius Palamas het onderricht uiteen over de vergoddelijking van de mens door de genade, en dat zelfs van zijn lichaam.

Oudvader Sophrony merkt op, in zijn boek "We Shall See Him as He Is" (*Wij zullen Hem zien zoals Hij Is*), dat het onderricht aangaande de volkomen gelijkenis van de mens met God "tot op het punt van identiteit", diegenen "verontrustte... die dit verstonden als een vermenging met God, tot en met het volstrekt wegvallen van elk onderscheid".[15] Doch de identiteit van de mens met God, zoals dit onderricht werd door de heilige Gregorius Palamas, berust op de genade in de geest en de nieuwheid van een heilig leven, en is nimmer een vermenging van het schepsel met de Ongeschapen Schepper. Oudvader Sophrony stelt:

> Tussen God en de mens blijft voor eeuwig een onoverschrijdbare ontologische afstand: God is het Oorspronkelijke 'Zijn', dat van niemand en van niets afhankelijk is, terwijl de mensen Zijn schepselen zijn. In de schepping van de mens "naar Zijn beeld en gelijkenis" herhaalt de Schepper in zekere zin Zichzelf, en in die zin is Hij onze "Vader".[16]

De mens, die tot op zekere hoogte een herhaling van God is, ontvangt dus zijn hypostatische beginsel als een genadegave van zijn Schepper. Dit is een dynamische gave, die hem volkomen anders maakt dan alle andere schepselen en onvergelijkelijk superieur aan hen. Deze gave bestaat in zijn vermogen op te wassen en volmaakt te worden, en tenslotte de maat van God te bereiken: "Weest gij dan volmaakt, zoals uw hemelse Vader volmaakt is".[17] Elke mens is een persoon, drager van het hypostatische beginsel, omdat hij geschapen is naar het beeld en de gelijkenis van de Hypostase van de Zoon, het Woord van God.

De Persoon-Hypostase in het Goddelijk 'Zijn' is geen begrenzend principe, maar een beginsel dat de eeuwigheid omvat. Bij de

---

[15] "We Shall See Him", GK p.297-298, EN p.193.
[16] Ibid., GK p.298, EN p.193.
[17] Mt.5:48.

vleeswording van de Eniggeboren Zoon van God werd alles in Zijn Persoon 'samengevat', de volheid van de hemel zowel als de volheid van de aarde.[18] Derhalve is ook de mens, door de gave van de Schepper, een beginsel dat het oneindige kan omvatten.[19] Zijn beginsel bestaat in verband met Christus, het oerbeeld daarvan, en neemt op dynamische wijze toe naar de mate van zijn deelname aan de volheid van Gods energieën, waardoor hij "een beter en blijvend bestaan in de hemelen" bezit.[20]

God het Woord is een Hypostase, en de mens, die door Hem gevormd is, draagt in zichzelf het hypostatische beginsel. De mens werd door de Goddelijke Energie in eerste instantie geschapen als 'puur potentieel', of zoals oudvader Sophrony het ook wel uitdrukt, als 'tabula rasa'.[21] De schepping van de mens "naar het beeld" van de Goddelijke Energieën, was tegelijkertijd ook de roeping van de mens om in vrijheid te leven en in positieve zin zijn bestemming te bepalen met betrekking tot God, zodat hij in de loop van zijn leven de "goddelijke wasdom" zou verwerkelijken.[22] Hij werd begiftigd met een natuurlijke neiging tot God en met het vermogen de volheid van het goddelijk leven te ontvangen en zich eigen te maken.

De oneindigheid van het goddelijk leven was de heerlijkheid waarmee de mens vóór de Val "gekroond" was.[23] Net zoals de Goddelijke Hypostase van het Woord de ontologische kern is van het Goddelijk 'Zijn' en het centrum van de schepping, evenzo zou de mens, de geschapen hypostase, door op te wassen in deze heerlijkheid, onvergankelijk geworden zijn en een wonderbaar centrum hebben gevormd van de schepping, die op Godwaardige wijze "de heerlijkheid Gods verhaalt".[24] Hij zou heel de schepping in dankbaarheid en dankzegging hebben opgedragen aan God, en hij zou zijn overgegaan van de ene volheid van heerlijkheid en volmaaktheid tot een grotere volheid van heerlijkheid, zaligheid en

---

[18] Ef.1:10.
[19] "We Shall See Him", GK p.294, EN p.190.
[20] Heb.10:34.
[21] "We Shall See Him', GK p.149, EN p.95.
[22] Zie Kol.2:19.
[23] LXX Ps.8:5/6; Heb.2:7.
[24] Cf. LXX Ps.18(19):1/2.

leven. Hij zou een "goddelijk priesterschap" zijn geworden, en de goddelijke deugden hebben weerspiegeld van Hem Die ons "geroepen heeft tot Zijn wonderbaar licht".[25]

Doch door de Val raakte de mens verstoken van de heerlijkheid Gods. Zijn hart raakte versteend en zijn intellect werd verduisterd. De dood kwam zijn bestaan binnen en maakte hem tot dienstknecht der zonde. Het verheerlijkte schouwen dat hij voorheen gekend in het paradijs werd vervangen door een vreeswekkende en onverbiddelijke pijniging. In zijn geest zag de mens alles als niets dan ijdelheid, zinloosheid, vergankelijkheid en dood. Daar hij in zichzelf het hypostatische beginsel droeg bleef hij het centrum van de schepping, doch niet meer als de drager en rentmeester van de volheid des levens, maar op negatieve wijze, als de oorzaak van de grote universele 'wond' die leidt tot de afgrond der vernietiging van zowel hemzelf als van de gehele schepping.

Nu de mens zich in deze situatie bevond, zou hij nimmer uit zichzelf de verborgen inhoud van de Goddelijke Hypostase hebben kunnen herontdekken of gewaarworden, om aan zijn tragische uitzichtloosheid te ontsnappen. Het zou hem eveneens onmogelijk zijn geweest de grootsheid te ontdekken van zijn eigen hypostatische beginsel, dat deel uitmaakt van zijn vóóreeuwige roeping. Doch de Zoon van God, door de uiterste nederigheid en de liefde die Hij de mens betoonde aan het Kruis en bij Zijn Opstanding, schonk hem de genade der bekering en de kracht van de wedergeboorte, waardoor het beeld Gods in de mens hersteld wordt.

De bekering is de terugkeer van de mens tot die gesteldheid, waarin zijn vrije zelfbepaling normaal functioneert. Dit blijkt allereerst uit de negatieve strijd om de verdorvenheid van de oude mens af te leggen,[26] en vervolgens in de positieve inspanning om zich te bekleden met "de heilbrengende genade Gods",[27] die de mens herboren doet worden en hem doet groeien, opdat hij toereikend wordt om "deel te hebben aan de erfenis der heiligen in het

---

[25] 1Petr.2:9.
[26] Cf. Ef.4:22.
[27] Tit.2:11.

licht".[28] In dit perspectief kan men zien waarom "op deze aarde de bekering geen einde [kent]".[29]

Door deze strijd om het herstel van het beeld Gods en de terugkeer tot de normale werking van de vrije zelfbepaling, wordt het hypostatische beginsel in de mens ontwikkeld en vervolmaakt. Dit beginsel is de genadegave van God aan Zijn redelijk schepsel, de mens, waardoor deze zijn natuur in bezit heeft. Het is wonderlijk in al z'n uitingen, zowel als in het proces van zijn verwerkelijking. De mens kan zich waarlijk groot betonen in zijn relatie met God en met zijn medemensen. Als 'herhaling' van God verbergt hij in zichzelf een onnaspeurlijke diepte, terwijl de dynamische roeping die hij bij zijn schepping ontving, hem in staat stelt om "verheven te worden tot de volheid van het ongeschapen 'Zijn'".[30]

De mens is waarlijk groot wanneer hij verblijft in de grote God, en door de kracht van de goddelijke liefde omvat hij heel de wereld – hij wordt een 'pan-kosmisch' middelpunt. Doch deze grootheid van de mens blijkt hieruit, dat hij de capaciteit heeft en het uithoudingsvermogen om allerlei lijden te verduren. Door de paradoxale werking van de gedachtenis aan de dood – die over de aarde hangt, gereed om alle licht des levens op te slokken en uit te doven – lijdt hij reeds vanaf het begin van zijn terugkeer tot God zo diepgaand, dat hij zijn persoonlijke dood gewaar wordt als de vernietiging van heel de wereld.[31] Dit verwekt afgrijzen in zijn ziel en leidt tot een ondraaglijke smart. Niet alleen wordt hij de dreiging van de dood gewaar als de eeuwige vergetelheid waarin het licht van het bewustzijn voor immer wordt uitgedoofd, maar tevens raakt de mens door de staat van de gedachtenis aan de dood ervan verzekerd en overtuigd, dat wanneer hij sterft, alles wat zijn bewustzijn tot dan toe heeft omvat eveneens zal ophouden te bestaan. Door de gedachtenis aan de dood wordt de mens tot 'middelpunt van de schepping' – vanwege deze gewaarwording, dat "met zijn dood, de gehele wereld, en zelfs God, zou sterven".[32] Op deze wijze bevestigt de gedachtenis

---

[28] Kol.1:12.
[29] "We Shall See Him", GK p.255, EN p.165.
[30] Ibid., GK p.116, EN p.75.
[31] Zie ibid., GK p.18, EN p.12.
[32] Ibid., GK p.19, EN p.13.

aan de dood, zij het in negatieve zin, de openbaring die ons geschonken is, dat de mens naar Gods beeld is, en de luisterrijke bestemming heeft om in zichzelf heel de hemel en de aarde te omvatten: God en heel het menselijk geslacht.

De gedachtenis aan de dood, als een voorbereidende gave van de Heilige Geest, is als de aardbeving in het Oude Testament die voorafging aan de zachte bries waarin de Heer aanwezig was. Het is als de machtige windvlaag die de voorbereiding was van de komst van de Trooster in tongen van vuur. Dit is een machtige ervaring die de mens kan losmaken van elke gehechtheid aan dit leven en die hem zijn nutteloosheid en nietigheid toont. Aldus, plotseling, ontwaakt de mens uit zijn eeuwenoude slaap. Hij wordt gewaar dat Gods eeuwigheid hem roept van alle kanten, maar hij is nog niet in staat deze rechtstreeks te aanschouwen, en in hem is geen geschikte plaats om deze te ontvangen. Hij is afgesneden en ver van Gods levende eeuwigheid – en toch vereist zijn geest het eeuwige leven en niets dat minder is kan hem rust geven. Hij lijdt diep en door dit lijden als zodanig begint het meest betekenisvolle wonder in het menselijk leven. Volgens oudvader Sophrony is deze voorbereidende ervaring "de eerste stap tot het ontwaken van het hypostatische beginsel in de mens".[33]

Door dit vrijwillig en intens lijden overwint de mens zijn gevallen natuur die de pijn, de verdiende straf voor de voorvaderlijke zondedaad, verfoeit. Door een dergelijk lijden wordt hij gelijk aan en verwant met Christus, Die lijdende is in deze wereld.[34] De lijdende mens wordt gereinigd van zijn luciferische zelf-vertrouwen, en door geloof en liefde wordt hij verenigd met de Zoon van God, "de Eerstgeborene der ganse schepping", Die tevens de "Eerstgeborene uit de doden" is.[35] Bij deze eenwording wordt op de mens de "kracht van Christus' opstanding" overgedragen, en in zijn hart straalt "het licht der kennis van de heerlijkheid Gods in het Aangezicht (de Persoon) van Jezus Christus".[36] Hij wordt één van geest met Christus

---

[33] Cf. ibid., GK p.26, EN p.17.
[34] Cf. Hand.26:23.
[35] Kol.1:15,18.
[36] Zie Kol.3:10 & 2Kor.4:6.

en hij wordt bekleed met "het beeld van de Hemelse [mens]".[37] Hij wordt wedergeboren "uit de Geest", en als 'geest' betoont hij zich 'geschikt' om 'binnen te komen in het Koninkrijk der hemelen".[38]

Door te lijden in het vlees ontving Christus al de natiën tot bezit en tot erfdeel, en werd Hij de "laatste Adam".[39] Het Kruis, de Opstanding en de Hemelvaart van de Heer vormen de supra-kosmische overwinning van Zijn onvoorwaardelijke liefde. De Trooster, de Heilige Geest, daalde op aarde neder om deze liefde te verheerlijken en de gelovigen te leiden "in al de waarheid".[40] Hij kwam om voor eeuwig te getuigen van de oneindige "uitbreiding"[41], teweeggebracht door deze liefde, en van Christus als de Heiland van de gehele wereld. De uitbreiding die bewerkt wordt door de Heilige Geest bezegelt de waarheid van de universaliteit van de liefde van Christus. Aldus ontvangt de mens door de berouwvolle bekering het licht van de kennis van de Persoon van Christus in zijn hart, en bijgevolg de uitbreiding van de Heilige Geest. De Heilige Geest vormt Christus in het hart van de mens. Dat is, de Geest van God onthult het beeld van de mens, zoals God Zich deze vóór alle eeuwen gedacht had. Heel de mens lijdt, nu hij zich gesteld ziet tussen het schouwen van dit Beeld en het beklagenswaardige schouwspel van zijn gevallen staat. Vanwege al dit lijden wendt hij zich met vurige gedrevenheid tot God en wordt zo bevrijd van "de wet der zonde" die in hem leeft.[42]

Door deze drang zich tot God te keren bereikt de mens het reine gebed, waarin hij door niets wordt afgeleid. Daar hij zich eerst door de berouwvolle bekering ontledigd heeft van al wat weerstaat aan Gods genade, en door de nederigheid geworden is tot "niemand",[43] worden daarna in zijn biddende, op God gerichte houding "nieuwe stromen van een ander 'zijn' over hem uitgegoten, van een andere kennis".[44] Vrij van de "wet der zonde" en van de weerstand van de

---

[37] Cf. 1Kor.15:49.
[38] Zie Joh.3:4-6; Lk.9:62.
[39] 1Kor.15:45.
[40] Joh.16:13.
[41] Zie 2Kor.6:13.
[42] Rom.7:23; zie ook "We Shall See Him", GK p.71-72, 144, EN p.46-47,92.
[43] "We Shall See Him", GK p.257-258, EN p.167.
[44] Ibid., GK p.152, EN p.97.

gevallen natuur, treedt de mens binnen "in de hypostatische vorm van zijn" in "bovennatuurlijk gebed van aangezicht tot Aangezicht" met God.[45] In deze levende, persoonlijke ontmoeting in het Licht, met de Hypostatische God, ontvangt de mens Zijn genadegave en wordt geest, zoals Hij geest is. Aldus wordt de hypostase "die vanaf den beginne slechts een vermogen was" in hem verwerkelijkt.[46]

De wedergeboorte en het werkzaam worden van het hypostatische beginsel worden voltrokken bij de overschaduwing door het Ongeschapen Licht, dat voortkomt uit de persoonlijke en beginloze God. Dan is de mens in staat de Energie van Gods eigen 'Zijn' in zich op te nemen, en de rijkdommen van het goddelijk leven te beërven.[47] Op onuitsprekelijke wijze verzekert dit Licht de ziel ervan dat de mens, geschapen naar Gods beeld, in zijn uiteindelijke vervolmaking heel de volheid van het God-menselijk leven in zich zal ontvangen naar de gelijkenis van Christus, de God-Mens. Het zien van dit Licht draagt op de mens de genadevolle staat over van de Persoon-Hypostase van Christus.[48] Het verbindt hem met Christus, Die het éne unieke Middelpunt is van de gehele schepping. Hij neemt deel aan de goddelijke universaliteit van de grote God-Mens, en zo wordt ook hijzelf groot: "Door de kracht der Goddelijke liefde omvat hij heel de wereld".[49] Datgene wat God bezit naar zijn natuur, verwerft de mens door de genade.

De geschapen hypostase – dat is, de mens als persoon – wordt in deze staat van innerlijke verlichting van het hart eveneens, naar de gave van Christus, "een pan-kosmisch middelpunt, groot en wonderbaar", "Godgelijk".[50] Hij bereikt een goddelijke maat, en er ontvouwt zich een authentieke relatie van liefde met Christus, de Heiland. Van "dienstknecht" wordt hij tot "vriend".[51] In zoverre hij opstijgt tot de hoogte van de universele werkelijkheden, wordt hij verwaardigt met God te 'onderhandelen' over zaken van pan-kosmische dimensies, zoals bij uitstek het heil van de gehele wereld.

---

[45] Ibid., GK p.303, EN p.196.
[46] Ibid., GK p.301, EN p.195.
[47] Zie ibid., GK p.288, EN p.187.
[48] Zie ibid., GK p.287-288, EN p.186.
[49] Ibid., GK p.288, EN p.187.
[50] Ibid., GK p.332, EN p.201.
[51] Joh.15:15.

Dan "maakt" zijn Formeerder hem "groot". Hij "vestigt Zijn aandacht op hem" en "bezoekt hem tot aan de vroege morgen, en
oordeelt hem tot aan zijn rust".[52] Zelfs wanneer zulk een mens (als
Gods "doelwit") tot "aanklager" van God wordt,[53] en met God
twist over het erbarmelijke schouwspel van het lijden van de
wereld en de eeuwige ondergang, dan waagt hij dit niet om zelfzuchtige redenen, of om God iets te verwijten – Die voor hem te
allen tijde gezegend blijft. Zijn zoeken is naar een dieper verstaan
van Gods oordelen, om Hem des te meer lief te hebben en Zijn
grote barmhartigheid aan te trekken over de aarde. Het hypostatische beginsel van de mens die zich in deze staat bevindt – door
de uitbreiding die bewerkt wordt door de Heilige Geest – is van een
majesteitelijke en grootse hoogte. Dan in het bijzonder, "hoewel
hij een schepsel is, door God geschapen, gedraagt de Formeerder
Zich niet jegens hem als jegens de vrucht van zijn eigen werkzaamheid, maar als een *gegeven* realiteit, zelfs voor Hem".[54] Het is God
welbehaaglijk wanneer de mens als persoon (en Gods "doelwit")
Zijn "aanklager" wordt "omwille van de rechtvaardigheid".[55] Dan,

---

[52] Cf. LXX Job 7:17-18 ["Wat is de mens, dat Gij hem hebt grootgemaakt? Of dat
Gij uw aandacht op hem vestigt? Zult Gij hem bezoeken tot aan de morgen, en hem
oordelen tot aan zijn rust?" In vertaling vanuit het Hebreeuws luidt vs.18 "... dat
Gij elke morgen hem bezoekt, elk ogenblik hem beproeft." (NBG'51). *Noot vert.*]

[53] Job 7:20. [Het woord 'doelwit', zoals in de titel van dit boek, gaat terug op het
Hebreeuws. Gezien de Septuagint kan Jobs vraag ook vertaald worden: "waarom
hebt Gij mij gesteld tot Uw *aanklager*?" Betekenisvol is daarbij, dat het Griekse
woord voor *'persoon'* (*prosôpon*) tevens *'aangezicht'* betekent. In "Christ, Our
Way and Our Life" tekent de auteur hierbij aan: "Het Bijbelse woord *'aanklager'*
(*katenteuktês*/ κατεντευκτής) is in dit verband misschien wel de volmaakte
uitdrukking van de zin van de etymologie van de persoon, namelijk, als de mens
die zijn blik gericht heeft op God, en "aanklacht doet, pleit" omwille van heel de
menselijke natuur." (GK p.36, n.63; EN p.27, n.35). Het begrip 'doelwit' belicht
a.h.w. de andere kant van de zaak: de situatie van de mens die lijdt omwille van
God – waardoor hij een dergelijke 'aanklacht' op godwelgevallige wijze kan
verrichten, als een gelovig 'pleiten', zonder God te beschuldigen. Om beide
aspecten te doen uitkomen is in bovenstaande tekst een dubbele vertaling gegeven.
Zie ook hfst.10, p.202. *Noot vert.*]

[54] "We Shall See Him", GK p.176, 332, EN p.109, 201.

[55] Mt.5:10. [Zie bovenstaande notitie bij noot 53. *Noot vert.*]

als rechtvaardige Rechter, bedeelt ook Hijzelf "recht [toe] aan Zijn uitverkorene",[56] en schenkt hem de "goede Geest".

Deze goede Geest – die Christus aan Zijn uitverkorenen geeft, wanneer zij deelgenoten worden aan Zijn goddelijke universaliteit – "wil dat alle mensen worden behouden",[57] en als zodanig inspireert hij degenen die Hem in zich dragen tot gebed voor de gehele wereld. Zoals de "mens Jezus Christus" de unieke "middelaar [is] tussen God en de mensen",[58] zo worden ook degenen die deelgenoot worden aan Zijn goddelijke 'uitbreiding' tot 'middelaars' – 'advocaten' die de zaak kunnen 'aanhoren tussen God en de mens',[59] omwille van de gehele wereld.

Door de volledige bekering, waarbij hij deelgenoot is geworden aan de universaliteit van Christus, ontsnapt de mens aan de nauwe en duistere gevangenis van zijn egocentrisch individualisme. Door het vrijwillige leed van de bekering vervult hij het eerste en grote gebod van de liefde tot God. Anderzijds, doordat hij deel heeft aan de gave van de enige waarachtige universaliteit – die van Christus – wordt hij door de Heilige Geest geleid om ook het tweede grote gebod te vervullen, van de liefde tot de naaste. Door de Heilige Geest wordt het hart van de mens uitgestrekt tot een zodanige diepte, dat hij in zijn gebed heel de mensheid draagt als één Mens, en voor hem bemiddelt voor Gods aanschijn. Het gebed voor de gehele wereld schenkt de mens de mogelijkheid heel het geslacht der mensen zijn liefde te betonen.[60] Op deze wijze bewerkt hij dat de gehele Adam de ontologische inhoud wordt van zijn eigen hypostase. Zoals binnen het leven van de Heilige Drieëenheid elke Hypostase drager is van de volheid van het Goddelijk Wezen, zo is ook in het menselijk leven elke vervulde hypostase-persoon drager van de volheid van de menselijke natuur, als betrof het één mens. Wanneer de mens deze hypostatische vorm van het 'zijn' bereikt, wordt hij "zeer kostbaar voor Gods aanschijn".[61] In het licht van deze waarheid wordt het woord van Christus gerechtvaardigd, dat de ziel van

---

[56] Zie Lk.18:7.
[57] 1Tim.2:4.
[58] 1Tim.2:5.
[59] Zie Job 9:33.
[60] Zie "We Shall See Him", GK p.397, EN p.225.
[61] Cf. 1Petr.3:4.

de mens als persoon méér waard is van de "ruilwaarde" van de gehele wereld.[62]

De mens als hypostase kent geen eenzaamheid.[63] Dit kan op twee manieren worden verstaan: Hij leeft onafgebroken in de aanwezigheid van de Levende God, en hij bidt voor de gehele wereld. De mens wordt tot hetgeen Job op profetische wijze verlangde te zien: dat wil zeggen, hij wordt tot die mens, die – in navolging van Christus – zich uitstrekt tussen de hemel en de aarde, en zijn ene hand legt op de schouder van God en de andere op de schouder van de mens.[64] Het is precies dan, terwijl hij bidt voor de gehele wereld, dat de mens wordt tot een "koninklijk priesterschap".[65] Deze Christus-gelijkende allesomvattende liefde is het teken dat getuigt van het herstel van het oorspronkelijke 'beeld' in de mens: zijn hypostatische beginsel is tot vervulling gekomen.[66]

Vragen & Antwoorden

Vraag: Vader, schrijft oudvader Sophrony over het verschil tussen het beeld van God en Zijn gelijkenis?

Antwoord: Ja. De Vaders van de Kerk maken een duidelijk verschil tussen het beeld en de gelijkenis. Het beeld van God is wat wij allen ontvangen bij onze geboorte, bij onze komst in deze wereld. "Hij schiep de mens naar Zijn beeld".[67] Het beeld is wat wij van God ontvangen. Dit maakt ons tot vrije en redelijke wezens, en schenkt ons de mogelijkheid Hem te kennen. In één van zijn homilieën zegt de heilige Gregorius Palamas, dat wij door dit ingeboren beeld zijn toebereid om Zijn Evangeliewoord te ontvangen.[68] God heeft de mens geschapen met het oog op Zijn toekomstige Evangelische openbaring – dat wil zeggen, Hij schiep hem naar Zijn beeld met

---

[62] Zie Mt.16:26; Mk.8:37.
[63] Cf. "We Shall See Him", GK p.304, EN p.197.
[64] Cf. "His Life is Mine", EN p.61-62.
[65] 1Petr.2:5,9.
[66] "We Shall See Him", RU p.283, GK p.370. Dit gedeelte is niet opgenomen in de Engelse editie.
[67] Cf. Gen.1:26.
[68] Zie H. Gregorius Palamas, in "The Homilies", Homily 45.

de mogelijkheid om de Evangelische openbaring te ontvangen, de komst van de Heer.

Dus het beeld van God is wat wij bij de geboorte hebben ontvangen, maar de gelijkenis is wat wij verwerven door onze samenwerking met God. Dit is onze vervolmaking, de genade van het zoonschap, die wij tot stand brengen in samenwerking met Gods genade. Het beeld wordt ons gegeven als een mogelijkheid, die ons verschillend maakt van elk ander schepsel: wij hebben deze mogelijkheid, dit zaad, in ons. Maar dit zaad moet opbloeien en vrucht dragen. En de gelijkenis is de ontwikkeling van dit beeld, de vervolmaking van dit beeld, de vervulling van dit beeld – de genade van het zoonschap, de staat van vergoddelijking, de verwerkelijking van het hypostatische beginsel.

De heilige Basilius de Grote zegt, dat wij mensen zijn die het gebod hebben ontvangen om goden te worden – wij zijn mensen met Gods beeld in ons, die het gebod hebben ontvangen goden te worden, in samenwerking met de genade. De heilige Paulus zegt, dat de genade meer voor ons arbeidt dan wijzelf.[69]

Vraag: Wat was vader Sophrony's perspectief aangaande de misvatting van het 'filioque'?

Antwoord: Vader Sophrony had een grote ijver voor de dogmatische exactheid. De dwaalleer van het 'filioque' smartte hem, omdat dit – zoals hij placht te zeggen – heel de notie van een hypostatische wijze van zijn in de Heilige Drieëenheid vernietigt. De dogmatische stelling dat de Heilige Geest ook uitgaat van de Zoon ('filioque') introduceert een verwarring tussen de hypostatische kenmerken van de Personen van de Heilige Drieëenheid. Volgens de Orthodoxe geloofsbelijdenis doet de Vader de Geest voortkomen, en de Geest gaat uit van de Vader. De Vader verwekt de Zoon, en de Zoon is voor eeuwig geboren uit de Vader. Als wij echter zeggen dat de Heilige Geest ook uitgaat van de Zoon, dan verwarren wij de hypostatische kenmerken van de Drieëenheid, en wordt het uitgaan van de Geest terzelfder tijd toegeschreven aan twee principes, aan de Vader en aan de Zoon.

Laat mij dit toelichten door een parallel te trekken. De mens

---

[69] Zie 1Kor.15:10.

bezit een wonderbare roeping: te worden als de Zoon van God, een waarachtige hypostase. Elke mens is geschapen met een uniek hart, zoals de Psalm zegt.[70] En daarom bezitten wij elk iets unieks, hoewel wij onze menselijke natuur gemeenschappelijk hebben. Hoewel elk van ons heel de mensheid kan omvatten als inhoud van zijn hypostase, blijft hijzelf tegelijkertijd een unieke hypostase. Evenzo weten wij uit onze traditionele triadologie – die voortkomt uit het Evangelie, met name uit het Johannes-evangelie – dat elke Hypostase uniek is. In het Goddelijk 'Zijn' is er één Godheid, één Wezen zowel als drie unieke Hypostasen – en elk van hen draagt de volheid van het Wezen, de volheid van de Goddelijke Natuur.

De Vader is de *'monarchia'*(μοναρχία) – dat betekent: de Bron van de Godheid. Onmiddellijk zouden wij in ons geschapen intellect kunnen veronderstellen dat de andere Personen die uit de Vader komen dus aan Hem ondergeschikt zijn, maar wij moeten bedenken dat wij hier spreken over eeuwige werkelijkheden, buiten de tijd. De Zoon wordt op unieke wijze geboren uit de Vader, en er was geen tijd waarin de Vader zonder de Zoon was. Er zijn hier drie onderscheiden Hypostasen, elk met hun eigen hypostatische idioom of kenmerk, zoals wij in de theologie zeggen. Het unieke kenmerk van de Heilige Geest is, dat Hij uitgaat van de Vader. Wanneer wij zeggen dat Hij ook uitgaat van de Zoon, dan verwarren wij datgene, wat het unieke uitmaakt van de hypostase van de Geest, van Zijn Persoonlijk karakter. Wij schrijven dit dan toe aan twee Hypostasen: aan de Vader en aan de Zoon. Ik weet dat de auteurs van het 'filioque' vrome redenen hadden om dit te doen, om de goddelijkheid van Christus te benadrukken in die jaren dat Arius het God-zijn van Christus bestrijdde. Doch dit rechtvaardigt de zaak niet.

Als wij eraan vasthouden dat de Heilige Geest uitgaat van zowel de Vader als de Zoon, dan verwarren wij de persoonlijke kenmerken van elk van de Hypostasen, en zo introduceren wij in onze triadologie iets dat een algemeen kenmerk is, geen hypostatisch kenmerk, en dat toebehoort aan twee Hypostasen. En dit heeft gevolgen voor de structuur en voor heel het leven van de Kerk, want het introduceert iets onpersoonlijks dat het persoonlijke overheerst.

---

[70] LXX Ps.32(33):15 [Zie m.n. de tekst van de Septuagint, vgl. het commentaar in de Epiloog, p.217 & bijbehorende noot 5. *Noot vert.*]

Deze verwarring wordt gereflecteerd in heel de structuur van de Kerk. Bijvoorbeeld, de onfeilbaarheid van de Paus, die afhangt van iets onpersoonlijks – van zijn positie, van zijn pauselijke waardigheid, en niet van zijn authentieke, persoonlijke relatie met God. In alle eerlijkheid, er zit een element van waarheid in het principe dat bepaalde gaven samengaan met een bepaalde functie. Wanneer iemand bijvoorbeeld tot bisschop wordt gewijd, dan wordt hem een bijzondere genade geschonken om zijn taak te kunnen vervullen, maar dit is niet onafhankelijk van onze persoonlijkheid. Wij kunnen gewijd zijn, doch als wij niet harmoniseren met de genade, dan kunnen wij volstrekt vreemd blijven aan datgene wat ons geschonken is.

Ik herinner mij één van mijn vrienden, die mij vele jaren geleden vertelde dat hij tijdens zijn wijding tot het Diakonaat begon te wenen. En de mensen zeiden: "Hoe bijzonder, hoezeer voelt hij de genade Gods in zichzelf!" Maar hij weende omdat hij de genade Gods overal om zich heen zag, terwijl deze zijn hart niet binnenging. Dit was zo verschrikkelijk dat hij op dat ogenblik in wenen uitbarstte. Uiteraard werden de dingen later hersteld, met hulp van de heiligen, met hulp van de Kerk. Maar wat ik wilde zeggen, is dat niets onafhankelijk is van onze houding. Wijzelf moeten harmoniseren met de genadegave van God, en dan maakt de gave ook ons groot.

Een ander gevolg van het 'filioque' kunnen we vinden in de Goddelijke Eucharistie, wanneer er alleen betekenis wordt gehecht aan de instellingswoorden van de Heer, en geenszins aan de persoonlijke aanroeping van de Heilige Geest Die alles heiligt. Er is geen einde aan de vele gevolgen van deze afdwaling in het leven en de structuur van de Kerk. Op grond van een lange ervaring was de Oudvader ervan overtuigd dat elk afwijken van de Orthodoxe dogmatische traditie onvermijdelijk ongewenste gevolgen zal hebben voor het dagelijks leven. "Met andere woorden: het leven dat in waarheid rechtvaardig is, veronderstelt een juist begrip van God, van de Heilige Drieëenheid".[71]

In de kloosters, bijvoorbeeld, kan het negatieve gevolgen hebben wanneer er absolute betekenis wordt gehecht aan de regel van de kloosterorde, veeleer dan aan de persoonlijke noden van elk lid. In

---

[71] "We Shall See Him", GK p.14, EN p.9.

het bijzonder in het Westen, wanneer een broeder vooruitgang heeft gemaakt in het geestelijk leven en zijn berouwvolle bekering apocalyptische vormen heeft aangenomen, dan kan het cenobitische leven een beperking worden, een keten; want de klok luidt, en wij moeten naar de kerk gaan; de klok luidt, en wij moeten naar de tafel gaan; de klok luidt, en wij moeten iets anders doen. Hij kan niet die absolute vrijheid hebben die hij nodig zou hebben om dag en nacht te verblijven in zijn weeklacht voor Gods aanschijn. Zulk een mens zou het nodig kunnen hebben zich terug te trekken in de woestijn, met zulk een diepe bekering. Doch als wij toestemming gaan vragen, dan zal het antwoord zijn: "Nee, de orde heeft u nodig". Dus de orde staat boven de persoon, en vanwege de orde moet hij daar blijven en verstikken. De orde verstikt een dergelijke geest.

Dit is een delicate kwestie. Want waarlijk, om naar de woestijn te gaan moet een monnik de uiterste grenzen van zijn menselijke capaciteit hebben bereikt. Dat wil zeggen, zijn geestelijke treurnis is zo intens, dat hij daar dag en nacht in wil verblijven.

Vraag: In de overheersende spreektrant van de moderne psychologie, en zelfs in vele religieuze bewegingen in het Westen, wordt veel gezegd over de liefde voor onszelf, het ontdekken van zijn eigen 'zelf', en de idee dat als wij onszelf liefhebben wij ook in staat zullen zijn anderen lief te hebben. Doch U spreekt over zelfhaat. Wat is deze heilige zelfhaat?

Antwoord: Toen Christus aan de heilige Johannes verscheen op het eiland Patmos en hem de Openbaring gaf, waren de eerste woorden die Hij tot hem sprak: "Ik ben de Eerste en de Laatste, Ik was dood; en zie, Ik leef".[72] En in deze woorden beschrijft de Heer Zijn pad. Wat mensen van onze tijd ongemakkelijk doet voelen ten aanzien van het Christendom, is dat wij om tot leven te komen eerst de dood moeten smaken.

Voor ons betekent de zelfhaat dat wij alles in onszelf haten dat weerstaat aan Christus en Hem verhindert in ons hart te wonen. Hij heeft als eerste Zijn leven niet gespaard, omwille van ons. Dus het is alleen maar natuurlijk voor ons, dat te beantwoorden met een haat voor alles in ons dat niet overeenkomt met Zijn offer. Als wij pas-

---

[72] Cf. Openb.1:11,18.

sende dank willen brengen aan Hem voor wat Hij gedaan heeft voor ons heil, dan moeten wij onszelf haten. Ziet U? Dit is waarom het Christendom tegenwoordig niet 'in de mode' is: omdat men eerst de dood moet smaken alvorens het eeuwige Leven te smaken. Wij moeten de dood smaken vanwege de zonde in ons leven, om van deze zonde te worden bevrijdt, om deze teniet te doen en de overvloed te bereiken van het eeuwige Leven. Deze woorden van de Heer in het Boek der Openbaring hebben altijd grote indruk op mij gemaakt: "Ik was dood; en zie, Ik leef voor eeuwig". Dit is de weg voor ons. En in deze zelfhaat vervullen wij het gebod van de Heer om dagelijks ons kruis op ons te nemen en Hem te volgen, door de dood te smaken – een vrijwillige dood, uit dankbaarheid voor wat Hij voor ons gedaan heeft, om de onvrijwillige dood te overwinnen die wij geërfd hebben vanwege onze zonden.

Vraag: Dus wij gaan van lijden tot lijden. Zelfs als wij de reinheid bereiken, zoals de heilige Silouan, dan lijden wij nog, zoals hij leed voor de wereld! Er is geen eind aan het lijden! Lijdt Vader Sophrony nu nog steeds, omdat hij voortgaat te bidden, mensen te dragen in zijn gebed? Is de liefde een staat van lijden?

Antwoord: Wat dit betreft, volgde oudvader Sophrony het voorbeeld van de heilige Silouan, die ons vertelt dat wanneer de geest van de mens in God verzonken is, hij de wereld vergeet vanwege de zoetheid van deze eenwording met de Heer. Maar op het ogenblik dat hij terugkeert tot de wereld, dan wordt hij vervuld van pijn, omdat niet alle mensen behouden zijn. En hij bidt voor de gehele wereld. Misschien zal er iets dergelijke gebeuren in de komende wereld. De Schrift zegt, dat wij de Heilige Geest niet moeten bedroeven,[73] dus zelfs in dit geval is er smart: God is bedroefd wanneer wij het pad tot de ondergang volgen. Wij zien ook het tegenovergestelde: er is grote vreugde over één zondaar die zich bekeert van zijn weg en terugkeert tot God.[74] Ook moeten wij niet vergeten dat, zoals de Schrift zegt, Christus "lijdende" is in deze wereld,[75] en wij zijn ledematen van Zijn Lichaam. Als het Hoofd

---

[73] Cf. Ef.4:30.
[74] Cf. Lk.15:7.
[75] Hand.26:23.

van dit Lichaam een doornenkroon draagt, hoe kunnen wij dan het lijden vermijden, tot Zijn Komst in heerlijkheid, wanneer de Heer Zelf alle tranen van onze ogen zal afwissen?[76]

Vraag: Kunnen wij terugkeren tot de vorige vraag over de zelfhaat? Hoe brengen wij dit in overeenstemming met het gebod onze naaste lief te hebben als onszelf?

Antwoord: Ik zie geen enkele tegenstrijdigheid. Wanneer ons geboden wordt God lief te hebben tot aan de zelfhaat toe, dan wordt ons in feite geboden alles in onszelf te haten dat weerstaat aan Zijn komst in ons. Als wij erin slagen dit te doen, dan zullen wij werkelijk een vervulling vinden van onze ziel, van ons eigen leven. Als wij onze naaste liefhebben als onszelf, dan betekent dit dat wij hem niets tijdelijks toewensen, maar veeleer het eeuwig heil – zoals wij dit ook voor onszelf verlangen.

Het is een zeer paradoxale wijze van denken, maar de Heer heeft duidelijk gezegd, dat tenzij een graankorrel in de aarde valt en sterft, het geen vrucht kan dragen.[77] En tenzij wij werkelijk sterven ten aanzien van de wereld, ten aanzien van de zonde, ten aanzien van onszelf – als wij ons niet oefenen in deze dood, dan zullen wij nimmer de dood overwinnen. De dood is de grootste gave die God ons geschonken heeft na de val – maar alleen wanneer wij op de juiste wijze sterven, dat is, als wij aanvaarden te sterven door ons over te leveren aan Hem, aan Zijn geboden. Dan is de dood zulk een grote gave, dat niemand dit van ons af kan nemen, zelfs niet onze ergste tegenstanders: want die dood wordt een opening tot het eeuwige leven.

De dood is een grote gave. En wanneer wij zien hoe Christenen sterven, dan is dat verbazingwekkend! Ik zal u slechts twee voorbeelden vertellen, die vader Sophrony mij verteld heeft. Toen hij op de Heilige Berg was, werd hij op een keer ziek en hij werd overgebracht naar het ziekenverblijf van het klooster. Daar zag hij een oude monnik die ziek was en een jongere monnik die voor hem zorgde. Toen de oude monnik voelde dat zijn tijd gekomen was om heen te gaan, vroeg hij aan zijn jongere medebroeder: "Hebt gij ooit gezien

---

[76] Cf. Openb.21:4.
[77] Zie Joh.12:24.

hoe de oudvaders sterven?" En de jonge monnik zei: "Nee..." Toen ging de oude monnik liggen en hij sloot zijn ogen alsof hij in slaap viel. En precies op dat ogenblik stierf hij.

Er was een andere oude monnik in datzelfde ziekenverblijf van het klooster. En toen hij voelde dat zijn eind gekomen was, stond hij op van zijn bed en zeide: "Vaders, geef mij uw zegen om te sterven!" En de vaders die daar waren, zeiden: "God zegene u, Vader!" En hij viel neer. Ziet u, net zo als zij de zegen vragen om iets in dit leven te doen, opdat alles gezegeld moge zijn met Gods zegen, evenzo vragen zij zelfs de zegen om te sterven! "Zegen, dat ik moge sterven!" – en zij sterven.

Ik heb tweemaal in mijn leven monniken zien sterven en het is ongelofelijk. Ik heb ook eenvoudige mensen gezien, die het oordeel van God aanvaardden, en zij verlieten dit leven werkelijk vervuld van genade. Het was zulk een vertroosting hen te zien.

6

De hypostatische wijze van zijn
in het leven en het dienstwerk
van Oudvader Sophrony

oals wij zingen in één van de hymnen van de Dienst van de begrafenis, heeft de mens het beginsel van zijn hypostase ontvangen door Gods scheppend bevel.[1] Hij is geschapen naar het beeld en de gelijkenis van God. Hij komt in de wereld terwijl hij in zichzelf een beginsel draagt dat, evenals in God, ook in de mens beslist geen beperkend principe is. Het is een beginsel dat kan worden ontwikkeld en vervolmaakt tot het vervuld wordt met de volheid van het god-menselijk 'zijn'. Alleen God bezit het oorspronkelijke beginsel van het Zijn, en de kern, het innerlijke beginsel van Zijn Bestaan is de Persoon-Hypostase, hetgeen de grondslag is voor alle zijn.[2] En de mens, die naar het beeld van God is, wordt in dit leven geboren als een potentiële persoon-hypostase. In hem zijn verborgen diepten: hij bezit het vermogen met zijn Schepper samen te werken om "zich het ongeschapen Leven van de Godheid eigen te maken en dit (voor eeuwig) in zich te dragen".[3]

De Eniggeboren Zoon van de Beginloze Vader openbaarde de waarachtige inhoud van Zijn Goddelijke Hypostase toen Hij mens werd. Hij is "de afglans van de heerlijkheid van de Vader en het zegelbeeld van Diens Hypostase, en draagt alle dingen door het woord van Zijn kracht"[4] – en door Zijn onuitsprekelijke vleeswording heeft Hij ons potentieel aan ons geopenbaard, opdat wij allen mogen komen "tot de volmaakte mens, tot de maat van de grootte der volheid van Christus".[5]

---

[11] Zie de Griekse tekst van deze dienst: «Ἀρχή μοι καὶ ὑπόστασις τὸ πλαστουργόν σου γένονε πρόσταγμα». Zie het "Euchologion" of "Book der Noden" (Εὐχολόγιον Γ', ἐξοδιαστικόν), ed. Simonos Petras, 2002, p.130.
[2] Zie "We Shall See Him", GK p.295, EN p.191.
[3] Ibid., GK p.279, EN p.192.
[4] Ef.4:13.
[5] Cf. Heb.1:3.

Telkens wanneer oudvader Sophrony schreef of sprak over de persoon of de hypostase, zij het met betrekking tot God of tot de mens, had hij een specifieke realiteit in gedachten, die hijzelf ervaren had. Ondanks het feit dat deze wondere realiteit in beide gevallen aan elke definitie ontsnapt, wordt deze zichtbaar en kan daarom bekend worden gemaakt en beschreven. Om deze gedachte te formuleren gaf oudvader Sophrony er de voorkeur aan de term 'hypostase' te gebruiken in plaats van 'persoon', om de verwarring te voorkomen, die bestaat in het denken van de mensen, tussen het individu en de persoon. De term 'hypostase' drukt de goddelijke volmaaktheid uit. Deze verwijst naar de persoonlijke God, Die ook het Absolute 'Zijn' is. Deze waarachtige Hypostase is Christus, in Wie alle dingen in de hemel en op aarde, en zelfs in het onder-aardse, werden samengevat. Hij is de Éne, Die het middelpunt is en de drager van al wat goddelijk en van al wat menselijk is.

Heel de levensweg van oudvader Sophrony en de innerlijke be-proeving van zijn wasdom in God werkten samen om het hyposta-tische beginsel in hem te ontwikkelen. De enorme worstelingen en wisselingen die hij onderging in zijn levenslange bekering gaven hem beetje bij beetje een helder begrip van de plaats van het hypo-statische beginsel, zowel in het bestaan van God als in dat van de mens. Hij toonde hoe enorm belangrijk dit beginsel voor hem was, toen hij, enkele dagen vóór zijn dood, aan twee van zijn monniken vroeg de vier kernpunten op te schrijven van zijn theologie over de hypostase. In het kort zijn dit de volgende:

1. Christus is de waarachtige Persoon, zoals geopenbaard werd aan Mozes in de woorden "IK BEN DE ZIJNDE".[6]
2. De mens is een persoon, geschapen naar Gods beeld en gelijkenis.
3. De inhoud van de Persoon van Christus is Zijn zelf-ontledigende liefde tot het einde, waardoor hij het heil der wereld bewerkte.
4. De mens betoont zich eveneens een persoon, wanneer hij de liefde Gods verwerft tot aan de zelfhaat toe, het reine gebed dat dit vergezelt, en het gebed voor de wereld, vergelijkbaar aan Christus' gebed in Gethsémane.

---

[6] Ex.3:14. Vertaald naar LXX (zie Inleiding, noot 4, p.6). *Noot vert.*

In deze staat van hypostatisch gebed, of gebed voor de wereld, wordt de gezindheid van Christus op de mens overgedragen, en zijn hart wordt uitgebreid om hemel en aarde te omvatten en elk schepsel op te dragen voor Gods aanschijn. De waarachtige roeping van de mens is dus om een waarachtige hypostase te worden, een waarachtige persoon naar het beeld van de Persoon van Christus – een nieuwe Adam, die in zichzelf heel de mensheid draagt en deze voor Gods aanschijn opdraagt in voorbede voor het heil. Christus is op aarde gekomen met één verlangen in Zijn hart; Hij bad in Gethsémane, Hij besteeg het Kruis en daalde neder in het graf, opdat de wereld zou worden behouden. Toen Hij wederopstond, stond Hij uiteraard op met dezelfde inhoud in Zijn hart. Dat is waarom de heilige Johannes Chrysostomos zegt in Zijn Paashomilie: "Opgestaan is Christus, en geen dode is er meer in het graf", want toen de Heer is opgestaan, is in Zijn hart ook de gehele Adam opgestaan.

Oudvader Sophrony geloofde, dat als wij erin zouden slagen de openbaring aangaande de hypostase op de juiste wijze uit te drukken, dat dan de unieke aard van de Orthodoxe traditie – in vergelijking met alle andere religieuze en filosofische scholen van denken die wij in de hedendaagse wereld tegenkomen – zonder twijfel duidelijk zou worden. Aan het eind van zijn late jeugdjaren, in zijn vurig zoeken naar het Absolute en Eeuwige Zijn, was oudvader Sophrony gevallen in een intellectuele dwaling en had hij zich beziggehouden met de studie en de praktijk van Oosterse religies. Op grond van filosofische bespiegelingen kon hij in die tijd niet aanvaarden dat het Absolute 'Zijn' een persoon is. In plaats daarvan nam hij aan, dat de Oorspronkelijke Wezenheid een supra-persoonlijk 'absolute' zou moeten zijn. Later besefte hij, dat hij de notie van het individu had verward met de notie van de persoon, terwijl deze "in theologische zin diametraal tegenovergesteld zijn".[7]

Na acht jaar van experimenteren met Oosterse religies keerde oudvader Sophrony terug tot zijn Christelijk geloof, toen hij Gods openbaring aan Mozes tegenkwam in de Bijbel: "IK BEN DE ZIJNDE". Op dat ogenblik begon de genade die in deze woorden vervat ligt in hem te werken, vergezeld door een onbeschrijfelijke verlichting in verband met de Goddelijke Persoon van Christus. Toen

---

[7] "We Shall See Him", GK p.42, EN p.27.

verstond oudvader Sophrony dat Degene Die met Mozes sprak Dezelfde is als Hij Die gekomen is in de Persoon van Christus, en Die dit herhaaldelijk bevestigd in dezelfde woorden: "Eer Abraham was, Ben Ik".[8] Hij raakte ervan verzekerd dat Christus het Begin en het Einde is, de Eerste en de Laatste, en dat "alle dingen... door Hem geworden [zijn], en zonder Hem is geen ding geworden, dat geworden is".[9] Dat is, hij geloofde dat Christus in Zichzelf de volheid draagt van het onvernietigbare Zijn, en dat Hij, als de Almachtige Heer, de Schepper, en waarlijk "de Heiland der wereld" is.[10]

De diepte van de rechtstreekse ervaring van het hypostatische beginsel, zowel als zijn kennis van de implicaties van de Oosterse religies, maakten oudvader Sophrony tot een onschatbare apologeet voor de Orthodoxe hesychastische praktijk in een tijdperk dat gekenmerkt wordt door syncretisme. Met overtuigend gezag slaagde hij erin de grote kloof te beschrijven die ligt tussen deze twee wegen van ascetisch leven – de oriëntaalse en de Christelijke – want hij wist dat zij even verschillend van elkaar zijn als het geschapene van de Ongeschapene. Toen de Oudvader terugkeerde tot de Heer, stond zijn zonde te zijn afgevallen tot deze filosofische speculeringen hem voor ogen als een nachtmerrie, en in de metafysische dimensie daarvan als "een voor eeuwig wegvallen van zijn Schepper".[11] Het was daarom natuurlijk dat hij in bekering leefde "met sterk schreeuwen en onder tranen".[12] Hij stelde de geestelijke zelfmoord waartoe de transcendente meditatie leidt, tegenover de onvergelijkelijke, levenschenkende ervaring van de ontmoeting en de eenwording met de levende en persoonlijke God van de Schrift.[13]

De sterke band van de Oudvader met Christus en zijn diepe kennis van het mysterie van de Zoon van God was de vrucht van zijn ontroostbare bekering. Vanaf het allereerste begin van zijn ommekeer zag de Oudvader in de genade der bekering een nieuwe

---

[8] Joh.8:58. [In het Grieks blijft deze uitspraak zelfs geheel onveranderd: "Ik ben" (ἐγώ εἰμί), terwijl de Nederlandse grammatica in voorkomende gevallen soms vraagt om een aanpassing: "... ben Ik", of zelfs "Vrees niet, Ik ben het". *Noot vert.*]

[9] Joh.1:3.

[10] Joh.4:42.

[11] "We Shall See Him", GK p.57, EN p.37.

[12] Heb.5:7.

[13] Zie de inleiding van Archim. Zacharias in "Christus, Onze Weg en ons Leven".

en verheven weg in twee grote stappen: de ene is de 'hel der bekering', en de andere de 'hel der liefde'.[14] Om het anders te zeggen, de bekering is verbonden met de twee grote geboden der liefde. De eerste stap, 'de hel der bekering', is de ascetische inspanning die wij maken in ons streven om het gebod te vervullen van de liefde voor God op een wijze die Hem waardig is. De tweede stap – net zo moeilijk – is de arbeid die wij ondernemen om de hoogte te bereiken van het gebod van liefde tot de naaste. Christus was zonder zonde, en had dus de bekering niet nodig. Toch daalde Hij vrijwillig af in de hel der liefde voor de naaste, tot de uiterste diepte daarvan – met andere woorden, tot de volmaakte vervulling van het tweede gebod, dat gelijk is aan het eerste.[15]

Oudvader Sophrony maakte de twee geboden der liefde – tot God en tot de naaste – tot heel de inhoud van zijn wezen, om het hypostatische beginsel in zichzelf te bewaren, en ten dienste te staan aan de verwerkelijking hiervan in de mensen die Gods ondoorgrondelijke voorzienigheid tot hem bracht. De Eniggeboren Zoon van de Beginloze Vader was zijn leid-ster, op Wie hij zijn blik stevig gevestigd hield, bij elke beweging van zijn geest en in ongeacht welke onzekerheid of nood hij zichzelf bevond. Zoals Christus lager dan allen nederdaalde omwille van het heil der wereld, even zo stelde de Oudvader zich beneden ieder die hem benaderden, zodat hij in staat zou zijn een woord van God over te dragen dat het hart van die persoon zou verzekeren van de genade, en hem persoonlijk zou verenigen met zijn Heiland. Bij elk contact vroeg hij God dat in zijn hart een woord geboren mocht worden, omdat hij geloofde dat elke persoon op een unieke wijze geschapen is, en zijn eigen onherhaalbare pad tot het heil bezit. Dat is waarom hij in zijn klooster elke monnik leerde om zijn eigen verantwoordelijkheid te cultiveren in zijn relatie met Christus, en geen voorstander was van een gemeenschappelijke gebedsregel voor allen. Oudvader Sophrony stelde altijd de persoon voorop, en dan pas de regel – eerst het specifieke en dan het algemene – om de mogelijkheid te verzekeren dat het waarachtige geestelijke leven bewaard zou blijven in de boezem van de Kerk.

---

[14] "We Shall See Him", GK p.55, EN p.36.
[15] Zie ibid., GK p.55-56, EN p.36.

In zijn onderricht aan zijn monastieke gemeenschap benadrukte oudvader Sophrony dat het hypostatische beginsel in de mens zich vooral op drie manieren ontwikkelt en vervolmaakt wordt. Ten eerste, door het aanroepen van de Naam van de Heer Jezus Christus; ten tweede, door het bewaren van Zijn woord en Zijn geboden; en ten derde, door de deelname in het mysterie van de Goddelijke Liturgie. Heel zijn leven werkte de Oudvader aan deze drievoudige methode om de mens met God te verenigen, en degenen die hem om steun vroegen leidde hij op dit pad. Hij organiseerde het leven van degenen die met hem samen leefden rond het aanroepen van de Naam, omdat hij uit ervaring wist dat deze Naam alle deuren des Hemels opent. Hij baseerde zich op de woorden des Heren: "Tot nu toe hebt gij niet om iets gevraagd in Mijn naam. Vraagt, en gij zult ontvangen, opdat uw vreugde vervuld zij"... "Amen, amen, Ik zeg tot u: Al wat gij van de Vader zoudt vragen in Mijn naam, dat zal Hij u geven".[16] Het aanroepen van de Naam des Heren met kennis schenkt vreugde aan het hart, en licht en vrede aan het intellect.

De Naam van de Heer Jezus Christus, evenals de naam die aan Mozes gegeven werd – "IK BEN DE ZIJNDE" – verenigt de mens met de Persoonlijke God der Openbaring, en hierin bestaat het radicale verschil tussen dit 'éénwoordelijk gebed' en andere uiterlijk vergelijkbare aanroepingen in andere religieuze tradities. Het bevat "een tweevoudige kracht – enerzijds een gewaarwording van de Levende God, en anderzijds de kennis Hem aangaande".[17]

De Naam van de Heer Jezus werd vanuit den Hoge door een engel geschonken. Deze Naam gaat gepaard met goddelijke energie en, wanneer deze wordt aangeroepen met een levend geloof, verenigt dit ons met de hernieuwende aanwezigheid van Zijn Persoon. In de Schriften komen wij een veelheid aan Namen tegen. Elk van hen openbaart iets van Gods energieën. De Naam Jezus openbaart de betekenis en het doel van de vleeswording van de Zoon van God, Eén van de Personen van de Heilige Drieëenheid: "omwille van ons heil".[18] Door het aanroepen van de Naam van de Heer Jezus met geloof, standvastigheid en nederigheid, wordt de goddelijke

---

[16] Joh.16:24 & 23.
[17] "On Prayer", GK p.128, EN p.125.
[18] Zie Mt.1:21.

energie van het heil opeengehoopt in het hart. Langzamerhand 'neemt' Christus in ons 'het vlees aan', of beter gezegd, Hij wordt in ons "gevormd".[19] Deze energie geneest en verenigt al de vermogens van de ziel, en wanneer dit zijn volheid bereikt, staat het diepe hart wijd open voor de eeuwigheid. Dan, als een andere Adam, bidt de mens voor alle mensen als voor zichzelf. Door het voortdurend aanroepen van de goddelijke Naam van Jezus, voltrekt zich het grootst mogelijke wonder in de geschapen wereld: de vereniging van het hart van de mens met de Geest Gods. Dan wordt hij een waarachtige hypostase, volgens de inhoud van zijn hart, in het beeld van Christus, de Nieuwe Adam, in Wiens Persoon al wat bestaat is samengevat.

Net als de goddelijke Naam Gods beeld in ons vervolmaakt, evenzo dient ook Gods woord als middel waardoor het hypostatische beginsel tot leven wordt gewekt. Oudvader Sophrony hield nimmer op zich te verbazen over de volmaaktheid van het goddelijk en evangelisch woord, dat nederig wordt uitgedrukt in menselijke, geschapen woorden, en toch niet naar de mens is,[20] noch is het onderworpen aan het menselijk oordeel. Dit woord tekent de tocht af van het menselijk leven. In zijn streven de instructies daarvan en de geboden van Christus te vervullen, raakt de mens overtuigd van de goddelijke herkomst van dit woord zowel als van zijn eigen zwakheid. Het is zowel waardevol als noodzakelijk om de woorden die Christus ons gegeven heeft, te ontvangen met een nederige houding, opdat dit de aanvang wordt van onze wedergeboorte. De Oudvader bevestigt dat deze woorden ons "de onvoorstelbare diepten van het Goddelijk 'Zijn'" openbaren.[21]

Indien wij onze geest onderwerpen aan het oordeel van Gods woord door een zorgvuldig onderzoek van onze innerlijke staat, dan worden wij overtuigd van onze eigen nutteloosheid en naderen wij in vreze. "Om de woorden van uw lippen, heb ik zware wegen bewaard".[22] De vreze houdt ons op de harde weg, op een afstand van de zonde. In ons streven Christus' onderricht te omhelzen,

---

[19] Gal.4:19.
[20] Cf. Gal.1:11.
[21] "On Prayer", GK p.43, EN p.30; zie ook GK p.217, EN p.93.
[22] LXX Ps.16(17):4.

ervaren wij alles dat "het woord van Christus weerstaat als de aanwezigheid van de dood in ons. Aldus verblijven wij in een staat
van diepe tweespalt..."[23] De schaamte voor onze zwakheid trekt de
genade aan, die het mogelijk maakt dat Gods woord in ons hart
woont op volmaakte wijze. De geurige sporen van dit woord in het
hart zijn genezend. Wanneer deze zich daarin opeenhopen, en onze
natuur in harmonie is met dit woord, dat daarmee één wordt, als
onze moedertaal, dan "naderen wij tot de gelijkenis aan Christus"[24]
en "kennen wij de enige waarachtige God, en Hem Die Hij gezonden heeft, Jezus Christus.[25] Het hart wordt volkomen transparant
voor de werking van het woord en begint Gods woord rechtstreeks
aan te grijpen en deel te nemen aan het grote werk van de wedergeboorte van de mensen die het dient. Tenslotte worden de geboden van Christus de "enige en eeuwige wet van geheel ons bestaan",[26]
en dit markeert de verwerkelijking van het hypostatische beginsel
in ons, dat aldus onze natuurlijke staat wordt. Volgens de woorden
van de profeet was deze staat voor de Heer volstrekt natuurlijk,
want vanaf de dag van Zijn geboorte, "zal [het Kind] het kwade
verwerpen om het goede te verkiezen".[27]

Boven alles was Oudvader Sophrony vervoerd door de Dienst
van de Goddelijke Liturgie, die hij leefde als een offerande omwille
van het heil van de gehele wereld. De Liturgie is Gods school, waar
wij leren ons kleine leven te verruilen voor het oneindig grote leven
van God. Hoe vollediger de verbroken geest van de mens de tragische noden van de wereld omvat tijdens de Dienst van de Goddelijke
Liturgie, des te groter zal de zegen zijn die God over de wereld
uitstrekt tot hulp en tot heil. In wezen is de Liturgie de deelname
aan het gebed van Christus in Gethsémane,[28] waar Hij eens en voor
altijd de Liturgie opdroeg omwille van het heil der wereld. In de
Liturgie wordt ons geleerd over te gaan van ons kleine 'ik' tot het
grote 'wij', en wij leven de diepe pijn van heel de wereld als onze

---

[23] Cf. "On Prayer", GK p.217, EN p.93.
[24] "We Shall See Him", GK p.249, EN p.159.
[25] Cf. Joh.17:3.
[26] "Principles of Orthodox Asceticism", in "The Orthodox Ethos: Studies in Orthodoxy", Vol.I, EN p.259.
[27] Jes.7:16 (LXX).
[28] "His Life is Mine", EN p.88-89.

eigen pijn. Onze Leermeester in deze wetenschap, Die niet is als enig ander, is Christus Zelf – en er is geen eind aan dit leren. Hij openbaarde Zijn onbereikbare en goddelijke universaliteit in Zijn onvatbaar en heilbrengend Lijden: "daar [Christus] de Zijnen, die in de wereld waren, liefhad, zo heeft Hij hen liefgehad tot het einde".[29]

Als wij verlangen Christus' lijden te kennen en zelfs een schaduw te bezitten van gelijkenis aan Zijn gebed in Gethsémane, en te delen in de smart van Zijn heilige liefde voor de wereld, dan zullen wij ook, ten dele, de ervaring kennen van Zijn dood, en de kracht van Zijn Opstanding. Heel ons wezen zal overtuigd worden van Zijn uiteindelijke overwinning en ons eeuwig Pascha. Gods genade zal elk van ons een waarachtige hypostase schenken, levend voor alle eeuwigheid, zodat wij zullen kunnen uitroepen: "Nu, O Christus, in U en door U: ... ook ik ben!".[30]

Vragen & Antwoorden

Vraag: Ik zou u willen vragen, vader, of u tot ons kunt spreken over hoe wij de liefde voor de vijanden op de juiste wijze kunnen navolgen in ons leven?

Antwoord: De liefde voor de vijanden! Wij spreken hier over het toppunt van het leven in Christus. Menselijk gesproken is dit onmogelijk. De liefde voor de vijanden is slechts mogelijk wanneer Christus Zelf in ons woont door de Heilige Geest, en Hij is het Die onze vijanden liefheeft, Die Zijn liefde uitstort over Zijn vijanden. Daarom, waar liefde voor de vijanden is, waar dit verschijnsel zich voordoet, daar is ook de volmaaktheid van het Christelijk leven, daar is de Waarheid. Zoals Oudvader Sophrony zegt, de liefde voor de vijanden is een onfeilbaar criterium voor de aanwezigheid van de Heilige Geest en van de Waarheid.[31]

Dus naar de mate waarin de Heilige Geest in ons woont, zijn wij in staat onze vijanden lief te hebben. Maar wij beginnen lager, op natuurlijke wijze: wij beginnen de anderen wel te doen, zoals

---

[29] Joh.13:1.
[30] "We Shall See Him", GK p.412, EN p.234.
[31] Zie bijvoorbeeld "Saint Silouan", GK p.132, 153, 155, 210, EN p.105, 114, 116, 162, NL p.117, 126, 128, 171.

wij zouden willen dat de anderen ons zouden weldoen, zoals de Heer zegt.[32] Dan, beetje bij beetje, als God ons Zijn genade schenkt, zullen wij in staat zijn die andere staat te smaken. Het liefhebben van onze vijanden is een zeer verheven staat.

Er zijn vele tussenliggende stadia waarin wij onszelf moeten oefenen om dit toppunt van liefde voor de vijanden te bereiken. Allemaal zijn wij vijanden van God. De zonde is vijandschap jegens God, zegt de heilig Paulus.[33] En daar wij allemaal min of meer in zonde leven, zijn wij allen vijanden van God. En gij ziet hoe God elke Zondag, in elke Liturgie, Zijn vijanden goedgunstig behandelt. Hij geeft Zijn leven aan Zijn vijanden, Zijn Lichaam en Zijn Bloed. Daarom kunnen wij veel leren in de Liturgie, zelfs de liefde voor de vijanden.

De heilige Johannes Klimakos vertelt ons, dat als iemand tot ons een woord spreekt om ons te corrigeren en wij onszelf recht-vaardigen, wij onze eigen ziel haten.[34] Dat betekent, dat heel onze beschaving, heel deze wereld, in de haat ligt van zijn eigen ziel. Wij moeten leren onszelf niet te rechtvaardigen, simpelweg: niets toe te voegen. Als wij onszelf rechtvaardigen, is dit een geest die volstrekt tegengesteld is aan de Geest van Christus, Wiens stil-zwijgen Pilatus beschaamd deed staan, zoals de heilige Johannes van de Ladder zegt,[35] en Die als een lam ter slachting werd geleid, stemmeloos voor Zijn scheerder.[36]

Vraag: Vader, wij spreken veel over de nederigheid, en wij we-ten hoe essentieel de nederigheid is als wij enige vooruitgang willen maken. Ik zou willen weten of de vriendelijkheid die wij proberen te cultiveren in onze menselijke relaties enige waarde heeft, en of dit enig verband houdt met de zachtmoedigheid van Christus?

Antwoord: Wij spreken gewoonlijk over de nederigheid, omdat de zachtmoedigheid een uiting is van de nederigheid. De heilige Johannes Klimakos definieert de zachtmoedigheid als de staat van

---

[32] Lk.6:31.
[33] Cf. Rom.8:7.
[34] Cf. "De Ladder", step 4:44, p.38.
[35] Ibid., step 11:6, p.92.
[36] Cf. Jes.53:7; Hand.8:32.

degene die hetzelfde blijft, of hij nu beledigd of geprezen wordt. Dit is de definitie die hij geeft van de zachtmoedigheid, hetgeen feitelijk de staat is van de nederige ziel.[37] Degene die nederig is, is in staat lief te hebben, zoals de heilige Silouan en oudvader Sophrony plachtten te zeggen. Er is niets dat de liefde méér in de weg staat dan de hoogmoed.[38] Dit is waarom wij spreken over de nederigheid, want als wij een beetje nederigheid verwerven, dan veroveren wij een klein plekje, waardoor de Heer in ons Zijn woning kan maken. Wij kunnen dit begrijpen uit het tegenovergestelde. Als iemand hoogmoedig is, dan is hij vol van zichzelf, en op geen enkele manier kunt gij zijn hart betreden. Gij kunt niet tot zijn hart doordringen, met geen enkel idee, met geen enkele goede gezindheid. Hij is enkel vol van zichzelf. En dat is waarom wij in het algemeen hoogmoedige mensen vermijden, wij kunnen niet met hen samenwerken, terwijl de nederige mens zichzelf weet open te stellen, ruimte weet te geven aan de ander.

Vraag: Vader, ik vraag me af, kunt u iets zeggen over hoe wij het gezag in overeenstemming brengen met de nederigheid...

Antwoord: Wanneer wij zeggen dat Christus de Almachtige God is, dan moeten wij dit op de juiste wijze verstaan. Hij is niet almachtig in de zin van een aardse machthebber, maar Hij is almachtig in Zijn nederige liefde. Hij is almachtig, omdat Hij Zichzelf kan geven als losgeld voor velen.[39] Hij is almachtig, omdat Hij een overwinning bewerkt heeft, die Hij deelt met ons allen: de overwinning van het heil, de overwinning op de dood en de zonde. Uiteraard is Hij almachtig als Schepper, dat is een gegeven, maar Hij wordt ons als almachtig geopenbaard in Zijn nederige liefde – in staat om neder te dalen, zelfs tot de nederste delen der aarde, en Zijn leven te geven omwille van het heil der wereld. Het is daarom, dat Hij tot Zijn apostelen zegt: "Als gij een ander soort gezag of macht zoekt, dan zijt gij als de heidenen, dan weet gij niet van wiens geest gij zijt. Maar als gij de eerste wilt zijn, weest dan de laatste."[40] Hij zeide:

---

[37] Zie "De Ladder", step 8:3, p.81.
[38] Zie "Saint Silouan", GK p.303, 359, 476, EN p.229, 277, 378; NL p.247, 300, 399, zie ook "We Shall See Him", GK p.193, EN p.122.
[39] Mt.20:28; Mk.10:45.
[40] Zie Lk.9:51-55; Mk.10:44-45.

"Leert van Mij, want Ik ben zachtmoedig, en nederig van hart; en gij zult rust vinden voor uw zielen".[41] De Heer zegt niet: "Leert van Mij, want ik ben almachtig en heb grote macht", maar "Ik ben zachtmoedig en nederig van hart". Dit is het enige gezag dat de harten van de mensen overtuigt door de genade.

Vraag: Hoe verzoenen wij Christus' reinigen van de Tempel met Zijn kenotisch leven? Hoe ontledigde Hij Zichzelf in die daad?

Antwoord: Hoe wij de tempelreiniging zien naast Zijn nederige houding als een lam dat ter slachting wordt geleid? De reiniging van de Tempel was een profetische daad. Hij deed dit eens en voor altijd om ons de ijver te tonen die wij zouden moeten bezitten om onze eigen tempel te reinigen, en tevens als een voorafbeelding van Zijn Wederkomst. Die intocht in Jeruzalem was een profetische gebeurtenis. Ten eerste gaf deze ons een glimp van Zijn Wederkomst, wanneer Hij zal komen met heerlijkheid en gezag om de levenden en de doden te oordelen.[42] En ten tweede gaf deze profetische daad ons een voorbeeld van de ijver die wij zouden moeten hebben, om de zweep te nemen en de tempel van de levende God in onszelf te reinigen, de tempel van de Godheid in ons. Het was een profetische daad, die slechts eenmaal werd gedaan.

De Heer toonde vaak Zijn goddelijke kracht, Zijn macht, maar dat was niet wat Hij ons wilde leren. Toen Hij zeide, "Ik heb u een voorbeeld gegeven",[43] bedoelde Hij dat wij Zijn nederige pad zouden moeten volgen. Ik denk dat dit wonderbaarlijker is dan al het andere. Want het is niet moeilijk te geloven in Zijn almacht en Zijn goddelijke kracht, de moeilijkheid bestaat er juist in het nederige pad te volgen dat Hij volgde. Het is in het volgen van dit pad, dat wij het heil vinden en delen in Zijn overwinning. Wij moeten altijd bedenken dat de Heer één Persoon was, maar in twee naturen. Dezelfde Heer heeft ons in Zijn menselijke natuur het voorbeeld gegeven van Zijn kenosis, dat wij dienen te volgen, maar Hij heeft ons ook voorbeelden gegeven van Zijn goddelijke macht, zoals toen

---

[41] Mt.11:29.
[42] Zie 2Tim.4:1.
[43] Joh.13:15.

Hij de Tempel betrad. Soms zien wij dat Hij handelt als mens, en soms als God, maar Hij is één Persoon, de Zoon van God.

Vraag: In ons dienstwerk zullen wij soms misschien gezag moeten uitoefenen op een manier die vergelijkbaar is aan de tempelreiniging door de Heer, maar wij moeten dat ook combineren met de nederigheid. Zit daar ook iets in?

Antwoord: Ik denk dat zelfs in ons dienstwerk, als wij leren onszelf te vernederen en ons beneden de mensen te stellen die wij proberen te dienen, wij uiteindelijk meer gezag zullen genieten en wij meer zullen bereiken, dan wanneer wij ons met gezag gedragen als priesters van de Allerhoogste. Wij kunnen geen waarachtige relatie met iemand hebben, noch met vrienden, noch met onze echtgenoot of echtgenote, tenzij wij onszelf beneden de andere persoon plaatsen. Zelfs met onze eigen kinderen moeten wij onszelf beneden hen plaatsen, of tenminste afdalen tot hun niveau, en met hen spreken als met onze gelijken, en niet met ouderlijk gezag. Als wij ons gedragen met ouderlijk gezag dan zullen wij hen niet overtuigen, en zij zullen ons niet volgen. Maar als wij onszelf vernederen en proberen hen te begrijpen, en als wij ons zelfs beneden hen kunnen plaatsen, dan zullen zij zeker tot eergevoel komen en doen, niet wat wij tot hen preken, maar wat zij in ons zien.

Feitelijk is datgene wat onze prediking niet overtuigend maakt voor de omringende wereld, het feit dat wij, en ikzelf als eerste, niet deze zelfverloochening bezitten die het gebod des Heren vereist. Als wij deze zelfverloochening, deze zelfhaat bezaten, en alles wat het waarachtig leerlingschap vereist, dan zouden wij niet veel hoeven zeggen opdat de mensen om ons heen overtuigd zouden worden om Christus te volgen.

Ik ken een priester in Griekenland die een aantal dochters had, doch zijn diep verdriet was dat hij geen zoon had die hem kon opvolgen in het priesterschap. Uiteindelijk werd één van zijn dochters moniale, en hij was getroost. Deze priester werd ziek en twee van zijn dochters brachten hem naar de stad, waar een andere priester hen gastvrijheid verleende. En toen het avond werd, verwachtten de twee dochters dat, net zoals in hun eigen huis, zij de Completen en de Akathist tot de Moeder Gods zouden lezen met hun vader. Zij waren enigszins geschokt en zeiden tot hun vader: "Vader, lezen wij de Completen niet? Het lijkt of de priester met zijn gezin dat hier niet doet." En hun vader antwoordde hen: "Ja, wij lezen de Completen, maar deze mensen hebben verborgen deugden die wij niet bezitten!" En de twee dochters waren gerustgesteld.

Wat ik wil zeggen is dit: In ons dienstwerk dienen wij nederig te zijn en niet ons te gedragen met gezag. Dit is een verzoeking die veel priesters hebben, vooral in traditioneel Orthodoxe landen. Maar wanneer wij in de diaspora leven, in Amerika of in Engeland, dan kunnen wij op die manier niets bereiken. De enige manier om mensen te overtuigen en mensen in de Kerk te hebben, is om een nederig voorbeeld te geven en onszelf beneden de mensen te plaatsen die wij proberen te dienen.

Vraag: De Roemeense schrijver en filosoof Emil Cioran schreef in één van zijn boeken: "Geloof is een gave. Ik heb het niet". Mijn vraag is: Is geloof een gave of iets dat gij cultiveert, en hoe kan men meer geloof verwerven?

Antwoord: Natuurlijk is geloof een gave. En dit kent vele gradaties en vele stadia. Er is het geloof van beginners, en het is de Heer Die ons beloont voor onze daden door het geloof in ons te vermeerderen. Maar er is ook de gave van het volmaakte geloof, dat "werkzaam is door de liefde", zoals de heilige Paulus zegt.[44] Wij hebben volmaakt geloof, wanneer wij Hem liefhebben in Wie wij geloven. En als deze gave van liefde aanwezig is, dan is er uiteraard ook onze openheid om déze gave (van geloof) zich te laten openbaren. Alle gaven van God wachten op onze bijdrage. De heilige Maximus de Belijder zegt, dat alle verworvenheden van de heiligen genadegaven van God waren, die werden uitgemeten naar de intensiteit van de dankbaarheid waarmee zij deze ontvingen.[45] Zij verwierven slechts datgene waarvoor zij voldoende dankbaar waren, vanuit geheel hun hart. Zij verwierven slechts genadegaven, als zij deze gaven ontvingen zonder te menen dat deze hen toebehoorden of dat zij voortkwamen uit hun eigen wezen.

Als wij God niet voldoende danken, dan bezitten wij niets. Als wij God dankzeggen, dan is de gehele wereld van ons – als wij deze

---

[44] Gal.5:6.
[45] "Third Century of Various Texts", in "The Philokalia", (Faber & Faber) Vol.II, §29, p.216.

aan God aanbieden als Zijn gave aan ons, en als wij Hem verheerlijken. Wij kunnen geen enkele vooruitgang maken in het geestelijk leven, als wij God niet genoeg hebben gedankt voor wat Hij ons reeds geschonken heeft.

Vraag: Vader, ergens schrijft oudvader Sophrony over dit werk van het gebed en de verwerkelijking van het hypostatische beginsel in onszelf, en zegt zoiets als: "Om een expert te worden, om kundig te worden in een werelds of seculier gebied van kennis is ongelofelijk moeilijk. Dit is veel, veel moeilijker. Het is onvoorstelbaar moeilijker dan een expert academicus te zijn".[46] En ik herinner me de laatste keer toen u hier was, dat u sprak over de genade van de gedachtenis aan de dood, en hoe dit een genadegave van God kan zijn. Als God, in bepaalde perioden, het lijden in ons leven toestaat, en zelfs een bedreiging van ons bestaan als zodanig, dan kan dit onze bekering intensiveren, ons gebed voor anderen, onze tranen en onze dankzegging. Doch wanneer ons leven terugkeert tot de normale situatie, dan wordt het hart weer koud. Wat kunnen wij doen, in praktische zin, om die verheven staat van de gedachtenis aan de dood te bewaren?

Antwoord: Telkens wanneer de heilige Paulus de verhevenheid van het Christelijk leven toont, dan herinnert hij ons onmiddellijk aan de Wederkomst van onze Heer. In de Brief aan Titus zegt hij, dat wij voortdurend zouden moeten uitzien naar "de zalige hoop, en de verschijning der heerlijkheid van onze grote God en Heiland Jezus Christus"[47]

Wij mensen kunnen altijd aan alles gewend raken. Maar er is één ding waaraan wij niet gewend kunnen raken, omdat het nog niet heeft plaatsgevonden: de Wederkomst van onze Heer. En als wij onszelf nauwgezet onderzoeken in het licht van de geboden, in de verwachting van Zijn verschijning in heerlijkheid, dan zullen wij er zeker in slagen de inspiratie in ons geestelijk leven te bewaren.

---

[46] Zie "We Shall See Him", GK p.273, 310, EN p.177, 204.
[47] Zie Tit.2:11-13.

*Gij hebt mij
de wegen des levens
doen kennen*

7

Het pad van de menselijke persoon

anaf het moment van zijn bekering, die plaatsvond toen hij de openbaring las "IK BEN DE ZIJNDE", eerbiedigde oudvader Sophrony Mozes als een man aan wie heel de mensheid veel verschuldigd was.[1] Wanneer hij, later in zijn leven, sprak over de ontwikkeling van het persoon-zijn, dan keerde hij telkens terug tot het leven van Mozes en zijn volk als een voorbeeld. Hij onderrichtte dat er in het geestelijk leven drie stadia zijn, die worden voorafgebeeld in het Bijbelse relaas van de drie perioden in de geschiedenis van het volk Israël.

Toen Mozes het volk Israël leidde, leidde hij hen in de Naam van de Geopenbaarde – Yahweh, "IK BEN DE ZIJNDE".[2] Aan het begin van hun tocht riep God hen uit Egypte en Hij openbaarde Zich in wonderen. Geïnspireerd door deze tekenen, gingen zij vrijmoedig op weg naar het Beloofde land. Doch toen zij de grens bereikten verliezen zij hun moed, en zij gingen het gebied niet binnen om het te veroveren. Toen Mozes dit zag, leidde hij hen terug naar de woestijn en zij werden veertig jaar lang beproefd. Mozes zelf betrad nimmer het Beloofde land; hij stierf aan de grens. Zijn leiderschap werd beërfd door Jozua, die Christus voorafbeeldde, en onder zijn leiding bereikte het volk Israël uiteindelijk Jeruzalem.

Oudvader Sophrony's uiteenzetting van het geestelijk leven volgt deze drie fasen van roeping, beproeving en aanname. De eerste fase is vol van vertrouwen vanwege de nabijheid van God. De tweede fase is bestaat in het verduren van beproevingen. De derde fase is de verwerving van standvastigheid. Oudvader Sophrony legde bijzondere nadruk op de tweede fase, de tijd van de beproeving van het volk Israël in de woestijn, toen de genade Gods werd teruggetrokken. Deze tweede periode is een tijd van zelfontlediging (kenosis), hetgeen de onontbeerlijke voorwaarde is voor de volmaakte vervulling van

---

[1] Zie "His Life is Mine", EN p.18-19; zie ook "Letters to His Family", GK p.43, EN p.40.

[2] Zie "His Life is Mine", EN p.18; zie ook "Letters to His Family", GK p.43-44, EN p.40-41.

de bestemming van de mens – dat is, voor zijn vergoddelijking. Zoals de Oudvader zegt: "De volheid van de zelfontlediging gaat vooraf aan de volheid van de volmaaktheid".[3]

De fundamentele oorzaak van Gods terugtrekken tijdens de tweede periode van het geestelijk leven, is onze eigen "hoogmoed, de zichtbare of verborgen neiging tot zelfvergoddelijking".[4] Gods soevereine Geest is zo verfijnd, gevoelig en zachtmoedig, dat Hij de menselijke hoogmoed of ijdele trots niet verdragen kan, en zelfs niet de zelfzuchtige wending van het menselijk intellect tot zichzelf. Dergelijke bewegingen van het hart bedroeven Hem,[5] en aldus kan Hij de erbarmelijke mens enkel aan zijn lot overlaten, uit respect voor diens vrijheid.

In eerste instantie komt de mens in de wereld als 'tabula rasa',[6] zoals oudvader Sophrony zegt. Niettemin bezit hij een wondere roeping, want hij is geroepen tot de hypostatische wijze van zijn. Net als de wezenlijke inhoud van de Goddelijke Hypostase de liefde is – want God is liefde – evenzo is de mens, Zijn beeld, geroepen te leven volgens een hypostatische wijze van 'zijn': zijn Oerbeeld, de Levende God, te leren kennen, en een relatie van liefde met Hem te bewaren. Met andere woorden, de mens – hoewel hij geschapen is – heeft het gebod ontvangen een god te worden, niet onafhankelijk van de ene waarachtige God, maar in samenwerking met Hem in liefde. God is de God der heerlijkheid, en de mens is geroepen een spiegel te zijn die God weerspiegelt in Diens heerlijkheid.

Doch de mens heeft zichzelf een dwaas betoond. Hij heeft niet geleefd naar de hoogte van zijn roeping, "die God vóór de eeuwen heeft voorbeschikt tot onze heerlijkheid".[7] Vanaf het begin verkoos Adam zijn eigen weg te volgen, en hij verbrak zijn gemeenschap met God. Hij had geen waardering voor de nederige geest van het gebod des Heren, dat bedoeld was als het middel en de kracht voor de tocht van de mens tot de volmaaktheid als persoon-hypostase. Hij nam geen nota van zijn God-geschonken neiging tot de onver-

---

[3] "We Shall See Him", GK p.81, EN p.53.
[4] "On Prayer", GK p.113, EN p.74.
[5] Cf. Ef.4:30.
[6] "We Shall See Him", GK p.149, EN p.95.
[7] 1Kor.2:7.

anderlijke eeuwigheid van de Godheid. Hij deed geen poging om zijn verlangen naar het Absolute 'Zijn' te verstaan, dat in zijn natuur gelegd is als een *weerglans* van de Oorspronkelijke Absolute in de mens, zijn beeld. Hij verwarde de schaduw met het feitelijke oerbeeld, en volkomen op zichzelf vertrouwend verbrak hij zijn band met zijn Schepper. In de woorden van de Oudvader, wanneer een mens "gericht is op zichzelf als tot een middelpunt, zal hij vroeg of laat aanlopen tegen de drukkende leegte, waaruit de Formeerder ons tot dit leven heeft geroepen".[8]

Dronken van de hartstocht der hoogmoed schoof Adam het levenschenkende gebod van God terzijde, en verhief zichzelf – en dit 'zelf' werd als een muur tussen hem en God, waardoor hij zichzelf uitsloot van het feest van de goddelijke liefde. Terwijl de mens voor de Val een natuurlijke geneigdheid bezat tot de goedertieren God, ontwikkelde hij na zijn val in de eigenliefde een neiging tot kwaad, tot genot, en tot alles wat het zelf kan vergroten, veeleer dan tot de Bron van het leven. Zijn verlangen tot zelfvergoddelijking leidde tot zulk een staat van ondankbaarheid, verduistering en waanzin, dat zijn oorspronkelijke eer en heerlijkheid tot niets werden gereduceerd. Hij viel in de meest erbarmelijke dwaling, een staat tegengesteld aan zijn natuur, want nu "vereerde en diende hij het schepsel in plaats van de Schepper".[9] Doch God, in Zijn goedheid, liet toe dat de dynamische neiging van de mens tot zijn eigen vernietiging beperkt werd. Hij verbond de onnatuurlijke pijn en eigenliefde aan de dood, om te voorkomen dat het kwaad onsterfelijk zou worden en de hartstocht der eigenliefde ontembaar en ongeneeslijk. Want het menselijk 'ego' diende uit hem verwijderd te worden, omdat het tot een muur geworden was die de ongelukkige mens scheidde van zijn luisterrijke Schepper.

In Eden schudde de mens het lichte kruis van de vrijwillige gehoorzaamheid aan het gebod van zich af, om niet te eten van de boom der kennis van goed en kwaad,[10] hetgeen hem bewaard zou hebben binnen de nederige maat van zijn geschapen-zijn, en tegelijkertijd in gemeenschap met het goddelijk leven. Het is dus uit noodzaak, dat

---

[8] "We Shall See Him", GK p.47, EN p.30.
[9] Cf. Rom.1:25.
[10] Gen.2:17.

God onvrijwillige kruisen toestond, opdat de mens tot bezinning zou komen en een weg des heils zou zoeken uit de onvermijdelijke en immer toenemende diepte van zijn verderf. Doch de dreiging van de dood deed de eigenliefde van de mens zodanig toenemen, dat hij gevangen raakte in een vicieuze cirkel, en zo heerste de dood in hem en in de gehele mensheid.

Oudvader Sophrony onderricht weliswaar dat er drie stadia van genade zijn door welke de mens genezen wordt van de zonde, doch het is van belang te beseffen dat de nederdaling van Christus tot in de afgrond van onze val het fundament is van elk van deze drie stadia. Christus daalde neder tot de bodem van de omgekeerde piramide[11] en nam de vloek op Zich van al de onvrijwillige kruisen die de mens werden aangedaan vanwege zijn eigenmachtigheid en Gods rechtvaardig oordeel. Het Kruis van Christus was vrijwillig, en omdat Zijn dood niet voorafgegaan werd door enige zonde, bezat dit de kracht alle menselijke zonde uit te wissen. Door Zijn eigen onschuldige dood, die Hij verdroeg omwille van alle mensen, veroordeelde hij de verdiende dood van de mens en verwierf Hij het behoud van de gehele mensheid. Waarlijk, het Kruis van Christus is de sleutel van de deur tot het paradijs. Deze sleutel blijkt de messiaanse overwinning van Christus, zoals voorzien was door de profeet Jesaja en door de Heer Zelf bevestigd werd in Zijn openbaring aan de heilige Johannes de Theoloog.[12]

Hoewel Christus Zijn overwinning deelt met allen die Hem volgen, geeft Hij ook een nieuw gebod: "Want zo wie het leven zijner ziel zal willen behouden, die zal het verliezen; doch zo wie het leven zijner ziel zal verliezen omwille van Mij, die zal het behouden".[13] Dit gebod ons leven te haten om in Hem te leven[14] is de grondslag voor de drie stadia van het geestelijk leven. Het vormt het bewijs van de onvergelijkelijke eer van de roeping van de mens door Christus, opdat hij naar Diens gelijkenis moge worden en moge binnentreden in het Koninkrijk waar Hijzelf regeert. Het enige gevaar dat wij

---

[11] Zie de referenties bij hoofdstuk 3 in noot 39, en (specifek m.b.t. de omgekeerde piramide) bij hoofdstuk 8, noot 54 & 56.
[12] Zie Jes.22:22 en Openb.3:7.
[13] Lk.9:24.
[14] Zie Joh.12:25.

hierbij kunnen tegenkomen is dat wij menselijk reageren, zoals Petrus,[15] en niet op een wijze die God waardig is. Dit leren wij uit het voorbeeld van Hem, Die "niet zichzelf heeft behaagd", maar Wie het welbehaaglijk was dat onze smaadheden op Hem zouden vallen.[16]

Vanwege hun goddelijke herkomst klonken Christus' geboden en woorden als de donder in de mond van de heilige profeten en apostelen, en het breidde hun hart uit, zodat zij een specifieke levenswijze omhelsden, van een andere dimensie. De geboden worden ons aangeboden als de voorwaarde voor een persoonlijk verbond dat God wil aangaan met Zijn met rede begaafde schepselen. Door de geboden te bewaren wordt ons hart ontledigd van alles wat 'onszelf' geworden is, of zelfs 'onze ziel': alles in het dagelijks leven wat ons scheidt van God onze Heiland. Zodra wij gewaar worden dat de geboden afkomstig zijn van de ene waarachtige God, raken wij geïnspireerd om de moeilijke strijd te ondernemen om heel ons leven gelijkvormig te maken aan de Geest daarvan. En wanneer deze geboden, op een absolute wijze, tot wet worden van het aardse en eeuwige bestaan van de mens, dan wordt hij volkomen hernieuwd.

In zijn uiteenzetting over de drie onderscheiden perioden van het geestelijk leven bedoelde oudvader Sophrony dit proces te beschrijven van het zich eigen maken van de geboden van Christus en daaraan gelijkvormig te worden, hetgeen tegelijkertijd de wedergeboorte is van de persoon-hypostase van de mens. De eerste periode begint met de roeping van de mens door God. In Zijn scheppend intellect heeft God voor elke persoon een specifieke bestemming. Hij roept de mens tot dit tijdelijke leven, terwijl Hij hem geformeerd heeft naar Zijn beeld en gelijkenis. Daardoor heeft de mens het ingeboren vermogen te worden naar de gelijkenis van de Eniggeboren Zoon van God. De Heer heeft in zijn geschapen natuur een goddelijke genadegave gelegd, het zaad van de goddelijkheid, het hypostatische beginsel, waardoor hij een Godgelijkend en lichtend middelpunt kan worden, levend in een persoonlijke relatie van liefde met zijn Schepper, in staat om in zichzelf heel het leven en de geschiedenis van de wereld samen te vatten.[17]

---

[15] Zie Mt.16:21-23.
[16] Cf. Rom.15:3.
[17] Zie "We Shall See Him", GK p.288, 331-332, EN p.187, 201.

Zelfs hoewel de mens aan het jammerlijk volgen van zijn eigen dwaasheid de voorkeur gaf boven omarming van de Vader, liet God hem nimmer in de steek. God heeft de mens voorzien van alle soorten van heilbrengende zegeningen, om hem te herstellen tot de genade des heils.[18] Hijzelf is in de wereld gekomen, en toen Hij het ontzagwekkende werk[19] had volbracht van Zijn Kruis en Opstanding, beloofde Hij ons dat Hij ons nimmer zal verlaten: "Ik ben mét u, tot aan de voleinding der wereld".[20] En wederom: "Zie, Ik sta aan de deur, en Ik klop; indien iemand zal horen naar Mijn stem, en de deur zal opendoen: Ik zal inkomen tot hem, en Ik zal avondmaal houden met hem, en hij met Mij".[21] Wanneer wij deze eeuwige en menslievende goddelijke voorzienigheid beschouwen, dan zien wij dat God zonder ophouden een wondere persoonlijke roep richt tot de mens, op elk ogenblik en bij elke stap die hij in dit leven neemt.

God is ongelofelijk trouw in Zijn roeping van de mens, en zoekt hem gestadig op al zijn wegen. De mens hoeft slechts de minste opening van nederigheid te tonen – ongeacht in welke staat hij zich bevindt – en de algoede Heer bezoekt zijn ziel met Zijn genade en begint het werk van zijn wedergeboorte. Deze kleine opening die het hart gunstig stemt jegens God kan op vele verschillend manieren plaatsvinden. De voornaamste is het horen van het goddelijk woord des levens, hetzij rechtstreeks van God, of via de Schriften, of uit de mond van engelen en mensen, of simpelweg door opmerkelijke gebeurtenissen en omstandigheden. Soms wordt dit een mens geschonken door het gebed van anderen, hetzij van de heiligen of van andere deugdzame mensen, als steun in zijn zoeken naar de zin van dit tijdelijke leven. In andere gevallen bereikt de mens een pijnlijk punt in zijn leven, een crisis waarbij alles wijst op zijn tekortschieten in alles wat hij ooit gezegd of gedaan heeft, hetgeen hem de ijdelheid toont van heel zijn bestaan. Hij wordt zo vernederd door zijn pijn, dat hij zich in wanhoop tot God richt. De meest vreemde en ongelofelijke omstandigheden kunnen de mens ertoe bewegen

---

[18] Hij heeft ons "de Wet tot hulp gegeven", Hij sprak tot ons bij monde van de profeten, en Hij heeft "engelen over ons aangesteld, om ons te bewaken". Zie de Anaphora van de Liturgie van de heilige Basilius de Grote.
[19] Zie Joh.4:34 & 17:4.
[20] Mt.28:20.
[21] Openb.3:20.

God te zoeken en Hem te ontmoeten. Doch in alle gevallen is een nederige gesteldheid de cruciale factor. Dit verwekt dankbaarheid en verwondering over Gods grote plan voor het 'kleine' leven van de mens hier op aarde, dat voorzien werd vóór alle eeuwen. Dan is de mens in staat "samen te werken met [God] in het Werk van de schepping, door Hem, van onsterfelijke goden".".[22]

De roeping van de mens door God is bovenal een roeping van goddelijke liefde, die vanuit de hemel nederdaalt en gericht is op het diepe hart van de mens – "het geestelijk centrum van de persoon".[23] Dit vindt plaats in het 'heden', dat overschaduwd wordt door de genade van de eeuwige God. Dit eerste bezoek van de genade is een gave van Gods welbehagen. Deze ervaring van de goddelijke liefde die in zijn hart wordt uitgestort door de werking van de Heilige Geest, veroorzaakt een eerste heilzame verandering in heel het wezen van de mens. In navolging van het Boek der Openbaring, definieert oudvader Sophrony deze genade als de "eerste liefde",[24] waardoor de mens met God verenigd wordt en een aanvang maakt met de verwerkelijking van het hypostatische beginsel in zichzelf.

Dit eerste contact van de mens met de Geest Gods is zuiver een gave van Diens heilige wil, en de mate van deze gave hangt altijd af van de liefde van de ontvanger. Zelfs in deze allereerste ontmoeting met God wordt de mens verlicht, en wordt hem de mogelijkheid van een Godgelijkend leven geopenbaard. Door de goddelijke genade wordt hem een voorsmaak gegeven van alle goddelijke deugden en wordt hij ingewijd in "vele mysteriën van het mystieke leven in God".[25] Het gebed rijst op uit de diepten van het hart en wordt tot een natuurlijke staat van de mens. Het intellect keert zich inwaarts; het wordt verfijnd en verlicht, en met de snelheid van een bliksemstraal beweegt het in harmonie met de Geest des Heren. God heeft een persoonlijk verbond gesloten met de mens, hetgeen in feite een hernieuwing is van het verbond van de Heilige Doop. Van zijn kant spreekt de mens, als het ware, zijn doopbeloften opnieuw uit, in

---

[22] "We Shall See Him", GK p.159, EN p.101.
[23] Ibid., GK p.272, EN p.177.
[24] Openb.2:4.
[25] "We Shall See Him", GK p.133, EN p.85.

antwoord op de genade die gekomen is om hem te verlichten en wedergeboren te doen worden tot een "leven in de Levende God".[26] In dit eerste stadium is de mens geestelijk ontwaakt. Nu voelt hij de levende aanwezigheid van God als het Licht des Levens, en hij verheugt zich in een diepe vrede. Zijn geest wordt onweerstaanbaar aangetrokken tot Christus, en de genade van de ontdekking van zijn innerlijke geestelijke vrijheid vervult hem met vertroosting. Hij heeft een groot verlangen Gods roeping waarlijk waardig te worden en de volheid te kennen van de goddelijke liefde. Dit markeert het begin van het werk van zijn geestelijke wasdom in Christus.

Deze funderende fase van het geestelijk leven wordt gekarakteriseerd door een overvloed aan gewaarwordingen en geestelijke ervaringen in het hart. De mens wordt bevestigd in zijn nieuwe leven en wordt ingewijd in Gods openbaring van Hemzelf. Hij ontdekt de geestelijke wereld, die geheel nieuw voor hem is. De genade schenkt samenhang aan zijn innerlijk leven; hij is begeesterd en onderneemt elk goed werk met gemak. God beantwoordt zijn gebed, en immer nieuwe horizonnen worden hem geopend. Hij kent de zoete vrede van de verzoening met God en de onuitsprekelijke vreugde des heils. Dit is zijn persoonlijk Pascha, het waarachtige feest van zijn overgang van de dood tot het leven, van de duisternis tot het licht. Zijn hypostase heeft een zekere inhoud gekregen, en wordt welbehaaglijk aan de Vader van de gehele schepping.

In eerste instantie kan de gave van de goddelijke genade in zulk een overvloed over de mens worden uitgestort, dat hij de maat der volmaakten bereikt. Gesterkt in de vreze Gods die samengaat met het volmaakte geloof, wordt zijn geest teruggericht tot de ultieme waarheid van het Beginloze 'Zijn'. Niet langer krijgsgevangen door zijn onbetrouwbare verbeelding, wordt hij door God onderricht in de vervulling van zijn hypostatische bestemming, dat is, de vereniging met Christus, zowel in dit leven als voor alle eeuwigheid.

De paasvreugde en de zaligheid van dit stadium, wanneer de hemel openstaat en God Zichzelf openbaart en met de mens een verbond aangaat, zijn echter geen stabiele of permanente staat. Oudvader Sophrony, in zijn originele interpretatie van een passage

---

[26] Ibid., GK p.92, EN p.59.

in het Lukas-evangelie,[27] identificeert de "onrechtvaardige" rijkdommen die een "vreemde" toebehoren als dit eerste bezoek der genade.[28] Vervolgens dient de mens het ontvangen van deze rijkdommen te rechtvaardigen in een lange en moeilijke strijd, waarbij hij in alle vrijheid de wijsheid en de trouw toont van een goed rentmeester. Slechts dan kunnen zij zijn onvervreemdbare erfenis worden voor alle eeuwigheid.[29]

Na een bepaalde periode, die door God alleen bepaald wordt, begint de tweede fase van het geestelijk leven, en al de vroegere "rijkdommen" worden van de mens weggenomen als een onrechtvaardig bezit. De redenen dat God deze terugtrekt en Zijn doel hiervan zijn veelvoudig en moeilijk uit te leggen. Doch degenen die de beproevingen van dit stadium op wettige wijze doorstaan, zijn altijd dankbaar en zien dit als een zegen en een voorrecht. Oud-vader Sophrony bevestigt, dat als de mens niet 'geschoold' is door dit terugtrekken van de genade, door deze godverlatenheid, dan is dit niet alleen een teken van onvolmaaktheid en van een onechte wijze van leven, maar zelfs van ongeloof.[30] Veel mensen ontvangen een grote mate van genade aan het begin van hun leven, gelijk aan de maat van de heiligen, maar allen moeten door de beproevingen heen van de tweede periode, wanneer de gewaarwording van de genade afwezig is, of zeer verminderd.[31]

Nadat wij ons verheugd hebben in de zoetheid van Gods aanwezigheid, en het paradijs hebben gesmaakt en de onvergankelijke vertroosting en vreugde der engelen, zijn wij nu getuige van de afwezigheid van dit wondere leven van vurige liefde en begeestering. Alleen de herinnering daaraan en een verstandelijk begrip ervan

---

[27] Lk.16:9-12. "En Ik zeg tot u: Maakt uzelf vrienden door de mammon der onrechtvaardigheid, opdat wanneer gij het begeeft, zij u mogen ontvangen in de eeuwige tenten. Die getrouw is in het minste, is ook in veel getrouw, en die onrechtvaardig is in het minste, is ook in veel onrechtvaardig. Zo gij dan niet getrouw zijt geweest in de onrechtvaardige mammon, wie zal u het ware toevertrouwen? En zo gij niet getrouw zijt geweest in *dat van een* vreemde, wie zal u het uwe geven?"

[28] Zie "We Shall See Him", GK p.80, 190, 315-316, 343-344, EN p.52, 119-120, 206, 218.

[29] Zie ibid., GK p.133-134, EN p.85; zie ook "On Prayer", GK p.116, EN p.76.

[30] Zie "We Shall See Him", GK p., EN p.128.

[31] Zie ibid., GK p.204, EN p.129.

blijven over. Dit bevestigt slechts onze innerlijke woestenij en leegheid, het verlies van de gave en de dofheid van de ziel.

De voornaamste reden voor ons verlies van deze eerste grote genade die wij vrijelijk ontvangen, ligt in het feit dat onze natuur nog niet in harmonie is met het nieuwe leven dat ons geopenbaard is. God staat het terugtrekken van de genade toe, en de periode van verzoekingen die daarop volgt, zodat de natuur van de mens kan worden omgevormd en gelijkvormig gemaakt aan de wil van zijn herboren hypostatische beginsel, en zich aldus vrijelijk en volledig onderwerpt aan de goddelijke wil. Hij ondergaat de wettige tuchtiging "als een zoon"[32] en leert de mysteriën van de wetten van zijn goddelijke aanname. Totdat de Heilige Geest is opgenomen in zijn natuur, is hij niet in staat te worden geleid "in al de waarheid",[33] en in zichzelf de rijkdommen te dragen van Gods liefde.

Het is onontbeerlijk de tuchtiging van de Heer te ondergaan, zodat wij ons ervan bewust worden dat wij nog onrijp zijn en de kracht missen om voortdurend te verblijven op de hoogte van de genade die Hij ons om niet geschonken heeft. Bovendien moeten wij genezen worden van onze onstandvastigheid en onbetrouwbaarheid, die het gevolg zijn van de Val. God, in Zijn Voorzienigheid, tuchtigt ons door Zijn afwezigheid, om ons te onderrichten in Zijn volmaakte wil. En wanneer wij onszelf trouw hebben betoond, dan beërven wij Zijn leven.

Oudvader Sophrony's uiteenzetting over de godverlatenheid[34] is gebaseerd op het lijden dat de Heer Zelf onderging om onze menselijke verlatenheid te genezen. Een juist begrip hiervan inspireert de gelovige tot een creatieve benadering van deze periode van beproeving, zodat hij de gave der genade kan doen opvlammen. De zelfontlediging die de mens ondergaat, in navolging van Christus' gehoorzaamheid aan Zijn Beginloze Vader, zelfs tot aan de hel van de uiterste godverlatenheid, maken hem dan tot een waardige erfgenaam van de "vervolmaakte staat van vergoddelijking".[35]

---

[32] Cf. Heb.12:7.
[33] Joh.16:13.
[34] Zie het hoofdstuk "Emptiness, God Has Withdrawn" in "We Shall See Him" (Hoofdstuk I' in de Griekse editie), GK p.193-220, EN p.122-140.
[35] "We Shall See Him", GK p.316, EN p.206.

De creatieve strijd onder Gods tuchtiging begint met de godverlatenheid, wanneer het vuur van de goddelijke genade in het hart
lijkt uitgedoofd en de geestelijke zoetheid daarvan niet meer merkbaar is. Maar gedurende deze strijd kan de mens de smaak van de
wereld in den hoge niet vergeten, die hij kent door zijn hieraan voor-
afgaande ervaring. Oudvader Sophrony zegt, dat wanneer de mens
zich verheugd heeft in het zo verlangde Licht des hemels, hij een
innerlijke verlatenheid ervaart wanneer hij vervolgens terugkeert
tot zijn natuurlijke staat, wanneer de Heilige Geest hem verlaat.[36]
Als hij eenmaal verheven is geweest tot het geestelijk schouwen
en een vat geworden is van de "verborgen schat",[37] dan voelt hij
zich troosteloos verlaten wanneer de Hemelse Gast Zich terugtrekt.
"Alles droogt op"[38] in ons, en laat een ontologische leegte achter
die leidt tot een geestelijke pijn van metafysische dimensies. Dit
wordt door het gewonde hart gevoeld als een dood, een desintegratie
van het bestaan.

De mens kan niet langer terugkeren tot de 'zalige' onwetendheid die hij bezat voordat hij de genade kende; noch kan hij het
bewustzijn stillen dat komt met die kennis.[39] Na zijn verlichting
vanuit den Hoge door ongeschapen en onvergankelijke genadegaven, kan hij geen rust vinden in geschapen aardse surrogaten.
"Hoe intenser een mens de vreugde gesmaakt heeft van de
eenwording met God, hoe dieper hij lijdt wanneer hij van Hem
gescheiden wordt".[40] Het eeuwige leven is hem geopenbaard als
de enige authentieke vervulling van zijn tijdelijke leven. Het
bewustzijn van de mens, dat door de eerste roeping van de genade
verfijnd is, bezit een visie en criteria die de maatstaven van deze
wereld ver te boven gaan. Voor zulk een persoon is het eeuwige
leven een dringende nood van de ziel geworden, de enige authentieke waarde van dit tijdelijke leven. Het lijden van zijn bewustzijn, wanneer de genade zich terugtrekt, zal evenredig zijn aan de
mate van uitbreiding die daaraan voorafging.

---

[36] Zie ibid., GK p.95-96, EN p.61.
[37] Cf. Mt.13:44.
[38] Cf. "We Shall See Him", GK p.85, EN p.55.
[39] Zie "Saint Silouan", GK p.257-258, EN p.194, NL p.213-214.
[40] "We Shall See Him", GK p.202, EN p.128.

Als de genade zich nimmer zou terugtrekken, dan zou de mens nimmer in staat zijn de werkelijke dimensies van de Val te ontdekken, noch de mate waarin hij beheerst wordt door de "wet der zonde". Hij zou niet in staat zijn om onophoudelijk te ontdekken waarin hij nog tekortschiet voor Gods aanschijn en dan zichzelf tot het einde toe te vernederen. Met andere woorden, de mens dient dat vreeswekkende "niets" te bereiken om "materiaal" te worden waaruit het onze God eigen is te scheppen.[41] Alleen dan wordt hij ontvankelijk voor de werking van de Heilige Geest, en dit herstelt zijn gemeenschap met God.[42]

In deze tweede fase van het geestelijk leven doet de mens alles wat hij kan om de oordelen van God te doorgronden, om hersteld te worden in de genade die hij gekend heeft. In zichzelf ontdekt hij verborgen diepten van misvorming die niet overeenkomen met Gods uiteindelijke bestemming voor hem. Terwijl hij het mysterie van de tuchtiging van de Heer begint te betreden, wordt hij gewaar dat het smartelijke karakter van deze periode in feite een teken is van zijn gezegende uitverkiezing door God.[43] Zijn gewaarwording van geestelijke armoede verdiept zich; hij is ervan overtuigd, dat "buiten de God der liefde niets enige zin [heeft]",[44] en dat hij wordt vastgehouden in de macht van de vrees voor de dood.[45] Dan levert hij zichzelf over aan de uiterste kruisiging; en vooropgesteld dat hij de verzoeking tot rebellie weerstaat, kan hij volkomen worden wedergeboren in het goddelijk leven.

Gedurende deze periode van diepe ontering bij de gewaarwording van zijn godverlatenheid, wordt de mens gesteund door de herinnering aan zijn "eerste liefde" en door zijn trouw aan de lessen die de genade hem tijdens de eerste periode had geleerd. Als hij, wanneer de genade afwezig is, leeft en handelt net als toen hij de goddelijke inspiratie bezat, en al de 'eerste beginselen' in zijn hart bewaart alsof de genade nog mét hem is, dan zal hij grote

---

[41] Ibid., GK p.196, EN p.124.
[42] Zie ibid., GK p.153-154, EN p.98.
[43] Zie ibid., GK p.146-147, 206, EN p.94, 130; zie ook "Saint Silouan", GK p.258, EN p.194, NL p.214.
[44] "We Shall See Him", GK p.78, EN p.51.
[45] Cf. Heb.2:14.

zaligheid verwerven, als iemand die het eeuwige woord van Christus belichaamt: "Zalig zij die niet zagen, en toch geloofden".[46]

Naar het inzicht van oudvader Sophrony verscherpt dit afnemen van het goddelijk leven in de mens zijn besef hoe ver hij tekortschiet in Gods rechtvaardigheid. Dit leidt natuurlijkerwijze tot bekering in het verlangen tot herstel. De mens wordt "van God geleerd" door de voortdurende wisseling van geestelijke gesteldheden hetgeen hem geestelijk verrijkt. In het eerste stadium van de genade houdt God nimmer op de rijkdom van Zijn liefde aan de mens te openbaren, terwijl Hij hem roept tot een nieuwe geboorte in Zijn Hemels Koninkrijk. Juist zoals God in de eerste periode aan de mens heel de rijkdom van Zijn liefde toont, en hem daardoor aanzet tot wedergeboorte in Zijn Koninkrijk, evenzo, wanneer de genade is weggenomen, zet Hij de mens er nu toe aan zodanige eigenschappen te tonen die hem zullen bekleden met de koninklijke waardigheid des hemels en die hem tot een waardig rentmeester maken van deze erfenis. Deze periode in het leven van de Christen is van uiterst belang voor het zich eigen maken van de eerste gave der genade, opdat deze door de geduldige volharding heel zijn wezen op charismatische wijze moge verrijken, en zijn eigen onvervreemdbare eigendom moge worden voor alle eeuwigheid. Het uiteindelijke doel van de zelfontlediging van de mens is zijn gelijkenis te betonen aan de God-Mens door de transfiguratie en de heiliging van zijn geschapen natuur. Het terugtrekken van de genade, met alle bijbehorende beproevingen, dient om de mens een kostbare les te leren: het heil kan niet het resultaat zijn van de inspanningen van de mens, het is een gave van God.[47] Hij leert niet op zichzelf te vertrouwen, "maar op God, die de doden opwekt".[48]

Deze tweede periode is nimmer volledig zonder vertroosting, en kan juist zeer creatief en vruchtbaar zijn. De afwisselende gesteldheden vergroten de geestelijke dorst van de mens. Ook sterkt dit zijn psychologische en lichamelijke constitutie, terwijl het de vrije wil van de mens ten volle activeert, en hem aanzet tot een positieve zelfbepaling voor alle eeuwigheid. Dit is zijn kans om zijn trouw

---

[46] Joh.20:29.
[47] Zie Ef.2:8.
[48] 2Kor.1:9.

aan God te tonen, en te groeien in vrijheid en wijsheid.[49] Gaande-weg wordt zijn geest getraind opdat hij geschikt moge worden voor het schouwen en de theologie. De geestelijke gedrevenheid van zijn ziel is nu zonder enige mogelijke terugval, en de inhoud van zijn gebed is volmaakt en universeel geworden.

Wanneer een mens zichzelf met geloof onderwerpt aan de tuchti-ging door de Heer, dan groeit hij niet alleen in geestelijke zin, maar hij staat God toe de duivel in hemzelf te overwinnen. Hij wordt een levend getuigenis van de grootheid van Gods liefde voor de mens. De Heer heeft hem tot heer en koning gemaakt, in die zin, dat Hij hem heeft doen binnentreden in de volheid van het Goddelijk 'Zijn'. Wanneer hij God overtuigd heeft van zijn trouw in tijden van tegen-spoed, dan ontvangt de mens in zijn hart de bevestiging dat hij Diens zoon en erfgenaam geworden is: "Al het Mijne is het uwe". Hij wordt een medewerker van God in het proces van herschepping, dat hem gelijk maakt aan de Eniggeboren Zoon van de Vader.

Door samen te werken met God ontdekt de mens zijn geestelijke vrijheid: hij is ondoordringbaar voor elke vreemde kracht, voor elk verschijnsel van de geschapen wereld. Hij wordt bevestigd in het ongeschapen en beginloze leven van God, dat de mens verheft boven deze wereld, boven elk werelds gezag, en hem heer maakt over zijn eigen natuur, in staat om het "onwankelbaar Koninkrijk" te beërven.[50] Hij wordt gewaar hoe het hypostatisch beginsel vrijelijk in hem naar voren komt; met wijze zelfbepaling concentreert hij zich op zijn persoonlijke relatie en zijn gemeen-schap van liefde met zijn Schepper. Zijn zelfbepaling dient van zodanige aard te zijn, dat zijn hart zich wijd opent voor de immer-toenemende goddelijke liefde.

Nadat hij de universele woestenij heeft ervaren door de beproe-ving van zijn eigen kenosis, verwerft hij een besef van de staat van innerlijke woestenij van de gehele mensheid. Aldus, met Christus gekruisigd in deze periode, wordt hij ontvankelijk voor het oneindig grote Goddelijk 'Zijn'. Deze verheven geestelijke staat

---

[49] Zie "We Shall See Him", GK p.204, EN p.129; "On Prayer", GK p.105-106, EN p.68.
[50] Zie "We Shall See Him", GK p.111, En p.72; "On Prayer", GK p.81-82, EN p.56.

blijkt uit zijn gebed voor de gehele wereld, waarvan hij het lijden niet zou hebben kunnen verduren als hij niet reeds deelgenoot was geworden aan "de universaliteit van Christus Zelf, Die in Zichzelf alles draagt wat bestaat".[51]

De leerling van Christus is derhalve niet alleen een leerling van het Kruis, maar ook van de zaligheid. Het is aangenaam en natuurlijk voor de mens, God lief te hebben wanneer de genade merkbaar in hem aanwezig is. Maar als iemand trouw is en zich gebonden acht tot diezelfde liefde tijdens de verarming en het lijden van zijn kruisiging, zonder dat hij de steun ervaart van de genade, dan betekent dit dat zijn liefde de volheid der volmaaktheid nadert. Deze liefde blijkt sterker dan de dood die hem bedreigt in zijn verlatenheid, en is geschikt voor het toekomend Koninkrijk.[52]

Door zich op wettige en waardige wijze te onderwerpen aan de tuchtiging van de godverlatenheid – in berouwvolle bekering – is de mens door een dynamische groei binnengekomen in de volheid des levens. Hij ervaart minder wisselingen en een immer toenemende stabiliteit. Die genade die zich eerder van hem had teruggetrokken keert nu terug en vindt een permanente woonplaats in het hart van de mens. Zoals de heilige Silouan zegt: De genade "zal... hem liefhebben, en hem niet meer verlaten".[53] Dit herwinnen van de genade met een relatieve stabiliteit kenmerkt het begin van de derde en uiteindelijke staat van het geestelijk leven van de mens. Met andere woorden, de strenge beproevingen van de tweede periode hebben de mens nederig gemaakt en transparant voor de goddelijke genade, die nu zijn hart gemakkelijk en zonder hindernissen kan vinden.

De stabiliteit die dit derde stadium onderscheidt is een stabiliteit van goddelijke liefde. God heeft hem erin getraind om volmaakt gevoelig te zijn voor Zijn heilige wil. De mens zal niet langer de voorkeur geven aan iets anders boven deze liefde, want hij weet dat zelfs de dood hem niet kan scheiden van de liefde Gods.[54]

De vrijwillige versterving van de godverlatenheid tijdens de tweede periode heeft de dood der zonde overwonnen. Nu treedt de

---

[51] "On Prayer", GK p.116-117, EN p.76-77.
[52] Cf. Lk.9:62.
[53] "Saint Silouan", GK p.312, EN p.236, NL p.256.
[54] Cf. Rom.8:35.

mens op dynamische wijze binnen in de nieuwheid en het licht van dat leven dat alle duisternis verdrijft, en hij is vrij van de macht des doods. De aanwezigheid van de genade van de Heilige Geest is nu zo stevig in hem gevestigd, dat hij leeft in volledige vrijheid van de hartstochten. Hij is vervuld van medelijden en mededogen voor heel de schepping, zelfs voor zijn vijanden.

Deze identificatie met de gehele Adam is het bewijs van de gelijkenis van de mens aan Christus, en van de genadevolle universaliteit van Diens liefde.[55] De mens die, door Gods beschikking, in de godverlatenheid de gelijkenis aan Christus heeft verworven, wordt dan ook gelijk aan Hem in de volmaakte liefde, naar de mate van de genadegave die hij gekend heeft. De heilige Silouan getuigt, dat de natuur van de mens niet in staat is de volheid van zulke genade langer dan een ogenblik te dragen, en dat alleen wanneer hij eerst hiertoe gesterkt is door de Heilige Geest Zelf.[56]

Wanneer de mens de inwoning bezit van de onsterfelijke Geest van de Heilige der heiligen,[57] dan bevestigen de vruchten van zijn bekering hem in het schouwen van het Ongeschapen Licht. Hij wordt ten volle wedergeboren: hij is overgegaan van de dood tot het leven. Hij wordt bevrijd van elke innerlijke strijd met de hartstochten. Hij neemt deel aan de overwinning van Christus en Diens heerschappij over de wereld. Hij wordt genezen van elke wond die het gevolg is van de zonde. Hij is volkomen en onwankelbaar geworden in zijn liefde voor God. Hij heeft God ervan overtuigd dat hij betrouwbaar is, want hij heeft het groot en heilig mysterie liefgehad van Gods vaderlijke tuchtiging. Hij is vol dankbaarheid en bewondering voor de volmaaktheid van Gods voorzienigheid, die hem op zulk een wonderbare wijze heeft verzorgd en bewaard in de tijd van zijn beproeving.

Wanneer de genade terugkeert in kracht wordt de mens ten volle wedergeboren. Hij is nu in staat dit in zijn hart levend te houden door de wijsheid die hij eerder verworven heeft in zijn doop door het vuur. De voormalige "onrechtvaardige" rijkdommen worden nu gerechtvaardigd als zijn eeuwig en onvervreemdbaar bezit. Het

---

[55] Zie "We Shall See Him", GK p.137-138, EN p.88.
[56] Zie ibid., GK p.207, EN p.131.
[57] "On Prayer", GK p.22-23, EN p.14.

goddelijk 'zijn' wordt nu op hem overgedragen als de inhoud van zijn leven. Zijn natuur is getransfigureerd en de geboden van Christus zijn geworden tot enige wet van zijn wezen.[58] Deze staat toont duidelijk de vervulling van Gods aanvankelijke roeping van de mens tot de hypostatische vorm van god-menselijk zijn. Aldus, door veel lijden, treedt het beeld Gods binnen in de waardigheid en de volmaaktheid van het goddelijk zoonschap, en verwerkelijkt het de gelijkenis aan de Aanvoerder en Voleinder van zijn geloof.[59] Zijn hypostase, die het zaad van het woord Gods gecultiveerd heeft, treedt binnen in de goddelijke volmaaktheid zonder einde. Met de grote apostel Paulus kan hij zeggen: "Door de genade Gods ben ik wat ik ben",[60] want "Christus leeft in mij".[61]

Vragen & Antwoorden

Vraag: Vader, u hebt gesproken over wat er gebeurt wanneer God Zijn genade terugtrekt. Mijn vraag is: kan er iets bepaalds zijn, een bepaalde zonde of enige andere oorzaak in ons gedrag, die leidt tot het terugtrekken van de genade?

Antwoord: Menselijk gesproken, als gij een goede vriend hebt en deze vriendschap niet waardeert maar u misdraagt, dan verliest gij die. En wanneer gij deze verloren hebt, komt gij misschien tot het besef wat gij verloren hebt. Dit is hetzelfde met God. Wij hebben alles van Hem ontvangen, heel ons bestaan is een geschenk van Hem. Vaak zien wij dit alleen in die periode, wanneer wij het contrast ervaren tussen wat het is om mét Hem te zijn, en wat het is om zonder Hem te zijn. Ik heb mensen gezien die een zeer heilloos leven leidden, en God negeerde hun zondigheid en bezocht hen met Zijn genade. Zelfs toen zij die genade verloren, konden zij niet langer terugkeren tot hun vroegere leven.

Ik herinner me ook een ander geval, van een jong meisje dat een onachtzaam leven had geleid in de wereld. Zij was enkele malen

---

[58] "Principles of Orthodox Asceticism", in "The Orthodox Ethos: Studies in Orthodoxy", Vol.I, p.259.
[59] Cf. Heb.12:2.
[60] 1Kor.15:10.
[61] Gal.2:20.

ernstig ten val gekomen, waarvoor zij zich moest bekeren. En door het contact met enkele geestelijke mensen ontwaakte zij en ontving zij een grote genade. Zij belijdde oprecht al haar zonden en zij ontving een enorm grote genade. In die tijd dat zij de eerste genade bezat, gaf haar geestelijke vader haar de raad: "Nu God nog met u is, voordat Hij Zich terugtrekt, bidt Hem voor die dingen waarmee gij zoudt willen dat Hij u zou helpen in de tijd waarin gij alleen zult zijn". En omdat zij één hartstocht had waarin zij zeer zwak was, bad zij gedurende die tijd tot God dat Hij haar later in haar leven zou bewaren voor deze hartstocht. Later, hoewel zij die enorme genade die zij in het begin ontvangen had niet kon bewaren, en zij daarna niet langer in staat was een intens geestelijk leven te leiden, bleef zij toch bewaard voor de zonde. God had haar gebed verhoord.

Dus in de tijd van de eerste genade is het goed mensen te adviseren op de toekomst vooruit te lopen, te proberen goede gewoonten te leren, te leren om beter te bidden, soms nachtwaken te houden, te leren zichzelf te vernederen, want dan is God mét hen en kan Hij hen helpen. En wanneer zij dergelijke goede gewoonten in zichzelf vestigen, dan zullen zij later, wanneer de genade zich terugtrekt, dingen hebben geleerd waarin zij kunnen voortgaan en zo de genade kunnen herwinnen.

Natuurlijk is de tweede periode geen volstrekte woestenij, van tijd tot tijd keert de Heer terug om de ziel te troosten. We moeten bedenken dat dit geen permanente staat is. In de eerste staat van de genade kunnen mensen hun intellect, hun geest soms niet losrukken van God, zelfs in hun slaap. Zij slapen en hun hart waakt[62] en roept de Naam des Heren aan. Ik heb veel mensen ontmoet met wie het zo was in hun eerste stadium, aan wie enorme genade geschonken was. Deze ervaring van de eerste genade leert ons waar wij naar moeten uitkijken, waar wij naar moeten zoeken. En wanneer deze eerste genade van ons wordt weggenomen, dan lijden wij door dit verlies, wij beginnen de diepten van onze verachtelijkheid, de diepten van onze gevallen staat te ontdekken. Onze natuur dient gereinigd te worden, gelijkvormig te worden aan de wet der genade.

Vraag: De heilige Paulus zegt, dat Christus de gehoorzaamheid

---

[62] Cf. Hoogl.5:2.

leerde door de dingen die Hij geleden heeft.[63] Kunt u dat vergelijken met hetgeen u ons heeft onderricht?

Antwoord: Wij moeten niet vergeten dat de goddelijke natuur van Christus onscheidbaar verenigd was met zijn menselijke natuur. Niettemin nam Hij deze staat van verlatenheid op Zich – dat is, het Kruis – om onze verlatenheid door onze zonden te genezen. En door een bepaald, ondoorgrondelijk mysterie, daalde de Heer zelfs af tot de nederste delen der aarde, tot de hel. Dat wil zeggen, Hij plaatste Zichzelf lager dan iedereen, om iedereen te kunnen opheffen.

En in het leven van iedere Christen, doch in het bijzonder in het leven van de heiligen, staat God toe dat zij de bodem bereiken van de hel van het lijden, niet opdat zij vernietigd zouden worden, maar om het mysterie te leren kennen van Christus' nederdaling ter helle. God staat dit toe in Zijn heiligen omdat Hij hen liefheeft, omdat Hij wil dat zij heel de lengte van Zijn weg zouden kennen, zelfs tot beneden in de hel, om daarna ook de opgang te kennen tot boven de hemelen, in navolging van Christus. Door deze liefde zijn zij in staat "de breedte, en de lengte, en de diepte, en de hoogte" te kennen,[64] dat wil zeggen, om heel de mensheid te omvatten en in voorbede op te dragen aan God.

Willen wij een volmaakte gesteldheid te ontvangen, de gesteldheid van Christus, dan zouden wij in staat moeten zijn alles te onderzoeken dat er bestaat in deze geschapen wereld, omdat Christus Zelf gekomen is en heel de kosmos vervuld heeft met de energie van Zijn aanwezigheid. Hij heeft de aarde vervuld door te worden geboren op aarde, door ons het woord van de Vader te leren. Hij heeft de wateren geheiligd bij Zijn Doop. Hij heeft de dood vernietigd door Zijn dood. Hij heeft de hades verlicht door Zijn nederdaling, en toen Hij opsteeg tot in de hemelen, zo zegt de heilige Nikolaas Kabasilas, steeg Hij langzaamaan op om de lucht te heiligen, heel de ruimte. Dat wil zeggen, Christus is gekomen en heeft door Zijn wonderbare heilseconomie heel de kosmos vervuld van Zijn aanwezigheid, zodat er geen plaats bestaat – hetzij op aarde of in de hemel, hetzij onder de aarde, in de hel – waar de mens Christus niet kan ontmoeten. Dat is waarom de geboden van het Evangelie

---

[63] Cf. Heb.5:8.
[64] Ef.3:18.

absoluut zijn. Er is geen plaats in de geschapen wereld waar het de mens onmogelijk is de de geboden van Christus te vervullen en met Hem verenigd te worden.

Vraag: Vader, het ziet er naar uit dat er veel, heel veel mensen zijn die het eerste en het tweede stadium bereiken, maar zeer weinigen die tot het derde stadium komen. Kunt u commentaar geven hoe wij door het tweede stadium heen kunnen komen?

Antwoord: Het is waar wat u zegt. De meesten van ons sterven, God verhoede het, in de tweede periode – maar niet zonder hoop. Niettemin, deze tweede periode is niet zonder vertroosting. Van tijd tot tijd bezoekt God ons met Zijn vertroosting, vooral in de Liturgie. Doch Zijn bezoek is geen permanente staat, zoals in de eerste jaren. De eerste genade, zo placht oudvader Sophrony te zeggen, kan tot zeven jaar duren; soms veel minder, maar nimmer langer dan zeven jaar. De tweede periode is natuurlijk moeilijk, maar het is een zeer creatieve periode. God beproeft ons door Zijn genade terug te trekken. Wij, op onze beurt, beproeven ook God in deze tijd, wanneer wij ons nederig losmaken van alles, en alles ophangen aan Zijn barmhartigheid, en wij volhouden, in hoop tegen hoop. Wij houden vast aan één van Zijn woorden van genezing in het Evangelie, en wij zeggen: "Gij Die dat gedaan hebt, kom alstublieft, hoewel ik onwaardig ben, en doe nu hetzelfde aan mij." Dan weten wij plotseling dat Hij aan onze zijde is als onze waarachtige God Die ons een voorsmaak geeft van de dood, opdat wij niet op onszelf zouden vertrouwen, maar op Hem Die zelfs de doden opwekt. De heilige Paulus zegt dit, met betrekking tot het voorval in Lystra, waarbij hij bijna gedood werd en (half-dood) buiten de stad werd geworpen. Het is dan dat hij dit machtige woord uit: "God heeft toegestaan dat wij de drempel van de dood zouden bereiken, opdat wij niet op onszelf zouden vertrouwen, maar op Hem Die de doden kan opwekken".[65]

Bij de heilige Philaret van Moskou lezen wij een prachtige interpretatie van deze woorden van de Heer tot de heilige Thomas: "Zalig zij die niet zagen, en toch geloofden".[66] Hij geeft vele

---

[65] Cf. 2Kor.1:9.
[66] Joh.20:29.

interpretaties van dit vers, maar één daarvan is deze: Wanneer God ons bezocht heeft met Zijn genade, en de hemel voor ons geopend is, en ons hart een voortdurende gedrevenheid tot Hem bezit, dan is het leven vol zaligheid. Maar als Hij zich terugtrekt, en wij bidden nog steeds op dezelfde wijze, dan zijn wij zaliger dan eerst, omdat hoewel wij Gods helpende hand niet in onszelf zien, wij toch geloven en voortgaan op dezelfde wijze. En de heilige Philaret past dit nog op enkele andere manieren toe. Hij zegt, dat als wij in goede gezondheid zijn en materiële goederen bezitten enzovoort, en wij een gemakkelijk leven leiden, dan is het gemakkelijk voor ons om God te danken. Het is gemakkelijk Hem te verheerlijken, het is gemakkelijk Hem lief te hebben. Maar als Hij plotseling dat alles van ons wegneemt en zelfs onze kostbare gezondheid, en wij brengen nog steeds dank aan Hem en verheerlijken Hem, dan zijn wij zaliger dan eerst, omdat hoewel wij Gods zegeningen en Zijn hand in ons leven niet zien, wij toch geloven en voortgaan in dankbaarheid voor Zijn aanschijn.[67]

Vraag: U spreekt over vele diepe zaken, en er is – zo lijkt me – een herinnering, zo niet een begrip, van deze diepe dingen in de harten en in het begrip van onze vrome mensen. Laat mij u een voorbeeld geven. Dit kwam mij in gedachten, toen u sprak over de uitstorting van genade in dat eerste stadium, en dat men tijdens die periode zou moeten vragen om dingen voor de tijd dat de genade vertrekt. Ik herinner me, dat toen ik tot priester gewijd werd, veel van de oudere mensen van de parochie waar ik vandaan kwam naar mijn wijding kwamen. En zij kwamen naar mij toe en gaven mij een lijst dingen waarvoor zij wilden dat ik zou bidden, want de hemel was voor mij geopend in die periode volgend op mijn wijding. Hetzelfde gebeurde bij mijn monnikswijding in het Klein Schema. Weer vroegen de mensen om gebeden, misschien niet begrijpend waarom, maar in hun hart wetend, wetend uit hun ervaring als Orthodoxe Christenen, dat er iets speciaals gebeurt op die tijd. Kunt u daar commentaar op geven, vader?

---

[67] Zie de homilieën van de heilige Philaret van Moskou (Russische uitgave, Святитель Фтларет Митрополит Московский, *Теорения – Слова и Речи*, vol.III, Moskou 2006, p.23-29.).

Antwoord: Ja, op de Heilige Berg is dat hetzelfde: wanneer iemand tot monnik wordt gewijd, dan proberen alle andere monniken hem een klein geschenk te geven. Zij hoeven niet veel te geven, maar zij zullen iets vinden, al is het maar een klein bloempje uit het bos, en hem vragen in het bijzonder voor hen te bidden gedurende die week na de wijding. Zij zeggen dat tijdens de acht dagen na de wijding, die een hernieuwing is van de Doop, de hemel geopend is en God de smeekbeden van die persoon verhoort. Dat is hetzelfde met de Priesterwijding en hetzelfde bij de Doop.

Wij ontvangen zulk een genade wanneer wij tot Priester of tot monnik worden gewijd, of gedoopt worden, dat wij ergens een zekere vrijmoedigheid bezitten om elk verzoek, elk gebed tot God te brengen. Ik wist dat niet, en ik heb dat zelf niet gedaan, maar ik hoorde dat het ogenblik dat gij uw hoofd onder de hand van de bisschop op de Heilige Altaartafel hebt, en hij het gebed van de wijding leest, dit het meest heilige ogenblik is, en dat is ook het moment om iets te vragen dat zeer belangrijk voor u is, dat gij wilt dat God voor altijd voor u zou doen. Oudvader Sophrony zei achteraf tot mij: "Gij hebt dat niet gedaan?" Ik antwoordde: "Ik wist dat niet! Niemand had mij dat verteld." Ikzelf was zo bevreesd, ik zei alleen steeds: "Heer, aanvaard mij zelfs zoals ik ben!" Dat was mijn gebed gedurende de dag van mijn Priesterwijding. "Heer, aanvaard mij, alstublieft, zelfs zoals ik ben!"

8

Gehoorzaamheid als een middel om het persoon-zijn te bereiken

niemand zou in staat zijn geweest de oneindige uitgestrektheid van het menselijk hart te ontdekken en de energieën die daarin verborgen liggen, als God niet mensgeworden was, waarbij Hij Zijn goddelijke deugden uitstortte in de menselijke natuur. Waarachtige kennis van de Zoon en het Woord van God is slechts mogelijk met hulp van de gehoorzaamheid, want alles wat wij ontvangen hebben komt door de gehoorzaamheid van de Nieuwe Adam. Vanwege Zijn onuitsprekelijke nederigheid heeft de Heer, Die al de schatten van wijsheid en kennis in Zijn hand houdt, gezegd: "Ik heb een gebod ontvangen, wat te zeggen en wat te doen, en Ik zeg niets uit Mijzelf".[1] Aan het eind van Zijn leven richtte Hij Zijn aangezicht naar Jeruzalem om Zijn gehoorzaamheid te betonen aan Zijn Hemelse Vader, en Hij bad in Gethsémane: "Vader, indien Gij wilt, laat deze beker aan Mij voorbijgaan, doch niet Mijn wil, maar de Uwe geschiede".[2] Alle verzoening berust op deze gehoorzaamheid "tot het einde".[3]

De gehoorzaamheid is een hypostatische wijze van leven, een persoonlijke wijze van leven, in een persoonlijke relatie met God en met degene die ons leidt, waarbij wij in alles de voorkeur geven aan de wil van de ander. De gehoorzaamheid neemt heel het hart van de mens in beslag. Het onthult het diepe hart waarin het principe en het middelpunt van de menselijke hypostase is ingeplant. Dit is de plaats waar het onvergankelijk zaad van Gods woord wordt gezaaid, dat vrucht draagt in het leerlingschap aan de twee grote geboden der liefde.

In zijn boek "We Shall See Him as He Is" (*Wij zullen Hem zien zoals Hij Is*) stelt oudvader Sophrony dat "wanneer wij de wil van

---

[1] Cf. Joh.8:28 & 12:49.
[2] Lk.22:42.
[3] Joh.13:1.

God verkiezen, dan maakt elk offer ons gelijk aan Christus".[4] De offers die wij dagelijks brengen om de geboden te bewaren, dragen een positief en nimmer een negatief karakter. In feite zijn het niet eens offers, maar voorrechten: om nieuwe kennis van God te ontvangen, het leven van God Zelf. Zij zijn positief, zoals ook Christus' geboden als zodanig positief zijn. Bijvoorbeeld, "zoals gij wilt dat de mensen u doen, doet gij hen desgelijks".[5] Het is niet enkel een kwestie van "doe niet dit of dat", maar veeleer "*doe* dit, en wordt volmaakt".[6] De Christelijke ascese is uiteindelijk zonder betekenis, tenzij deze een positief karakter heeft. Wij strijden niet enkel om onszelf te ontdoen van de oude mens, maar om onszelf te bekleden met de nieuwe mens, de Nieuwe Adam, dat is, met Christus Zelf.

Derhalve is ons criterium niet een van 'goed gedrag' op het menselijke vlak, maar het woord van God, dat zegt: "Ik heb u een voorbeeld gegeven".[7] De waarachtige ascese, die de weg is van de Heer Zelf, is zo positief dat dit ons opheft tot het leven van God Zelf. Wanneer Hij zegt, "Hebt uw vijanden lief,[8] weest meedogend zoals ook Uw Vader meedogend is",[9] dan zegt de Heer daarmee: "Weest volmaakt: weest zoals God!" Onze roeping is om 'kleine goden' te worden. Door Christus is de volmaaktheid niet langer onbereikbaar binnen de grenzen van het aardse leven van de mens; integendeel, Hij legt ons dit voor als een gebod. Waarlijk, "God wordt verheerlijkt in een raad van goden".[10]

Er is geen twijfel aan dat, zonder de energie van de Heilige Geest, Gods geboden het begrip van de mens te boven gaan, zowel als zijn kracht deze te vervullen.[11] Wij worden tot nederigheid gebracht vanaf het ogenblik dat wij met deze geboden in aanraking komen. Zij hebben het effect de hovaardigheid te vermorzelen van ons verduisterd intellect en ons verduisterd hart, om de weg vrij te maken opdat de genade in ons moge wonen. Zij werpen licht op

---

[4] "We Shall See Him", GK p.63, EN p.41.
[5] Lk.6:30-31.
[6] Cf. Mt.5:48.
[7] Joh.13:15.
[8] Mt.5:44; Lk.6:27, 35.
[9] Lk.6:36.
[10] Cf. LXX Ps.81(82):1.
[11] Zie "We Shall See Him", GK p.246, EN p.156.

onze onvolmaaktheid en geestelijke armoede, zodat wij vanuit ons hart tot God roepen en Hem vragen te komen en Zijn eigen geboden in ons te vervullen.[12] Ons heil wordt niet bewerkt door het geloof alleen, noch door goede werken, maar het ontspringt aan de inwoning van de Heilige Geest in zowel ziel als lichaam. Dit wordt mogelijk gemaakt doordat alles wat de Heilige Geest uit en bewerkt, geschiedt uit gehoorzaamheid aan Christus. "De Geest Die Ik zal zenden," zegt de Heer, "zal u leiden in al de waarheid. En Hij zal niet uit Zichzelf spreken, maar Hij zal uit het Mijne nemen en dat aan u verkondigen".[13]

Hieruit volgt dat gehoorzaamheid een gave is van de Heilige Geest. De eerste stap daartoe vindt plaats wanneer de mens tot het besef komt dat al de vermogens van zijn ziel gebroken en verziekt zijn, dat hij ongezond is en genezing nodig heeft. Het besef dat alleen de mensgeworden God in staat is hem op te heffen uit de put waarin heel de mensheid verzonken is, is niet iets wat de mens gewaar kan worden zonder de Heilige Geest. Deze aanvankelijke graad van nederigheid – van het toegeven van zijn waarachtige staat en van haat jegens de zonde – maakt een kleine opening in zijn hart. God wacht altijd op de mens, opdat deze Hem het kleine deel van zijn vrije wil moge schenken, zodat God daaraan het grote deel van Zijn genade kan verbinden. En dan staat God klaar om verdere verlichting te schenken aan hem, die zijn verlangen toont te veranderen en de vaste bereidheid offers te brengen. Oudvader Sophrony benadrukt: "Zijn eigen zonde te zien is een geestelijke daad van buitengewoon grote waarde voor allen die het Aangezicht zoeken van de Levende God. Of veeleer, deze daad is de werkzaamheid in ons van God Zelf, Die Licht is".[14]

In de meeste gevallen, zodra de mens zijn gesteldheid beseft en belijdt, haast God Zich hem te helpen op een wijze die hem verlicht aangaande de 'plaats' waar hij zich bevindt. In dit ongewone schouwen verlicht God de mens "van achteren en van verre", zoals oudvader Sophrony uitlegt. De mens schouwt niet God, maar ziet veeleer zichzelf, hij wordt zijn eigen zonden gewaar, terwijl de

---

[12] Zie "On Prayer", GK p.273, EN p.195.
[13] Zie Joh.16:13.
[14] "We Shall See Him", GK p.64, EN p.42.

genade hem openbaart wat aan hem ontbreekt, en hem de hel toont waarin hij verblijft en waar God afwezig is.[15] Net zoals een lichtstraal hem in staat zou stellen plotseling het vuil gewaar te worden dat in de duisternis van de kamer verborgen is, zo doet deze aanvankelijke genade dit in de ziel van de mens.

Op dit punt groeit in de mens het besef dat hij hulp nodig heeft, samen met geloof in Gods voorzienigheid voor hem. Het feit dat de mens zichzelf niet in staat acht tot rechtstreekse kennis van de grote en volmaakte wil van God toont zijn psychologische gezondheid. Inderdaad, daar wij zowel ons lichaam als de boze geesten tegen ons hebben op het pad tot de vergoddelijking, hebben wij waarlijk een engel nodig, of zoals de heilige Johannes Klimakos het stelt, een Mozes,[16] om ons uit te leiden uit het land Egypte, door de woestijn heen naar het Beloofde Land der hartstochtloosheid. Dit is geen gemakkelijke taak, en velen komen langs de weg ten val, maar het geloof van de mens zou zodanig moeten zijn dat hij kan zeggen: "met Gods hulp spring ik over de muur"[17] van mijn gevallen natuur. Immers, wij weten: "God is Licht, en in Hem is in het geheel geen duisternis".[18] Hij weigert zich te verbinden met de duisternis van de mens, die is als een muur tussen God en de mens,[19] de "wet der zonde".[20]

Deze aanvankelijke staat vereist vertrouwen om zichzelf te laten "vallen in de handen van God", een "vreeswekkend"[21] iets voor het psychologische intellect. Wij moeten tot "niets" worden om te worden herschapen.[22] Dit nieuwe begin van het geestelijk leven zou vergeleken kunnen worden met het moment waarop een raket de ruimte in geschoten wordt. Er is een enorme inspanning nodig, de energie van een ontploffing, zogezegd, om de impuls te verkrijgen die nodig is om de zwaartekracht van deze wereld te

---

[15] Zie "We Shall See Him", GK p.53, EN p.34-35; zie ook "On Prayer", GK p.73, EN p.50.
[16] Cf. "The Ladder", step 1:7, p.5.
[17] Cf. LXX Ps.17(18):29/30.
[18] 1Joh.1:5.
[19] Zie "We Shall See Him", GK p.54, EN p.35.
[20] Rom.8:2.
[21] Cf. 1Petr.5:6; Heb.10:31.
[22] Cf. "We Shall See Him", GK p.196, EN p.124.

overwinnen, wil onze vallen natuur worden 'opgeheven in de ruimte' en in omwenteling komen. Dan, wanneer Gods genade voor de mens begint te werken, wordt hij bijna moeiteloos in beweging gehouden rond God.

Aldus gaat de mens met God een avontuur aan dat waarlijk creatief is. Hij wordt uitgenodigd zijn eigen experiment uit te voeren met God. God laat het over aan de mens, Zijn vrij schepsel, om enig initiatief te nemen in dit experiment, zodat hij kennis verkrijg over zichzelf en God vrijelijk volgt met heel zijn hart. Het is God welbehaaglijk te zien hoe de mens de sprong van het geloof maakt tot de immense taak die voor hem ligt: de wedergeboorte van zijn persoon-zijn.

Zo gaan wij op weg in onze persoonlijke geestelijke tocht. Onze God is de God onzer Vaderen, en heel de Schrift spreekt hierover. Gehoorzaamheid te betonen aan de geestelijke vaders is Christus na te volgen en de genade te ontvangen van het zoonschap. De heilige Paulus zegt, dat elk vaderschap op aarde van God afkomstig is, en: "ik ben uw vader, omdat ik u verwekt heb door het Evangelie".[23] Door de Kerk wordt ons het instituut van het geestelijk vaderschap gegeven, als het vat waarin de Heilige Geest bewaard ligt. Zowel het vat als de inhoud zijn onontbeerlijk, daar wij zonder de gave van de Geest geen recht doen aan dit instituut, en zonder het vat de schat van de gave niet bewaard kan worden. In de gehoorzaamheid geven wij alle ruimte aan onze Vader, aan wie wij onszelf toevertrouwen, zodat hij het frame van ons geestelijk leven kan bouwen en de alge-mene condities die ons in staat zullen steen het doel te bereiken van het persoon-zijn.

Wanneer de relatie tussen onze geestelijke vader beklijft, dan beklijft alles in ons leven. Doch er moet gezegd worden, dat dit wonderbaarlijk mysterie dat de ziel herboren doet worden zou moeten leiden tot een innerlijke vrijheid van het hart. Als dit niet zo is, dan is dit ofwel te wijten aan een gebrek aan vertrouwen, ofwel, in plaats van het mysterie, is de discipline aan het werk op het gebied van de uitoefenen van de lust naar macht. Oudvader Sophrony placht te zeggen: "Waarachtige gehoorzaamheid is aan een persoon die een

---

[23] Cf. Ef.3:15; 1Kor.4:15.

andere persoon vervolmaakt".[24] Als wij de verzoening met God zoeken, dan zullen wij boven alles een middelaar nodig hebben; iemand die in staat is zijn ene hand op ons te leggen en de ander uit te strekken tot God, als een brug tussen beiden.[25]

Dus in het besef dat niemand zijn eigen heil kan bewerken, wenden wij ons tot de Kerk. Met een open hart zoeken wij hulp van de dienaar van de Kerk, in een eerlijke biecht zonder iets achter te houden. Elke keer dat wij hem benaderen, bereiden wij ons voor door gebed, en als er van beide kanten gebed aan voorafgaat, dan zal God voorzeker spreken tijdens deze ontmoeting. Deze voorbereiding maakt het hart ook alert om het eerste woord van de geestelijke vader te ontvangen als komend uit de mond van God, als uitdrukking van Diens wil voor ons. Zodra wij het werk aan ons hart begonnen zijn, dan ontvangen wij de eer verheven te worden tot het pad van Christus. De gehoorzaamheid is een grote 'wetenschap', en boven alles een opening van het hart. Afhankelijk hoe vastbesloten wij groeien in deze cultivering van het hart, verwerven wij Gods gunst. Mettertijd zullen wij Hem ervan overtuigen dat wij Zijn zonen zijn, tot dag komt dat wij Zijn stem in ons hart zullen horen: "Gij zijt mijn zoon, heden heb Ik u verwekt".[26]

De geestelijke vader, die zelf het persoon-zijn verworven heeft, is door de vurige oven gegaan van de vreze Gods en de berouwvolle bekering, vaak "tot aan de verbreking van zijn beenderen".[27] Daardoor is hij in staat ook anderen te leiden op dit nederwaartse pad van de gehoorzaamheid. Hij verblijft in voortdurend gebed vanuit het hart om een woord van God te vragen. Als hij niet onvermoeibaar de goddelijke verlichting najaagt, zal zijn geestelijke dienst leeg zijn, en dan dreigt het gevaar één van de half-blinde machten van deze wereld te worden.[28] Zijn woord, dat voortkomt uit een brandend hart, brengt de kracht van de genade over aan de harten van degenen die zich tot hem wenden, en is in staat de zielen herboren te doen worden. In zijn vurig gebed voor de mensen ontvangt

---

[74] Zie ook hoofdstuk 5 in "On Prayer".

[25] Cf. Job 9:33.

[26] LXX Ps.2:7.

[27] "On Prayer", GK p.236, EN p.107; zie ook "We Shall See Him", GK p.51, EN p.33.

[28] "On Prayer", GK p.238, EN p.108-109.

hij 'informatie' over hun psychologische en geestelijke staat. Hij leeft in zijn eigen wezen de geestelijke vreugde "van de weinigen" en "de verlatenheid van de velen",[29] en hij neemt hun geestelijke dood op zich en heft hen op tot het goddelijk leven. Zoals de heilige Paulus beschrijft, ondergaat hij de apostolische kenosis en wordt hij "ten koste" gelegd omwille van de gelovigen.[30] Wanneer het mysterie van de gehoorzaamheid werkzaam is, dan wordt elke aanraking met de geestelijke vader een opening tot het eeuwige leven, en legt het dimensies open van het Absolute 'Zijn',[31] terwijl het de goddelijke wil openbaart in het leven van de mens.

In deze heilige relatie wordt de eigen persoon van de mens gevormd door het contact met een andere persoon. Hierbij verliest hij niet zijn eigen persoonlijkheid, noch leidt dit tot zelfvernietiging.[32] Integendeel, hij rijst uit boven de grenzen van zijn geschapen natuur; zijn hypostase verwerft supra-kosmische dimensies.

Doch wil het woord van God dat door de geestelijke vader wordt uitgedrukt de geestelijk wedergeboorte bewerken, en niet "de mens vermorzelen",[33] dan moet degene die het ontvangt bereid zijn tot offers. Dit woord dat van boven gegeven wordt is "niet naar de mens",[34] en het kan hard lijken,[35] omdat het behoort tot het gebied van het eeuwige Licht en volmaakte zelfkennis schenkt. Het verwekt een "profetische aardbeving", die noodzakelijk is, wil de zachte bries van de Geest erop volgen.[36] Het verwekt in de mens "een heel scala aan uiteenlopende martelingen van de geest"[37] daar het een conflict creëert tussen de oude mens en het deel van zijn hypostatische beginsel dat hernieuwd wordt. Het geestelijk woord dat aan de mens gegeven wordt is geladen met de Geest, en toch wordt het aanvankelijk gericht tot "psychologische" mensen die de

---

[29] Zie Mt.7:13-14.
[30] Cf. 2Kor.12:15.
[31] Zie "On Prayer", GK p.242, EN p.111.
[32] "Principles of Orthodox Asceticism", in "Truth and Life", EN p.83, zie ook p.84-85.
[33] Mt.21:44.
[34] Gal.1:11.
[35] Joh.6:60.
[36] Zie 1Kon.19:11-12.
[37] "We Shall See Him", GK p.138, EN p.88.

"dingen van de Geest" gemakkelijk verwerpen, en ze dwaasheid achten.[38] In dit proces van zijn wedergeboorte is het lijden van de mens om zijn gevallen natuur te temmen en gelijkvormig te maken aan de Geest waarlijk metafysisch, en behoort tot het vlak van de eeuwigheid.

"Het zwaard van de Geest"[39] klieft het hart en gunt de mens geen rust. Toch hernieuwt het de mens met hoop, naarmate hij geduldig de vuuroven verdraagt van de reiniging. Het intellect van de mens in zijn gevallen staat weerstaat werkelijk aan de wedergeboorte. De heilige Johannes Klimakos vergelijkt het met een blaffende keukenhond[40] die onwillig is omlaag te gaan[41] en zichzelf te vernederen. Het woord van de geestelijke vader en andere daden van gehoorzaamheid vermorzelen het intellect en dwingen het omlaag te gaan. Hierbij ervaart het pijn. Maar, wanneer na enige tijd het intellect de zoetheid smaakt van de nederdaling en de ontmoeting van het hart, dan zal het zich tenslotte overgeven en gewillig en zonder moeite beginnen af te dalen. Tenslotte zal het in het hart verblijven als in zijn natuurlijke thuis, waar het, als een koning op zijn troon, heel het wezen van de mens regeert.

Wij dienen door de harde bolster van ons hart heen te breken om van individuen te veranderen in personen, en te ontsnappen aan de begrenzing van de zelfzucht. De oprechte gehoorzaamheid maakt de sprong van het geloof, en aanvaardt als een lam ter slachting te worden geleid, tot aan de drempel van de dood, om zijn 'oude huid' af te stropen. Dit impliceert een voortdurende geestelijke spanning, die op geen enkele manier door de geestelijke vader verminderd moet worden. Zoals oudvader Sophrony onderstreept, zou deze veeleer tot de hoogst mogelijke graad geïntensiveerd moeten worden[42] om de leerling zo volmaakt mogelijk te bevrijden van de "heerschappij van de dood".[43] Dit is een riskante onderneming,

---

[38] Zie 1Kor.2:14.
[39] Ef.6:17.
[40] "The Ladder", step 1:8, p.6.
[41] In het Engels en het Grieks komt deze vergelijking duidelijk uit in het gebruikelijke bevel tot de hond om te gaan liggen – 'Down!' – naast de geestelijke werkelijkheid van het 'omlaag gaan' in zelfvernedering – 'to go down'. *Noot vert.*
[42] "On Prayer", GK p.227, EN p.101.
[43] Cf. Rom.6:9.

maar onze vooruitgang zal afhangen van de maat van onze dorst naar de "dingen die niet wankel zijn".[44] Dit is het enige pad, smal als het is, doch vol licht, dat onfeilbaar leidt tot het persoon-zijn.

Bij het betreden van het gebied van Gods wil, komt in het genezingsproces van de mens allereerst het herstel van de wil. Wanneer de mens besluit zijn wil te onderwerpen aan Gods wil, dan wordt binnenin hem een 'omvormer' geplaatst, een 'transformator', die de psychologische energieën van deze wereld omvormt tot energie voor gebed, voor het leven van zijn geest. In de praktijk wordt dit vaak verworven door een woord dat door de geestelijke vader gegeven is. Het hart, dat in het gebed vasthoudt aan dit woord begint alle dingen te zien door het vizier van dit woord. Door de energie die hierin vervat ligt hecht het intellect zich hieraan en wordt het ondoordringbaar voor de aanvallen van de vijand. Daarbij traint de gehoorzaamheid aan dit woord de mens erin, zijn wil gelijkvormig te maken aan de wil van God. Langzaamaan leert hij alles in zijn leven daarmee in overeenstemming te brengen, door elke gedachte en elke energie die hij tegenkomt in deze wereld krijgsgevangen te maken tot de gehoorzaamheid van Christus.[45] De heilige Jakobus spreekt ook over ditzelfde: "Is iemand onder u in lijden? Laat hij bidden. Is iemand onder u welgemoed? Laat hij psalmzingen.[46] Of het nu de energie van het leed betreft, of van wanhoop, of van geluk, deze kan worden omgevormd voor het werk van God. Heel de Schrift weerspiegeld deze levenskracht. Als de mens deze weg leert, dan zal hij voordeel behalen uit elke omstandigheid die hij ontmoet. Door de gedachte aan God zullen zijn intellect en zijn hart gereed zijn zich aan elke situatie aan te passen, doordat hij elke energie gebruikt voor het gebed en het gesprek met God. Mettertijd wordt hij bevrijd van alle innerlijke tegenstrijdigheden; hij is in staat gesteld alleen de ene goddelijke wil te dienen, en niet langer zijn eigen verdeelde wil.

In zijn pastorale dienstwerk weest oudvader Sophrony de mensen er altijd op, dat het zelfs in de meest ellendige en negatieve situatie mogelijk is iets positiefs te vinden dat op weldadige wijze gebruikt

---

[44] Heb.12:27.
[45] 2Kor.10:5.
[46] Jak.5:13.

kan worden om God te naderen. Hij placht te zeggen dat er niets in de wereld bestaat, dat niet door ons hart heen gaat; wij worden blootgesteld aan allerlei soorten energieën, iedere gedachte kan tot ons doordringen – niet opdat wij daaraan zullen toegeven, niet opdat wij ten verderve zouden gaan, maar opdat wij onze vrije wil zouden mogen tonen. Aldus maken wij onze keuze voor het éne dat nodig en heilzaam is, en zulk een vastberadenheid zal ons sterk maken – onze keuze zal definitief zijn en voor eeuwig. Zelfs de dood zelve kan tot dienaar van het leven worden. Want wanneer wij bedreigd worden door de dood, zonder dat wij geschokt worden in onze beslistheid die dingen te doen waarin de genade ons onderricht heeft, dan blijkt ons geloof sterker dan de dood, en brengt de overwinning daarover. Hierin wordt de dood tot verkondiger van het leven.

Wanneer het ons enige zorg is geworden ernaar te streven Gods wil aan te grijpen door de hulp van onze geestelijke leidsman, dan beginnen wij een eerste staat van vrijheid te ervaren, een vrijheid van zorgen. De mens steunt niet meer op zichzelf; in plaats daarvan verloochent hij elke stut en verzekering waarop hij voorheen zijn vertrouwen had gesteld om de dood te weerstaan. Nu is zijn enige hoop het woord van zijn geestelijke mentor en het gebed, waarvoor hij als wedergave de vrijheid ontvangt van de gehechtheid aan al het geschapene, en weldra de reinheid van het intellect verwerft.[47] God betoont Zijn goedertierenheid in antwoord op de goede wil van zulke mensen die Hem zoeken: "Zodra de mens ... weerzin voelt tegen ... deze duistere geest ... wordt zijn hart binnengeleid in een tot dan toe ongekende sfeer van vrijheid".[48]

Dit teken van Gods goedheid leidt de mens reeds bij aanvang tot het eschatologisch perspectief; het vermaant hem Gods aanwezigheid te zoeken, de aanwezigheid van Hem Die gekomen is en Die zal wederkomen. Zijn wil wordt erin getraind nog standvastiger te verblijven in Gods aanwezigheid en zijn hart verwacht Zijn goddelijke bezoek. De Schrift toont ons voortdurend dat Gods aanwezigheid als zodanig in staat is de roest af te vijlen van de zonde die wij in deze wereld opeenhopen. Dit is precies wat er gebeurt, elke keer wanneer wij voor God staan en een aanraking van Zijn genade ons

---

[47] "Principles of Orthodox Asceticism", in "Truth and Life", EN p.83-84.
[48] "We Shall See Him", GK p.253, EN p.164.

hart doordringt. Zijn aanwezigheid verteert onze dood en doet het leven in ons opvlammen.

De heilige gehoorzaamheid sterkt gaandeweg onze natuur en door haar worden wij ingewijd in grote mysteriën, waar de berouwvolle bekering er één van is. Begrip van de weg des Heren komt niet vlug. Oudvader Sophrony stelt, dat alleen de zielepijn van de bekering de muur van ons stenen hart kan doen scheuren:[49]

> Plaats een droge noot onder zware druk, en gij zult zien dat er olie uitdruppelt. Iets vergelijkbaars gebeurt ook in ons hart, wanneer het onzichtbare vuur van het woord Gods dit van alle kanten verzengd. Ons hart is versteend door zijn dierlijk egoïsme en, erger, door zijn hoogmoedige krampachtigheid. Maar er bestaat waarlijk dit Vuur,[50] dat in staat is zelfs het sterkste metaal en de stenen te doen smelten.[51]

Wanneer de geest der bekering het hart raakt, zal dit de mens niet toestaan zich bezig te houden met wat dan ook, als dit niet raakt aan de eeuwigheid. Zelfs als hem eeuwen van gelukzalig leven op aarde zou worden geschonken, zou dit niet aantrekkelijk voor hem zijn, want hij dorst enkel naar de eeuwigheid.[52] Ten gevolge van de Val zijn het intellect, de zintuigen, en al de vermogens van de mens versnipperd. Wanneer het intellect zich buiten het hart bevindt, is het in een staat van vrijwel constante verwarring. Vernietigende gedachten zullen de overhand hebben zolang het zich niet vernedert, zolang het voortgaat buiten het hart te leven. Wanneer het intellect buiten het hart leeft, is het zwak en volstrekt niet in staat de zonde te weerstaan – het is als een vlinder. Om genezing te vinden en de vernietigende verstrooiing van het intellect ongedaan te maken, moet dit gekruisigd worden door de berouwvolle bekering, opdat het met het hart verenigd wordt in een beweging die gericht is op het heel-zijn.

Wanneer God aan de mens zijn zonden openbaart, dan schenkt hij hem terzelfder tijd de kracht zich daarvan te bekeren. Deze

---

[49] Cf. ibid.405, GK p., EN p.229.
[50] Lk.12:49.
[51] "We Shall See Him", GK p.76, EN p.49-50.
[52] Cf. ibid., GK p.24-25, EN p.16.

wonde – of: besnijdenis van het hart – is wat nodig is in de persoonlijke relatie van de mens met God. Het is de 'plaats' van waaruit wij met Hem communiceren. Onze God heeft een zwakheid: zodra iemand zich met pijn in zijn hart tot Hem wendt, buigt Hij Zich tot hem neder. God is de Vader van alle mededogen en de God van alle vertroosting, en de taal waar Hij op antwoord is daarom die van een verbroken hart. Deze wonde van het hart is het manna van het Nieuwe Testament. Evenals het de Joden voedde in de woestijn, zo wordt het nu voor elk van ons wat nodig is voor zijn heil. De vertroosting die dit brengt, stelt ons in staat ons te "verheugen met hen die zich verheugen, en te wenen met hen die wenen".[53]

Bij tijden zal de mens ook het gescheiden zijn van God ervaren, zelfs in zijn gehoorzaamheid. In deze tijd van beproevingen zou de wanhoop tot berouwvolle bekering moeten worden. Deze zou een positief karakter moeten krijgen – met andere woorden, de wanhoop zelf moet een middel worden tot herstel van de gemeenschap met God. Oudvader Sophrony schrijft:

> Voor de vlucht over deze afgrond hebben wij de kracht nodig van de gezegende wanhoop – de werking van de genade in ons neemt de vorm aan van 'beslistheid'. Het Licht schijnt van verre. Daartoe aangetrokken door een mysterieuze kracht, besluiten wij onszelf in het onbekende te werpen, na het aanroepen van de Heilige Naam van de Heer Jezus Christus, God de Heiland. En wat gebeurt er dan? In plaats dat ons hoofd verbrijzeld wordt tegen in de duisternis verborgen klippen, verschijnt een onzichtbare hand die ons op tedere wijze boven de afgrond vasthoudt. Zonder deze vriendelijke hand van de Levende God zou geen mens in staat zijn de aard van die stormen en ongunstige omstandigheden te doorstaan, die de ziel in dergelijke perioden omringen.[54]

Het pad van de gehoorzaamheid en de bekering is het nederwaartse pad bij uitstek. In de wereld zien wij een hiërarchische orde van het bestaan, een verdeling in hogere en lagere lagen – een piramide van het 'zijn'. Toch is de idee van de gelijkheid diep geworteld in de mens, en het menselijk begrip van de rechtvaardigheid is hierop gebaseerd. Christus keert deze piramide onderste-

---

[53] Rom.12:15.
[54] "We Shall See Him", GK p.106-107, EN p.69.

boven en bereikt zo de uiterste volmaaktheid. De basis van deze piramide is de Zoon des mensen Zelf, de Heiland. Als Schepper van de kosmos nam Hij "op Zich het gewicht van de zonden der wereld... Hij is de top van de omgekeerde piramide, de top waarop het gewicht valt van heel het bestaan".[55]

Al degenen die het pad volgen van de Christus-gelijkende gehoorzaamheid gaan omlaag naar de diepten van de omgekeerde piramide, waar het vermorzelende gewicht geconcentreerd is – naar de plaats waar de Heer is, Die de zonden der wereld op Zich heeft genomen. Zij achten "de smaad van Christus groter rijkdom dan de schatten van Egypte".[56] Dit is het geval, omdat hoe meer de mens zich vernedert, des te meer genade hij ontvangt, wat hem in staat stelt zichzelf met blijdschap nog verder te vernederen, waardoor hij zelfs nog meer genade verkrijgt. Om deze reden zegt oudvader Sophrony, dat "op de bodem van de omgekeerde piramide... een volstrekt bijzonder leven werkzaam is, een volstrekt bijzonder licht schijnt en een bijzondere geur ademt".[57] Daar is het, dat wij de kostbare parel vinden: Christus Zelf.

Vreemd en onbegrijpelijk voor de wereld is het Christelijk leven. Alles is paradoxaal en tegengesteld aan de wegen van deze wereld.[58] Dit geldt eveneens voor de gehoorzaamheid, waarbij wij onszelf vernederen en niet vernietigd worden maar nieuw leven ontvangen; wij aanvaarden vermorzeld te worden en wij worden hernieuwd; wij wenen en vinden vreugde; wij beperken onszelf tot een kleine cel waarin wij, bij het aanroepen van Zijn Naam een oneindige vrijheid ontdekken; wij dalen af tot de diepte van de hel, en onze neergang verandert in een opgang, in het paradijs – Christus. Deze veranderingen vinden plaats elke keer wanneer wij onze nederdaling hebben volbracht en de Éne ontmoeten aan de top van de omgekeerde piramide.

De heilige Silouan die vijftien jaar lang worstelde met een dodelijke wanhoop, werd deze paradoxale getoond door God Zelf: "Houd

---

[55] "Saint Silouan", GK p.314, EN p.238, NL p.257; zie ook de verwijzingen in noot 39 van hoofdstuk 3.
[56] Heb.11:26.
[57] "Saint Silouan", GK p.315, EN p.239, NL p.258.
[58] Ibid., GK p.55, EN p.45, NL p.57.

uw geest in de hel, en wanhoop niet". Hoe vreemd dat de heilige Silouan daaraan toevoegt: "Ik begon te doen zoals de Heer mij geleerd had, en mijn hart genoot van de rust in God, en nu, dag en nacht, vraag ik God om de nederigheid van Christus".[59] Onszelf de hel waarin wij ons bevinden waardig te achten, en zelfs nog ergere dingen, trekt Gods blik aan – en een onverwacht bezoek vanuit den Hoge vormt onze uitzichtloosheid om tot de onzegbare geur van Zijn aanwezigheid. Het leven waartoe de gehoorzaamheid de mens opheft is onbeschrijfelijk en onvatbaar.[60]

Na jaren in gehoorzaamheid zijn gedachten nederig aan een onderzoek te onderwerpen op het nederwaartse pad, op zoek naar het Aangezicht van de Levende God, wordt het hart van de mens tenslotte verzacht en de wonde ervan verandert in een lichtende kern. Het hart wordt verfijnd door de tranen der bekering en het voortdurende gesprek met God, tot het kan functioneren als een radar, gereed om de wil van God te bespeuren, zoals oudvader Sophrony zeide,[61] en de gedachten van God aan te grijpen. In het hart, als in zachte was, wordt het beeld van de zachtmoedige en nederige Heiland afgedrukt. De mens vindt gemakkelijker zijn hart, zodra hij in gebed staat. De berouwvolle bekering heeft alle vermogens van zijn wezen herenigd als in één strakke knoop. In het bijzonder zijn denken wordt getransformeerd bij de hernieuwing van zijn intellect,[62] doordat hij de gezindheid heeft verworven die ook was in Christus Jezus.[63]

De komst van de goddelijke kracht in de mens betekent dat hijzelf en alles wat hij doet één positieve daad wordt. De 'positieve ascese' is nu voor hem de enige weg. Hij wordt één groot 'ja' tot God en zijn naaste. Zijn geest is tot ommekeer gekomen en hij wordt gewaar hoe heel de kosmos verhaalt van de heerlijkheid Gods. Hij wordt Gods voorzienigheid gewaar, Gods vinger achter elk verschijnsel, en vaak wordt hem vanuit den hoge de weg des heils meegedeeld voor zijn broeders. Hij is tot heer geworden over zijn

---

[59] Ibid., GK p.541, EN p.431, NL p.455.
[60] "Principles of Orthodox Asceticism", in "Truth and Life", EN p.83.
[61] Zie "On Prayer", GK p.225, EN p.99.
[62] Rom.12:2.
[63] Cf. Fil.2:5.

eigen natuur en aldus raakt hij eraan gewoon in zijn hart te verblijven, waar hij zijn toevlucht neemt tot Degene Die daar Zijn
woning heeft gemaakt. Elke keer dat zijn intellect zich onder-
dompelt in zijn hart en gedoopt wordt door het vuur der bekering
daarin, dan brengt een verandering bewerkt door de rechterhand
Gods nieuwe opgangen teweeg.[64]

Aldus heeft de mens geleerd te leven vanuit zijn hart. De
gehoorzaamheid heeft een pad gegraven tot zijn hart en dit is van
onder de lagen van het verderf te voorschijn gekomen. Het eerste
stadium van de vrijheid van het hart vond plaats toen het, door het
woord van de geestelijke vader, bevrijd werd van de zorgen van
deze wereld. Nu komt het hart tot de uiteindelijke graad van
vrijheid, die niets anders is dan een geestelijke plaats die zich
opent, waarin de geest van de mens vrij kan bewegen en de Geest
Gods kan ontmoeten. "Deze vrijheid is onontbeerlijk, wil onze
geest – en zelfs geheel ons bestaan – ten volle worden opgenomen
in de Goddelijke sfeer. Dan is het mogelijk dat ons de Goddelijke
hartstochtloosheid (*apatheia*) wordt geschonken, die al hetgeen
waardevol is op de aarde ver te boven gaat.[65]

Deze vrijheid is een gave van het persoon-zijn en onvergelijkelijk
kostbaar. De onsterfelijke geest van de mens kan slechts waarachtige zaligheid vinden in de vrijheid die behoort aan de sfeer van
de eeuwigheid. ".. de Christen, die in zijn onsterfelijke geest de
vrijheid in God heeft verworven, is bereid te lijden voor de verwerkelijking van de opperste waarheid. Hierin ligt de waarde van het
Christendom, die wij in de natuurlijke wereld niet tegenkomen".[66]

De opperste waarheid wordt gevonden in vrijheid van hart, en
deze wordt alleen verwaardigd aan diegenen die bereid zijn geweest
daarvoor te lijden. "In de vreugde om het vinden van de vrijheid der
onsterfelijkheid schouwt [de mens] een nieuwe vorm van zijn".[67] "De
waarde van deze staat is niet met woorden te beschrijven, en wordt
niet anders gekend dan naar de mate van de gave vanuit den Hoge".[68]

---

[64] Cf. LXX Ps.76:11 (77:10/11).
[65] "We Shall See Him", GK p.187, EN p.117.
[66] Ibid., GK p.145, EN p.93.
[67] Ibid., GK p.304, EN p.197.
[68] Ibid., GK p.185-186, EN p.116.

De hypostase van de mens is ontluikt[69] door zijn trouw in de gehoorzaamheid, en in zijn hart, dat hierbij is uitgebreid, omvat hij hemel en aarde. Toch "veroordeelt hem zijn hart, want God is groter dan zijn hart".[70] De mens wordt niet langer gekruisigd door zijn eigen hartstochten, maar door de genade die in zijn hart woont, en hij doet al het mogelijke om de Goddelijke Bezoeker niet te grieven. Oudvader Sophrony beschrijft deze staat van het "lijden aan de Goddelijke dingen" (πάσχειν τὰ θεῖα) als volgt:

> [God] trekt de ziel tot Zich, en de ziel lijdt, omdat zij niet in staat is dit leven te omvatten, en zo doorschrijdt zij de tijden hier op aarde als gekruisigd. En zij kan niet van dit onzichtbare kruis afkomen, want telkens wanneer zij, als is het maar ten dele, daarvan "afdaalt"[71], verzwakt in haar de stroom van de waarachtige eeuwigheid.[72]

Wanneer wij het pad van Christus gaan, van de gehoorzaamheid aan Zijn Hemelse Vader, dan vinden wij Christus als onze Metgezel; het Woord biedt Zichzelf aan ons als een gave, want "alzo lief heeft God de wereld gehad, dat Hij Zijn Eniggeboren Zoon gegeven heeft".[73] Ons hart begint in ons te branden terwijl Hij de Schriften voor ons opent.[74] In de vrijheid die getoond is in ons hart, ontvouwt zich het mysterie van het woord Gods door goddelijke bezoeken.

De Psalm zegt: "Zo ik slaap geve aan mijn ogen, of sluimering aan mijn oogleden, of rust aan mijn slapen – totdat ik een plaats heb gevonden voor de Heer, een woontent voor de God van Jakob!"[75] De mens heeft nu heel de plaats van zijn hart aan Christus gegeven, Die niet langer daarin beklemd wordt, en het woord Gods dat eerder het intellect van de mens gekruisigd had, komt nu om rijkelijk in zijn hart te wonen[76] en het onderricht hem rechtstreeks.[77] Zonder

---

[69] Ibid., GK p.287, EN p.186
[70] Cf. 1Joh.3:20.
[71] Cf. Mt.27:40.
[72] "We Shall See Him", GK p.218, EN p.138.
[73] Joh.3:16.
[74] Zie Lk.24:32.
[75] LXX Ps.131(132):4-5.
[76] Cf. Kol.3:16.
[77] Zie Joh.6:45.

deze vrijheid van een gekruisigde geest, aldus de apostel Paulus, kunnen wij niet binnentreden in het omgekeerde perspectief van het Evangelie en dwaas worden om wijs te worden,[78] noch kan het woord Gods opbloeien of vrucht dragen. Zoals oudvader Sophrony opmerkt, is er niets dat de mens zozeer op God doet gelijken als een leven van zelfverloochening. Dan onderricht de genade hem in de kennis van de toekomende wereld, en de mens wordt op natuurlijke wijze een theoloog, niet door scholing maar rechtstreeks 'van God geleerd'.[79]

Het intellect dat door de gehoorzaamheid nederigheid geleerd heeft, ontvangt toegang tot het mysterie van het woord Gods. Hij die gehoor heeft gegeven aan het woord van zijn geestelijke leidsman – met grote aandacht, tot in die mate dat hij hem kon horen spreken in zijn hart – heeft nu Christus, het Goddelijk Woord, Die in hem woont en hem een woord geeft. De wijsheid van de toekomende wereld waarin hij is ingewijd is bovenal de wijsheid van het nederig gemoed.

De mens komt binnen in deze levende theologie door de voortdurende dialoog met het beeld van de zachtmoedige en nederige Heiland, dat hij schouwt in de geestelijke plaats van zijn hart. Het schouwen van de nederigheid van Christus maakt dat zijn 'gesprek' de vorm krijgt van een reeks van nederige gedachten, de een nog nederiger dan de ander. Deze gedachten worden vanuit den Hoge geschonken en bevatten een levende kennis van de goddelijke mysteriën, bovenal van de Persoon van Christus, en zij leiden hem tot een dynamische groei van immer-nieuwe kennis:

> In de uiterste spanning van het gebed die voor onze natuur bereikbaar is – wanneer God Zelf in ons bidt – wordt aan de mens een Godschouwen geschonken dat elk beeld te boven gaat. Dan bidt de menselijke hypostase tot het Beginloze Zijn van aangezicht tot Aangezicht. In deze ontmoeting met de Hypostatische God wordt datgene in ons werkzaam, wat in den beginne slechts een vermogen was: de *hypostase*.[80]

---

[78] Cf. 1Kor.3:18.
[79] Zie "We Shall See Him", GK p.31-32, EN p.20.
[80] Ibid., GK p.301, EN p.195.

De waarachtige theologie komt voort uit het diepe hart, zij is een gave van het persoon-zijn en de vrucht van het reine gebed. Wanneer de mens, die theologie bedrijft door het gebed, zich in deze staat bevindt, beseft hij dit zelf niet, want hij beschouwt zich zulk een God als hij heeft leren kennen, volstrekt onwaardig. Aldus komt "het Koninkrijk Gods.. niet met uiterlijke waarneming",[81] alhoewel niet zonder gewaarwording: Elke aanroep van de Heilige Naam van Jezus opent het hart met een machtige golf van genade, want daarin is het woord van de Apostel bewaarheid geworden: "Omdat gij zonen zijt, heeft God de Geest van Zijn zoon uitgezonden in uw harten, die roept: Abba, Vader!".[82] "De vlam van deze liefde trekt heel het intellect in het hart, en aldaar wordt het door deze vlam met het hart verenigd, en het schouwt het 'Zijn' in het Licht van de Goddelijke Liefde. De mens wordt "één-gemaakt": hij wordt genezen".[83]

Vragen & Antwoorden

Vraag: Zou men kunnen zeggen dat de mens door de gehoorzaamheid de vrijheid geboden wordt?

Antwoord: Gewoonlijk zeggen wij dat iemand vrij is, wanneer hij in staat is om ofwel het ene, ofwel het andere te kiezen. Werkelijke vrijheid is niets anders te willen dan alleen de waarachtige God, om met Hem te worden verenigd. Wanneer dit ons doel is, dan worden wij niet aangetrokken door al wat er in deze wereld is, wat verbonden is met de zintuigen, en wij zijn vrij van deze wereld, van elke invloed van de wereld die in den boze ligt en in de Val. Tevens kan de wereld in ons geen houvast vinden, wat betekent dat wij een innerlijke vrijheid verwerven in onszelf van elke menselijke invloed. Voorzeker, de absolute vrijheid behoort aan God, maar wij spreken over de vrijheid volgens de genade die de mens ontvangt om op onverbrekelijke wijze met God verenigd te worden. Zolang er een kwestie van keuze is, betekent dit dat de mens nog verdeeld is en zijn bestemming nog niet heeft bereikt.

---

[81] Lk.17:20.
[82] Gal.4:6.
[83] "We Shall See Him", GK p.272-273, EN p.177.

Vraag: Welke rol speelt de relatie met de geestelijke vader in de ontwikkeling van het persoon-zijn?

Antwoord: Het beoefenen van de gehoorzaamheid aan de geestelijke vader is Christus na te volgen en de genade te ontvangen van het zoonschap. De heilige Paulus zegt: "Ik ben uw vader, omdat ik u verwekt heb door het Evangelie".[84] In de Brief aan de Efezen zegt hij, dat elk vaderschap van God afkomstig is.[85] Heel de Schrift spreekt over de God onzer Vaderen. De heilige Paulus zegt in de Brief aan de Hebreeën, dat als wij de tuchtiging aanvaarden, die tevens onze opvoeding vormt, Hij ons zal worden aangeboden als een Vader.[86] Als wij aanvaarden getuchtigd te worden vanwege onze onvolmaaktheden, dan zullen wij "volmaakt [zijn], evenals onze hemelse Vader volmaakt is".[87] Hoe doen wij dit? Het is in het mysterie van de gehoorzaamheid dat wij dit leven ontvangen. Het Persoon-zijn is in werkelijkheid een nieuw leven in ons, en wij ontvangen dit door onze Vaders in de Geest.

Vraag: Hoe zouden wij onze geestelijke vader moeten benaderen om het grootst mogelijke profijt te trekken van het contact met hem?

Antwoord: Wees aandachtig, terwijl gij bidt met een open hart, en neem het woord in u op dat uit zijn mond komt, en dan ontvangt gij daarmee zijn leven. Er komt een moment, als gij deze houding hebt, wanneer gij u zijn gedachte, zijn geest, zijn leven eigen hebt gemaakt: Hij spreekt en gij weet wat hij gaat zeggen. Gij hoort het eerste woord, en gij weet wat het einde is van zijn gedachte. Zozeer kunt gij worden opgenomen in de geest van uw Vader. Zo was het met Vader Sophrony. Vader Sophrony placht te zeggen: "Eerst voedt ik u met melk en dan met vast voedsel". Het vaste voedsel was het mysterie van het Kruis te ervaren in ons leven, en het lijden in heerlijkheid van onze Heer.

De gehoorzaamheid is een kwestie van het hart. Het is niet iets uiterlijks, dat van buitenaf kan worden opgelegd. Wanneer wij gereed

---

[84] Cf. 1Kor.4:15.
[85] Zie Ef.3:14-15.
[86] Zie Heb.12:7.
[87] Cf. Mt.5:48.

zijn om het eerste woord van onze geestelijke vader te ontvangen met een open hart, dan, beetje bij beetje, leren wij om de wil van de ander tot onze eigen wil te maken, en het leven van onze broeder ons eigen leven. Er komt een moment, door de genade van deze praktijk, dat ons hart wordt uitgebreid om het leven van de gehele wereld te omvatten.

Te aanvaarden om in gehoorzaamheid afhankelijk te zijn van de wil van een ander vraagt nederigheid. Vaak beginnen wij met goede bedoelingen, met ijver voor de gehoorzaamheid, maar langzaamaan nemen wij onze onafhankelijkheid terug en wij bedotten onze oudvaders. De mens die vasthoudt aan zijn onafhankelijkheid is nimmer in staat zijn diepe hart te vinden, zelfs als zijn gedrag volmaakt is, omdat de ijdele trots binnenkruipt die het hart versteent en het voor ons verbergt. Degenen die met nederigheid afhankelijk is van de gehoorzaamheid, vindt gemakkelijker zijn diepe hart.

Vraag: Hangt de bekering van de leerling af van de bekering van de geestelijke vader?

Antwoord: Wij voeden met datgene waarmee wij gevoed worden. Als de geestelijke vader de geest der bekering bezit, dan ben ik er zeker van dat dit het hart van de anderen zal raken en tot hen zal doordringen. De Woestijnvaders zeggen, dat als gij de geest wilt bezitten van de vreze Gods, gij uzelf moet verbinden aan iemand die de vreze Gods bezit. Strikt genomen is het geestelijk leven erfelijk.

Vraag: Soms zou iemand nood kunnen hebben aan een geestelijke vader om van Christus te leren, en die vader staat vlak voor hen, maar zij zijn niet in staat hem te zien of naar hem toe te gaan. Zou u beamen dat deze relatie niet gedwongen kan worden, dat dit moet komen door de genade? Is dat, wat dit betreft, vergelijkbaar aan onze relatie met Christus?

Antwoord: Ja. Om ons te behouden was Christus gedwongen ons Zijn liefde tot het einde toe te tonen. Hij kon onze vrijheid niet dwingen. Wij zijn een gebeurtenis met de gave van vrijheid, die Hij ons geschonken heeft. Geen enkele hypostase moet van buitenaf gedwongen worden. Alleen innerlijk kan de hypostase een gezag aanvaarden. Hij toonde Zijn liefde tot het einde toe door Zijn vleeswording en kruisiging, en aldus bewoog Hij ons en trok Hij ons tot Zich; Hij heeft ons aangetrokken tot Zijn nabijheid, omdat zulke liefde het wezen is van de persoon.

De waarachtige hypostase is Christus. Het hypostatische beginsel in de mens, geschapen naar Zijn beeld en gelijkenis, is het ingeplante vermogen om Hem gelijk te worden. Hoe heeft de Heer ons Zijn hypostase getoond? Daar Hij ons liefhad, heeft Hij ons liefgehad tot het einde. Hij heeft Zichzelf geofferd als een slachtoffer voor allen, de rechtvaardigen en de onrechtvaardigen. Dit is de inhoud van Zijn hypostase. De mens toont dat hij Godgelijkend is geworden, wanneer hij de liefde voor God verwerft tot aan zelfhaat toe. God heeft ons liefgehad tot het einde, en wij hebben God lief tot aan zelfhaat toe. Dit zijn de twee voornaamste karakteristieken van het persoon-zijn.

9

De goddelijke Naam en
het hypostatische gebed

De goddelijke Naam van de Heer Jezus is het hoogtepunt van de openbaring van de Levende God aan de mensheid. Het is een synoniem van de naam Immanuël, en betekent God de Heiland. Toen de overgang van het Oude naar het Nieuwe Testament volbracht was, inspireerde de Heilige Geest tot nieuwe wegen opdat Christenen hun diepe hart mogen vinden, om hen zo in staat te stellen God te aanbidden met hun gehele wezen. Eén van deze wegen is het aanroepen van de Naam van de Heiland. De Goddelijke Naam als zodanig werd aldus een gave vanuit den Hoge, een machtig gereedschap om te herstellen wat door de Val verloren was gegaan: de oorspronkelijke gelijkenis van de mens met zijn Schepper.

In deze Naam beloofde de Heer de volheid van het goddelijk leven, Zijn permanente aanwezigheid in ons en Zijn onoverwinnelijke kracht tegenover elke vijandelijke aanval. De grote apostel Petrus verklaart met onwankelbare overtuiging en verzekerdheid: "want er is ook is onder de hemel geen andere Naam gegeven onder de mensen, waarin wij moeten worden behouden".[1]

Het aanroepen van de Naam van de Heer Jezus vormt ook de vervulling van een gebod van Christus, in het bijzonder in het gebod gegeven tijdens de laatste uren van Zijn leven: "Amen, amen, Ik zeg tot u: indien gij de Vader om iets vraagt in Mijn naam, Hij zal het u geven. Tot nu toe hebt gij niets gevraagd in Mijn naam: vraagt, en gij zult ontvangen, opdat uw vreugde vervuld zij".[2] Telkens wanneer er het onbetwijfeld vervullen van een gebod is, dan is er ook de werkzaamheid van het mysterie van het Kruis en de Opstanding van Christus. Met andere woorden, het gebed betoont degenen die dit werk doen als vrienden van het Kruis en deelgenoten aan de vreugde en de zaligheid van Zijn Opstanding.

Daar de Naam van Jezus onafscheidbaar is van Zijn Goddelijke

---

[1] Hand.4:12.
[2] Joh.16:23-24.

Persoon, gaat het bestendig aanroepen daarvan samen met Zijn bovennatuurlijke aanwezigheid, en dit leidt degene die deze Naam uitspreekt met geloof, aandacht en vroomheid daarin binnen. Dit blijkt een krachtige methode te zijn voor diegenen onder de gelovigen die ernaar streven opgebouwd te worden tot tempels van God, niet met handen gemaakt, maar door de Heilige Geest. De Heer zeide tot de apostel Ananias, sprekend over de apostel Paulus, "Hij is Mijn een uitverkoren vat, om Mijn naam te dragen voor natiën en koningen, en voor de zonen van Israël".[3] De Heer legt Zijn Naam op de Christen, als op Zijn levende tempel, en voortaan is het diens roeping deze Heilige Naam te dragen in zijn hart. Gaandeweg bouwt deze Naam Gods tempel op, het hart van de mens, waarin zijn persoon-zijn of hypostatisch beginsel zich ontvouwt. Aldus wordt de Goddelijke Naam tot een pad voor diegenen die verlangen met de Almachtige Jezus verenigd te worden voor alle eeuwigheid.

God wist dat geen van de aardgeborenen, hoe begaafd hij ook moge zijn, in staat is heel de volheid van Zijn genadegaven te omvatten. Daarom heeft Hij in de geschiedenis Zijn Lichaam gevormd, waaraan Hij heel de rijkdom van Zijn gaven geschonken heeft. Elk van de ledematen van dit Lichaam heeft zijn eigen persoonlijke genadegave, waardoor hij in staat is binnen te treden in de bovennatuurlijke gemeenschap van de genadegaven van alle andere ledematen en aldus verrijkt te worden door de genade van het eeuwig heil. De werking van de Goddelijke Naam in het hart van de mens is het middel bij uitstek waardoor deze persoonlijke genadegave van elk lid van het Lichaam zijn wasdom vindt. De uiteindelijke volmaaktheid van het goddelijk leven echter, zal worden bereikt wanneer wij ons, door onze eigen persoonlijke genadegave, verbinden met heel de rijkdom van de gaven van het Lichaam van de Kerk, en daar aldus mee in gemeenschap treden. Dit wordt bevestigd door het woord van de Apostel dat wij slechts in staat zullen zijn te bevatten "welke de breedte, en de lengte, en de diepte, en de hoogte" is van Christus' barmhartigheid, wanneer wij in gemeenschap zijn "met al de heiligen". Alleen dan zullen wij "de liefde van Christus" kennen, "die de kennis te boven gaat",[4] en de volheid

---

[3] Cf. Hand.9:15.
[4] Ef.3:18-19.

bereiken die Christus voor elk van ons bestemd heeft: "de kennis van de Zoon van God, de volmaakte man, de maat van de grootte der volheid van Christus".[5]

In het leven van dit mystieke Lichaam, waarvan Christus het Hoofd is, worden wij in staat gesteld onze eigen persoonlijke genadegave te cultiveren en bovendien de gaven te ontvangen van de gemeenschappelijke rijkdom van het Lichaam. Uit het bovenstaande wordt duidelijk, waarom onze Vaders onderrichtten dat er buiten de Kerk geen heil bestaat, daar de mens op zichzelf noch de noodzakelijke kracht kan vinden om zijn persoon-zijn te ontwikkelen, noch zijn gelijkenis met God kan herstellen. Het is niet mogelijk het heil voor zichzelf te verwerven, maar het is een gave van God, in gemeenschap met allen die de Zijnen zijn, waardoor Hij voor eeuwig verheerlijkt wordt. Aan de mens wordt de eer geschonken een persoonlijke relatie met God aan te gaan, omdat God een persoonlijke God is: de gemeenschap van de Vader, de Zoon en de Heilige Geest – en de mens, geschapen naar Zijn beeld, is een wezen van gemeenschap, een potentiële persoon.

Wanneer wij gesteund worden door de genadegaven van alle andere ledematen van Zijn verheerlijkt Lichaam, dan wordt ons de creatieve taak gegeven te werken aan onze persoonlijke genadegave, om medewerkers te worden met God voor de vervolmaking van ons persoon-zijn. Zoals de Heer zeide, dat wij niet kunnen "leven tot in eeuwigheid" als wij niet "het vlees eten van de Zoon des mensen, en Zijn bloed drinken",[6] evenzo bevestigden de getuigen van Zijn Opstanding reeds van het vroege begin, dat "eenieder die zal aanroepen de Naam des Heren, zal worden behouden".[7] Door het voortdurend aanroepen van de Naam van Jezus, samen met onze waardige deelname in het mysterie van de Goddelijke Liturgie, en het in ons opnemen van het Goddelijk woord, zijn wij in staat "levende stenen"[8] te worden voor de opbouw van de tempel Gods in onszelf en in onze broeders. Het voortdurend aanroepen van de Goddelijke Naam is derhalve noch een taak, noch een offer, maar

---

[5] Cf. Ef.4:13.
[6] Zie Joh.6:51,53.
[7] Hand.2:21.
[8] Cf. 1Petr.2:5.

een grote eer en een voorrecht van Godswege: dat de mens een medewerker zou zijn met Hem in de oneindige creativiteit, waardoor het persoon-zijn van de mens werkzaam wordt en de tempel van de Godheid in hem wordt opgebouwd. "Weet gij niet," zegt de apostel Paulus herhaaldelijk op gebiedende toon, "dat gij de tempel Gods zijt en dat de Geest Gods in u woont?"[9]

Voorzeker, niemand is van het begin af aan een tempel Gods en volkomen, "want allen hebben gezondigd en schieten tekort in de heerlijkheid Gods".[10] Het is voor de mens onmogelijk met God de Heiland te worden verbonden, tenzij hij Hem benadert als iemand die "een geneesheer nodig heeft",[11] en met een verbroken hart dat in staat is de onvergankelijke vertroosting te ontvangen van Zijn Geest. Hierin ligt het doel van het onophoudelijk aanroepen van de Naam van Jezus Christus, de enige waarachtige en rechtvaardige Trooster en Voorspreker, Die wij hebben "bij de Vader",[12] De enige die in staat is ons te genezen en te bevrijden van elke zonde en onrechtvaardigheid.

Het aanroepen van de Heer Jezus is derhalve zowel een belijdenis van de vleeswording van de Zoon van God omwille van het heil van de mens, als van de nood van de mens om genezen te worden, om met Hem te worden verzoend. Daaruit volgt dat een vast geloof dat Christus God is, samen met de erkenning van onze zondigheid, de twee onontbeerlijke voorwaarden zijn voor de inwoning van de Goddelijke Naam in het hart. Door het onophoudelijk aanroepen van de Naam belijden wij dat wij "zonder Hem" – God de Heiland Die wij aanroepen – niets zijn en "niets" kunnen doen.[13]

Bijgevolg schenkt het Jezusgebed de mens het besef van zijn geestelijke armoede, hetgeen de basis is voor elke geestelijke opgang en door de Heer zalig wordt genoemd,[14] want het "niets" van de nederigheid daarvan wordt tot passend materiaal in Zijn handen

---

[9] 1Kor.3:16 & 6:19.
[10] Rom.3:23.
[11] Cf. Lk.5:31.
[12] 1Joh.2:1 [Het in deze tekst gebruikte woord 'paracletos' (παράκλητος) betekent zowel 'Trooster' als 'Voorspreker' (in de zin van: advocaat, verdediger). *Noot vert.*]
[13] Joh.15:5.
[14] Mt.5:3.

voor de herschepping van de mens. Deze geestelijke armoede brengt de mens ertoe alles op te hangen aan de barmhartigheid van de Almachtige God en een verbroken geest te bewaren. Alleen zulk een nederigheid, en niet het gebruik van kunstmatige technieken, is in staat het hart van de mens te verbinden met de onvergankelijke vertroosting van de Heer en Trooster, Die van de zonen der mensen "barmhartigheid, en geen offer"[15] zoekt, dat wil zeggen "een verbroken en vernederd hart", in staat om Zijn barmhartigheid te ontvangen, en geen uiterlijke offers, die koud en ijdel zijn.

Dit pad van ascese gaat ook vergezeld van een bovenmenselijke strijd tegen zichtbare en onzichtbare krachten van kosmische dimensies. In eerste instantie zal het intellect, in zijn streven het hart te betreden, zichzelf in conflict bevinden met een ander intellect, dat van de tegenstrevende geest. Uit zichzelf is de mens niet in staat het universele intellect van de vijand te overwinnen. Toch zou dit niemand ervan moeten weerhouden deze strijd aan te gaan; want hoewel het lijden van kosmische dimensies kan zijn, zijn de daaropvolgende bezoeken van het Goddelijk Licht van supra-kosmische dimensies. Als het intellect eenmaal de nederwaartse beweging van nederigheid heeft gevonden, een beweging die de vijand niet kan volgen en die de weg tot het hart opent, dan wordt het intellect onoverwinnelijk in kracht en vanaf dan wordt de onvergankelijke genade van God zijn vaste grondslag.

Christus toonde Zijn liefde voor de mens tot het einde, door zijn lijden omwille van diens heil. Voor de mens bestaat er maar één weg om Hem zijn liefde te betonen: door het vrijwillig lijden van de pijn voor zijn geestelijke wedergeboorte tot het einde toe, dat is, zijn berouwvolle bekering, hetgeen liefde is voor God tot aan zelfhaat toe. Dit is de maat van de hypostase in de mens waartoe hij geroepen is. "Want gij zijt ermee begenadigd omwille van Christus, niet alleen in hem te geloven, maar ook te lijden omwille van Hem",[16] zegt de heilige Paulus. Christus heeft ons niet getoond hoe wij de pijn moeten vermijden; Hij heeft ons getoond dat de pijn kan worden omgevormd, door het aanroepen van Zijn

---

[15] Mt.9:13.
[16] Fil.1:29.

Naam, tot een zalige eeuwigheid, als deze pijn verdragen wordt omwille van Gods gebod, en als antwoord op Zijn heilswerk.

De mens zal onderworpen worden aan beproevingen van kosmische dimensies, zodat zijn overwinning waarlijk die van Christus zal zijn – van supra-kosmische dimensies. Zonder pijn te ervaren, is de mens niet in staat de diepten van het 'zijn' te kennen, en blijft hij vreemd aan de liefde die de zonde en de dood overwint. Zonder pijn zal hij voor immer gevangen blijven binnen de grenzen van een doods hart, en zal hij nimmer de vrijheid kennen van de wasdom van zijn persoon-zijn. De maat van de geestelijke gaven die de mens in deze wereld ontvangt, komt altijd overeen met de maat van kenosis die daaraan voorafgaat, en dus met de mate van de gelijkenis aan Christus die hij heeft verworven.

De mens die de Naam van de Heer Jezus Christus aanroept staat in de aanwezigheid van Zijn Persoon, met zijn intellect in zijn hart. Aldus, elke keer wanneer hij binnentreedt in deze levenschenkende aanwezigheid des Heren door het voortdurend aanroepen van Diens Naam, wordt de roest verwijderd van de zonde waardoor zijn hart is aangetast; zijn hart wordt voortdurend gereinigd van de overdekking door de hartstochten. De Heer Jezus "zal verteren door de adem van Zijn mond, en teniet doen door de verschijning van Zijn komst,"[17] al het verderf dat zich in de mens heeft opgehoopt tijdens zijn leven in deze wereld, waar de geest van de zoon der wetteloosheid de overhand heeft, de geest van de antichrist.

De voortdurende dialoog van de mens met zijn Schepper wordt, als het ware, zijn tweede natuur. De bestendige gedachtenis aan de Naam des Heren houdt de ogen van zijn ziel voortdurend op de Hemel gericht. Wanneer hij ze haastig tot de wereld richt, in zoverre dit nodig is, dan overtuigt dit hem van de armoede en de zinloosheid van deze wereld, om slechts met nog grotere dorst terug te keren tot deze dialoog met de Hemel, die zo weldadig is en waarin zijn leven verborgen ligt. Deze dialoog is herscheppend en bewaart de geestelijke vrijheid van de mens, waarvan dit de eerste fase is: "de wereld is voor mij gekruisigd".[18]

Wanneer de reiniging van het hart een zekere graad heeft

---

[17] 2Thess.2:8.
[18] Gal.6:14.

bereikt, dan ontwikkelt zich de eenwording van het intellect en het hart, datgene waar het Jezusgebed in wezen op gericht is. Tenzij het intellect en het hart verenigd zijn, kan de mens niet de staat bereiken die Gods geboden vereisen. De aanvankelijke eenheid van het wezen van de mens, zoals dat bestond vóór de Val, dient herwonnen te worden om op te stijgen tot de maat van Gods grote geboden der liefde, waar zijn gehele wezen bij betrokken is. Het teken dat deze eenwording zich ontwikkelt is dat de mens, in alle omstandigheden van het leven, onmiddellijk en natuurlijkerwijze reageert in overeenstemming met de geboden.

De onafgebroken aanraking met de energie van Gods Geest door het aanroepen van de Goddelijke Naam in elke tijd en plaats, doordringt heel het leven van de mens met zegen en heiliging. De Goddelijke Naam die in zijn hart werkzaam is, verfijnt en verlicht het zodat de mens meer en meer in staat is het woord van God in zijn hart te ontvangen. Het intellect herwint zijn vroegere helderheid en wordt vlug als een bliksemstraal, in staat om de gedachten van God aan te grijpen. De geest van het reine gebed overschaduwt de mens nu vaker, zodat hij de eeuwigheid gewaar wordt terwijl hij verlicht wordt door een nieuwe visie en met kennis van de toekomende wereld, van het mysterie van de wegen des heils. Terzelfder tijd wordt hij erin getraind niet "onwetend" te zijn "aangaande de denkbeelden van de vijand",[19] die buiten de muren blijft van het Nieuwe Jeruzalem, dat gebouwd is in het hart van de mens.

Wanneer het woord des Heren en Zijn Goddelijke Naam uiteindelijk de overhand hebben in het hart van de mens, dan wordt hij op profetische wijze waarachtig. Dit houdt in, dat het hart van de mens door herhaalde bezoeken van de genade de Geest der Waarheid aantrekt, Die hem in alle dingen waarachtig maakt. Het woord van de heilige Paulus wordt verwerkelijkt in zijn leven: "De geesten der profeten zijn aan de profeten onderworpen".[20] Dit betekent dat de mens leert meester te zijn over zijn geest en zijn geestelijke staat te verbergen, om alle plaats en alle eer te geven aan de anderen, zoals de heilige Paulus zegt: "in eerbetoon elkander voorgaande".[21] Hij

---

[19] Cf. 2Kor.2:11.
[20] 1Kor.14:32.
[21] Rom.12:10.

is een echte leerling geworden van Christus, de enige Leermeester, en aldus heeft hij dezelfde gezindheid verworven in overeenstemming met het apostolische gebod: "Laat niets geschieden door twist, noch door ijdele trots, maar met een nederig gemoed achte ieder de anderen uitnemender dan zichzelf".[22]

Dit geestelijk werk om te allen tijde de Naam in het hart te dragen, wordt door de Vaders "het verborgen werk van het hart" wordt genoemd, en het wordt inderdaad verricht op zodanige wijze om "niet door de mensen gezien te worden".[23] Het is nederig en doet daardoor de genade Gods neerkomen. Deze genade bewaart in het hart een geestelijke plaats, waarin de geest van de mens vrijelijk en op dynamische wijze voor de Heer kan staan. Tijdens de kerkdiensten en wanneer hij onder de mensen is, vloeit het gebed onopgemerkt voort en het neemt niet de geestelijke plaats in van de andere aanwezigen. De Naam zelf heeft de mens deze 'profetische houding' geleerd om op zo discreet mogelijke wijze onder zijn medemensen te verkeren en geen enkele aandacht te trekken. Hij heeft geleerd meester te zijn over zichzelf en onopgemerkt te handelen, waarbij hij slechts ziet op zijn rechtvaardiging door God, Die "in het verborgene" ziet en Die "hem openlijk zal vergelden".[24]

Naast gewijde houding niet gezien te worden, leert het zichzelf onzichtbaar makende Jezusgebed de mens om zich beneden elk schepsel te stellen, uiteraard door de nederigheid van Degene Wiens Naam wordt aangeroepen. Dat wil zeggen, de mens verwerft een 'profetische houding' in alle dingen. Zoals één van de heilige Vaders placht te zeggen, het is geen groot iets het voortdurende gebed te bezitten, maar om onszelf te zien als de ergste van allen. Oudvader Sophrony drukte hetzelfde uit in een van zijn voordrachten: Als wij onszelf beschouwen als lager dan elk ander schepsel, dan zal elke ontmoeting met onze medemens een profetische gebeurtenis worden, dat wil zeggen, deze zal ons iets nieuws leren, iets nuttigs, de waarheid van God. Daarom kan er geen geestelijke vooruitgang zijn, als wij onszelf als de eerste of superieur beschouwen boven de anderen. "De eerste te zijn is ... een helse verveling, maar de laatste te

---

[22] Fil.2:3.
[23] Zie Mt.6:5-6 & 23:5.
[24] Cf. Mt.6:18.

zijn is een voortdurende vreugde" Zonder deze waarachtige houding in het hart kan men niet vasthouden aan de Goddelijke Naam.[25]

Al de geurigheid van het Christelijk leven ademt uit de nederige geest van het leerlingschap in de unieke school van de zachtmoedige en nederige Christus. Voorzeker, het innerlijk gebed des harten heeft de nederigheid als zijn beste vriend, en de hoogmoed als zijn grootste hindernis. Volgens het geïnspireerde onderricht van de grote Russische theoloog de heilige Philaret van Moskou, bewaarde de Moeder Gods zonder feilen deze regel der nederigheid in haar leven, "niet door de mensen gezien te worden". Vanwege haar uitnemende deugd heeft de Allerhoogste "neergezien op de nederigheid van Zijn dienstmaagd" en "grote dingen aan [haar] gedaan en heilig is Zijn Naam".[26]

In de loop van de strijd om het onophoudelijke 'éénwoordelijke' gebed verwerft de mens kennis van vele aspecten van het mystieke leven in Christus. Dit gebeurt vooral doordat de goddelijke energie wordt overgebracht op de ziel en het lichaam, vanwege de ontologische band die er bestaat tussen de Naam en de Persoon van Jezus. Terwijl de gehele mens steeds verder bevrijd wordt van de vleselijke gezindheid en de heerschappij van de zonde, wordt hij het doelwit van het bezoek van de Heer. Zo begint het hypostatische beginsel in hem te ontwaken; zijn persoon-zijn begint vorm te krijgen voor Gods aanschijn.

Tegelijkertijd worden de sporen van de aanwezigheid van Christus afgedrukt in het hart, totdat zij een zekere volheid bereiken, waarin de gelijkenis van de Hemelse Mens, van de Nieuwe Adam, gevormd wordt. Aldus wordt in het hart het beeld van de mens geopenbaard, dat in Gods intellect was vóór de grondlegging der wereld,[27] "het zegelbeeld"[28] van onze Heer Jezus Christus. De verlichting der genade is nu werkzaam om het hart van de mens uit te

---

[25] Archim. Sophrony, in één van de voordrachten tot zijn monastieke gemeenschap, inmiddels uitgegeven in het Grieks onder de titel «Οἰκοδομώντας τὸν ναὸ τοῦ Θεοῦ μέσα μας καὶ στοὺς ἀδελφούς μας» (*Het opbouwen van de tempel Gods in onszelf en in onze broeders*), vol.I, GK p.170.

[26] Zie Homilie XXVIII, "The Secret Grace of the Mother of God", van de heilige Philaret van Moskou, in "Select Sermons" (Londen, 1873); zie ook Lk.1:48-49.

[27] Cf. Ef.1:4.

[28] Heb.1:3.

breiden om hemel en aarde te omvatten en, als een andere Adam, ieder schepsel aan God op te dragen in zijn gebed van voorspraak.

Wanneer hij met God verzoend is, bereikt de mens de tweede en volmaakte graad van geestelijke vrijheid, nadat hij in zichzelf de wet der zonde ontworteld heeft. Hij is gestorven ten aanzien van de ijdelheid van deze wereld, ongevoelig voor al haar hoge maatstaven die "vijandschap jegens God"[29] zijn en onverenigbaar met Zijn liefde. Uiteindelijk wordt voor hem de tweede helft van het apostolische woord vervuld: "en ik [ben gekruisigd] voor de wereld".[30]

Gaandeweg, als het hypostatische beginsel zich ontvouwt, wordt de mens begenadigd met de grote zaligheid Christus te kennen, en hij begint alle dingen te verstaan – zowel het Goddelijke 'Oorspronkelijke Zijn', als het kosmische bestaan.[31]

Het hart van de mens – dat een metafysisch orgaan is, geschapen voor het contact met God – ontwikkelt zich aldus tot een machtige kern, een lichtende plaats waar heel zijn wezen geconcentreerd is; en daar, op waardige en onzichtbare wijze, staat hij voor Gods aanschijn. Elke dag ondergaat hij nieuwe en onbeschrijfelijke veranderingen van de rechterhand van de Allerhoogste[32] en zijn hart roept uit met "onuitsprekelijke verzuchtingen":[33] Abba, Vader! Nu is de waakzaamheid natuurlijk geworden voor hem, daar hij niet langer in staat is God te vergeten, en zijn gebed ontspringt aan zijn hart als uit een bron, voortkomend uit de genade van de Heilige Geest. De Goddelijke Naam, als een levende parel in zijn hart, onderricht hem in alle dingen, wat te doen en wat niet te doen, hoe te handelen en hoe te spreken. Hij spreekt niet langer uit zichzelf, maar hij spreekt zoals de Heilige Geest hem inspireert.[34] "De vrede die alle begrip te boven gaat"[35] doordringt zijn gehele wezen, en getuigt van de aanwezigheid van de Almachtige Jezus.

Op deze wijze wordt de nooit aflatende roep van de mens tot de Goddelijke Naam, met geloof en liefde, gaandeweg omgevormd

---

[29] Rom.8:7.
[30] Gal.6:14.
[31] Cf. "We Shall See Him", GK p.300, EN p.194.
[32] LXX Ps.76(77):10/11.
[33] Rom.8:15,26.
[34] Zie "Saint Silouan", GK p.70, EN p.57, NL p.69.
[35] Fil.4:7.

tot hypostatisch gebed binnenin zijn hart dat is uitgebreid. Hij heeft datgene gevonden wat kostbaarder is dan de de gehele wereld: zijn hypostatische wezen,[36] het Koninkrijk Gods binnenin hem. Nu hij kennis heeft verworven van de Persoon van Christus, de God-Mens, en genezing heeft gevonden, begint de mens voor elk menselijk wezen hetzelfde aandeel te verlangen als waarmee hijzelf begenadigd is. De voornaamste zorg van zijn gebed is niet langer hijzelf, maar zijn medemens en het geheel van de mensheid. Als deelgenoot van de universaliteit van Christus, de God-Mens, ziet hij elke mens en de gehele wereld, niet zoals zij zich uiterlijk voordoen, maar zoals God hen ziet. Nu, door Christus, vindt hij wederom de wereld in zijn hart, en onder vele tranen doet hij voorbede voor haar, met het brandende verlangen dat allen net als hij God mogen leren kennen, en behouden worden.

Zo groeit de persoonlijke 'hel der bekering' van de mens uit tot een universele bekering. In zijn persoonlijke bekering heeft hij genade gevonden, en door de genade heeft hij eerst zijn diepe hart ontdekt, waarop hij in zichzelf zowel God als zijn naaste gevonden heeft. Aldus ontdekt de mens in zijn diepe hart zijn eenheid met de gehele kosmos. Dan wordt hij bevangen door een onvoorstelbare droefheid om de wereld die weigert zulk een God te kennen – zoals Hijzelf geopenbaard heeft dat Hij is – en hij smeekt God meedogend te zijn jegens alle mensen. Zijn smart over de velen die het zo hoge doel van hun roeping hebben gemist pijnigt hem. Zijn visie van enerzijds Christus' ondoorgrondelijke lankmoedigheid, en anderzijds zijn existentiële eenheid met de gehele mensheid in zijn hart, maakt dat hij al de misdaden van de gehele kosmos jegens de Schepper op zich neemt.

De bestemming van de gehele wereld is de bestemming geworden van de mens zelf; hij identificeert zich met de mensheid, hij leeft in berouwvolle bekering omdat deze aan de duisternis de voorkeur geeft boven het Licht.[37] Zijn metafysische notie van de zonde voegt nog toe aan de oceaan van zijn lijden. Daarnaast, doordat zijn geweten uiterst verfijnd is geworden, heeft hij het gevoel dat hijzelf elke mogelijke zonde onder de zon begaan heeft, waarover

---

[36] Cf. Mt.16:26.
[37] Cf. Joh.3:19.

hij overvloedige tranen vergiet. Het hart heeft een uiterste gevoeligheid verworven, zodat de mens niet anders kan dan in zijn eigen wezen de wanhoop te leven waarin de gehele kosmos gedompeld is. In zijn brieven aan zijn familie spreekt oudvader Sophrony over een dikke laag van duisternis die de aarde bedekt in de universele wanhoop van onze tijd.[38] Metafysische realiteiten, ongezien door de meerderheid, worden voor de ogen van de mens onthuld.

Niettemin trekt dit lijden hem niet de afgrond in, maar het dient veeleer als impuls om nog dichter tot Christus te naderen en begrip te verwerven van kosmische zaken, van de ondoorgrondelijke diepten van het zijn. Bij tijden wordt "hetgeen eerst een dodelijke smart scheen, ... vermengd met een 'ondraaglijke' zaligheid",[39] en schenkt hem aldus nieuwe kennis vanuit den Hoge, een persoonlijke kennis die de inhoud van zijn eigen hypostase wordt. Zo slingert de geest van de mens tussen de twee uitersten van de hel en het Koninkrijk, waarbij zijn wezen steeds verder wordt uitgebreid. Juist het feit dat de mens in staat is tot zulk uiterst lijden, bewijst zijn grootheid, het feit dat hij het beeld Gods is.[40]

Voor Gods aanschijn gedenkt de mens heel de schepping, want hij vormt het verbindende principe tussen God en de rest van de schepping. Dit is de manifestatie van het koninklijk priesterschap van Christus in zijn ziel – hetgeen tevens een kenmerk is van het persoon-zijn – waardoor hij tot priester wordt voor de schepping, een middelaar, een dienaar van het grootste wonder van het menselijk bestaan: zijn eenwording met God. De Goddelijke Naam is de ontologische inhoud geworden van de hypostase van de mens, samen met heel de persoonlijke kennis die dit met zich heeft meegebracht.

Het is door de Naam dat de mens elk menselijk wezen en de gehele Adam omvat, voor wie hij bidt in zijn hart. Elke mens en elke zaak waarvoor hij voorbede doet wordt in de Goddelijke Naam van de Heiland getrokken als in een vuuroven van liefde. In navolging van Christus, Die het gewicht van de gehele kosmos op Zich nam om deze op te heffen tot de Vader, wordt alles waar de mens aan raakt opgeheven tot het Koninkrijk van het Licht om

---

[38] Zie "Letters to His Family", GK p.193, EN p.180.
[39] "We Shall See Him", GK p.157, EN p.100.
[40] Zie ibid., GK p.19, EN p.12-13.

zegen en verlichting te ontvangen. Zijn profetische houding om zichzelf beneden elk schepsel te plaatsen heeft deze macht in zijn ziel gebracht, door de heilseconomie van de Algoede Heiland, Die wenst dat de mens een medewerker wordt met Hem in het behoud der wereld. Gods ogen zijn op zulk een mens gericht, Hij zet Zijn hart op hem, hij bezoekt hem elke morgen en beproeft hem elk ogenblik. Zulk een mens wordt tot doelwit van God,[41] het teken van God voor zijn generatie.

Vragen & Antwoorden

Vraag: Wat zou u aanraden voor het aanroepen van de Naam van Jezus? Zou men de gehele formule moeten zeggen of enkel de Naam?

Antwoord: Ik denk dat voor de meesten van ons de traditionele formule "Heer Jezus Christus, ontferm U over mij" het meest zeker is. Dat andere kan men zeggen, maar in latere stadia van het geestelijk leven. De volledige formule, "Heer Jezus Christus, Zoon van God, ontferm U over mij, zondaar", is een waarachtige belijdenis van het geloof – en (hoewel de korte aanroep van de Naam van Jezus kan variëren) wanneer het hart een zekere kracht geschonken wordt terwijl wij dit gebed beoefenen, dan is dit een getuigenis dat de Geest Gods deze woorden in ons bidt. Dus soms is de ene vorm meer geschikt en op andere tijden een andere. Maar wij houden ons aan datgene wat ons hart rouwmoedigheid schenkt en vergezeld gaat van een zekere kracht van de Geest. Zoals de heilige Paulus zegt, wij weten niet hoe wij moeten bidden of waarvoor wij zouden moeten bidden, maar het is de Geest die de uiting schenkt.[42] Er is maar één Leermeester voor het gebed: Christus, de enige Leermeester. Mensen kunnen u altijd enige vingerwijzingen en richtlijnen geven. Maar "Eén is uw leermeester, namelijk Christus", zoals Hijzelf zeide.[43]

Vraag: Vader, met alle respect dat toekomt aan het gebed voor

---

[41] Zie Job 7:17-21.
[42] Zie Rom.8:26.
[43] Cf. Mt.23:8,10.

de wereld en het gebed voor onze medemensen, hoe zouden wij dit vergelijken met, bijvoorbeeld, vrijwilligerswerk bij een onderdak voor de daklozen?

Antwoord: Alles wat mensen doen om het lijden te verlichten ten dienste van de ander is prijzenswaardig. Doch de meest prijzenswaardige activiteit, zoals wij dit zien in onze Heer Jezus Christus, is datgene wat de dood overwint. Dat wil zeggen, om op een of andere manier de genade des heils over te dragen op onze medemensen en te bidden voor de gehele wereld, dat wil zeggen, om over de gehele wereld de zegen van God uit te spreiden, zodat de wereld bewaard moge blijven. De heilige Silouan, in zijn eenvoud, zeide tot de monniken: "Als gij niet de gave bezit van dit gebed voor de gehele wereld, dien dan nederig de pelgrims die naar het klooster komen, dien uw medemensen."[44] Doch de meest uitnemende dienst aan de nader is een vat te zijn van onvergankelijke vertroosting en deze vertroosting over te dragen aan andere mensen.

Net zoals de Goddragende Simeon de vertroosting van Israël verwachtte en toen de Heer zag,[45] evenzo zou de priester een vat moeten zijn van onvergankelijke vertroosting, om aan elke persoon die met hem in aanraking komt deze troost over te dragen die hem bevrijdt van al zijn gehechtheden en hem in staat stelt gehecht te zijn aan de Levende God en achter Christus aan te snellen met een vrij hart. Dit is de meest edele dienst van de priester aan zijn mensen, om eerst zelf een vat te worden van de onvergankelijke vertroosting, zodat elk contact met de priester voor de gelovigen een bevrijding wordt van de krijgsgevangenschap der zonde en van de hartstochten.

Vraag: Hoe kunnen wij weten dat wij op het juiste pad zijn? Wanneer wij in de wereld leven, strijden wij op ons eentje en wij wonen vaak ver verwijderd van onze broeders en zusters in Christus. Wij hebben misschien niet de mogelijkheid om vaak de Goddelijke Liturgie bij te wonen en er is een groot gevaar dat wij zullen afvallen van het juiste pad. Zijn er richtlijnen die wij kunnen volgen, wanneer wij slechts zelden onze geestelijke vader zien, hoewel hij

---

[44] Zie "Saint Silouan", GK p.511, EN p.408, NL p.430.
[45] Cf. Lk.2:25.

ons in zijn gebed draagt en wij te allen tijde zijn gebeden kunnen aanroepen?

Antwoord: Ik denk dat wij onszelf enerzijds moeten toevertrouwen aan het gebed van de heiligen, die ons gesproken hebben over het mysterie van Christus en die ons in Zijn weg hebben ingewijd. Anderzijds, het bewijs dat bevestigt dat wij op het juiste pad zijn, is de vrede die wij hebben in het gebed. Als wij in vrede kunnen bidden en als wij de gewaarwording van Gods aanwezigheid in het hart bewaren, als wij ons hart al is het maar een beetje warm kunnen houden, dan zijn wij op de juiste weg. Dan vervullen wij het verbond van onze Doop, dat is, niet te leven voor iets van deze wereld; wij leven alleen voor Hem Die ons gekocht heeft met Zijn kostbaar Bloed. Het is altijd de vrede des harten die helpt dat het gebed gemakkelijk en vrijelijk voortvloeit, zowel als de nederigheid onszelf te bevelen aan de gebeden van de sterkere ledematen van de Kerk: de heiligen.

10

De tranen:
de genezing van de persoon

Één van de zekerste wegen tot de verwerkelijking van het persoon-zijn is het pad van de tranen. Door de tranen worden al de vermogens van de ziel verenigd, zodat wij kunnen oprijzen tot het niveau van de liefde tot God en de naaste, zoals vereist wordt door de geboden des Heren. Er is een zekere heelheid in de persoon die weent voor Gods aanschijn, omdat dan het hart en het intellect verenigd zijn. Door de energie van de genade wordt het intellect gekruisigd en daalt het neder in het hart. Het intellect wordt gekruisigd in het streven te leven naar de inzettingen van het Evangelie.

Elke keer dat wij wenen voor Gods aanschijn is het alsof Hij een kwast vasthoudt en een zalving aanbrengt op de ziel, zodat na enige tijd, door deze voortdurende zalving, het beeld van Christus wordt afgebeeld op het hart. Net zoals wij worden wedergeboren door de wateren van de Doop, zo worden wij herboren door de vloed der tranen in de geestelijke treurnis. Op vergelijkbare wijze, zoals wij het zegel van de Heilige Geest ontvangen door de heilige olie van de Myronzalving, zo ontvangen wij door de zalving der tranen de genade der verlichting.

Bij de verkondiging werd de Heer Jezus Christus door de Maagd Maria in menselijke gedaante ontvangen, door de Heilige Geest. Hij werd mens om ons in het vlees God te tonen. Evenzo ontvangen wij door de tranen gaandeweg het goddelijk leven in onszelf, om datgene te openbaren wat God oorspronkelijk voor ons heeft weggelegd, dat is, te worden tot volmaakt beeld en gelijkenis van Zijn Zoon. De Heilige Geest vormt dit beeld in ons, door het wenen, zodat wij het zegel daarvan mogen dragen en herkend zullen worden door de engelen die ons, op de laatste dag, zullen bijeenvergaderen in Zijn Koninkrijk.[1] De Heer Jezus Christus wordt Immanuël genoemd, "God mét ons". Toen het Woord vlees werd, werd Hij tastbaar

---

[1] Openb.9:4.

omwille van ons, hoewel Hij puur Geest was. De heilige Gregorius de Theoloog zegt, *'ho Logos pachynetai'* (ὁ Λόγος παχύνεται),[2] hetgeen letterlijk betekent: "het Woord [van God] wordt vetgemaakt". Het Woord van God "werd vet", opdat wij in staat mochten zijn Hem aan te raken, Hem te zien en Hem te horen. Hij werd op fysieke wijze "vet gemaakt", zodat Hij tastbaar zou worden voor ons. Ook wij, door te volharden in het werk van de tranen, van de geestelijke treurnis, worden 'vetgemaakt', maar dan in onze zielen. Dat wil zeggen, wij beginnen sporen te ontvangen van de genade, zodat onze ziel wordt 'vetgemest', zij wordt rijk, zij verwerft een volheid en wordt zichtbaar voor God en Zijn engelen. De heilige Simeon de Nieuwe Theoloog zegt, dat "zoals spijs en drank nood-zakelijk zijn voor het lichaam, zo zijn de tranen dat voor de ziel". Als wij niet vaak wenen, zegt hij, dan doen wij onze ziel verhongeren en wij laten haar vergaan van de honger.[3]

Dit is in wezen het werk van de bekering: dat elke mens voort-durend zijn ziel zou vetmesten door de verbrokenheid, door de tranen, om de sporen van Gods aanwezigheid in zijn hart te verzamelen. Mettertijd zullen deze sporen in hem uitgroeien tot een volheid van nieuw leven, dat een licht is voor zijn intellect en een kracht voor zijn hart, zodat hij moge opgaan in den hoge en de engelen moge evenaren. In deze staat wordt hij tot een waarachtige hypostase; hij ontvangt de gesteldheid van God. Hij wordt gezalfd door de Heilige Geest en hij heeft hetzelfde welbehagen verworven als God: dat allen mogen worden behouden. Dan begint het "ware werk" van de waarachtige mens, die uitgaat naar zijn werk tot de avond,[4] dat is, om elk schepsel tot God te brengen in zijn gebed van voorspraak. De bekroning van de bekering is deze vervolmaking van het hypostatische gebed: zulk een staat te bereiken dat, wanneer

---

[2] PG36, 313B. [Het Griekse woord *'pachys'* (παχύς), dat o.a. 'vet' of 'dik' betekent, wordt ook in bredere zin toegepast – m.b.t. de Vleeswording van het Woord Gods dus als aanduiding van de tastbare materie. Deze betekenis gaf aanleiding tot de inspiratie van de verderop genoemde gedachte aangaande het 'vetmaken' of 'vetmesten' van de ziel door de verwerving van Gods genade – hetgeen immers, in eeuwige zin, het enige is wat werkelijk substantieel is. Vandaar deze in het Engels en Nederlands ongewoon klinkende uitdrukking. *Noot vert.*]

[3] H. Simeon de Nieuwe Theoloog, in "The Discourses" (New York, 1980), p.314.

[4] Zie LXX Ps.103(104):23.

wij voor God staan, Hij in ons niet slechts een enkele naam zal zien, maar de gehele wereld, die in ons hart aan Hem wordt opgedragen.

"Vet worden" betekent volheid. De hypostase bezit een volheid die alles omvat wat goddelijk is en alles wat menselijk is. De Hypostase van Christus bevat de volheid van zowel de menselijke als de Goddelijke natuur; en de hypostase van de mens, wanneer deze vervolmaakt is, bezit ook een volheid van de Godheid door de genade. Door deze eenwording met de Goddelijke energieën, wordt het hart van de mens uitgebreid om heel de mensheid te omvatten en voor Gods aanschijn te brengen. De genade bezit een volheid in de vervolmaakte menselijke hypostase, en door die genade wordt zulk een mens tot middelaar voor de gehele wereld.

Diegenen die gezalfd zijn door deze genade van het gebed voor de wereld, hebben een zalving die niet gezien wordt door de mensen, maar die door de engelen onderscheiden wordt. God kent de Zijnen en Zijn engelen zijn eveneens in staat de sporen van het beeld van Christus te onderscheiden op het aangezicht en in het hart van de gelovigen. Zelfs in dit leven is dit verschijnsel niet volledig onwaarneembaar voor ons; soms zien wij misschien een zekere transparantie in mensen die wenen, hetgeen zichtbaar is in hun gelaat. Wanneer een persoon weent in het gebed, dan kan zijn huid glad en blinkend worden, zodat de aanraking van de zalving voelbaar is aan de huid; vooral op het voorhoofd, maar soms spreidt dit zich uit over het gehele lichaam van de mens. Oudvader Sophrony zeide, dat hij deze zalving voelde over zijn gehele lichaam, dan dat hij tevens voelde dat deze alles zou verteren wat vreemd was aan God.

Eén beeld van de heilige Paulus bevat heel de kracht van dit mysterie van de zalving, wanneer hij zegt dat wij "zuchten, verlangende overkleed te worden met onze woonstede die uit de hemel is, dat wij niet naakt bevonden zullen worden... opdat het sterfelijke verslonden worde door het leven".[5] Bekering betekent in wezen dit sterke verlangen te hebben en voortdurend te zuchten om de goddelijke wasdom te ontvangen, die een hemelse tabernakel is, zodat beetje bij beetje de sterfelijkheid verslonden moge worden door de onsterfelijkheid. Dan kan ons een voorgevoel worden gegeven van ons onverderfelijk lichaam, een pand van de toekomstige opstanding,

---

[5] Cf. 2Kor.5:2-4.

zoals het geval was in het leven van de profeet Job, toen hij profe-teerde: "En als mijn huid geheel doorknaagd zal zijn, zal ik toch uit mijn vlees God nog zien".[6] Als wij de onvergankelijke vertroosting ervaren van de tranen, en daardoor de zekerheid ontvangen van onze opstanding, dan zullen wij in staat zijn ook al onze medemensen te bezien als bestemd voor de onsterfelijkheid, en daardoor zelfs onze vijanden liefhebben. Dan zullen wij in staat zijn tot de Heer te spreken in Zijn eigen taal, de taal der tranen, voor onszelf en voor alle mensen – waardoor Hij Zich over ons nederbuigt en ons geneest.

Aan al zijn monniken beval oudvader Sophrony de tranen aan, vanaf de eerste week dat zij naar het klooster kwamen. Hij zeide tot hen: "Als gij de hartstochten uit de ziel wilt ontwortelen, leer dan te wenen". Om zijn onderricht te ondersteunen verwees hij altijd naar de katechese van de heilige Simeon de Nieuwe Theoloog. De mystieke theologie van de heilige Simeon bevat een sterk charisma-tisch element, daar hij al zijn vertrouwen stelt op de Almachtige Jezus. Hij vertrouwt op elk woord dat Deze hem in de mond zal leggen. Hij heeft zulk een vertrouwen dat de Heer zijn mond zal openen in verlangen tot bekering. Hierin is hij als de heilige Paulus, die zegt: "wij weten niet wat wij zullen bidden zoals dat zou moeten, maar de Geest Zelf doet voorbede voor ons met onuitsprekelijke verzuchtingen".[7] De heilige Simeon heeft hetzelfde apostolische vertrouwen, dat Hij die in ons een goed werk begonnen is, trouw zal blijven om dit tot volmaaktheid te brengen. Dit is waarom hij in de dertigste katechese een specifiek gebed aanbeveelt alvorens te wenen, en daar dan aan toevoegt: "en elk ander woord dat God u op dat ogenblik in de mond legt".[8] Met andere woorden, hij laat ruimte aan de Geest, en moedigt het vrije gebed aan vanuit het hart.

De taal der tranen is de taal van de Heilige Geest in elke persoon. Deze taal spreekt op verschillende manieren in onze harten op verschillende tijden. Wij lezen vele malen dezelfde gedeelten van

---

[6] Job 19:26 (naar het Hebreeuws). [LXX 19:25-26 spreekt nog letterlijker over de opstanding: "Want Ik weet dat Hij eeuwig is, Die mij aanstonds zal bevrijden op de aarde, en mijn huid, die dit alles verduurd heeft, zal doen opstaan." *Noot vert.*]
[7] Rom.8:26.
[8] H. Simeon de Nieuwe Theoloog, "The Discourses", XXX, p.322.

de Heilige Schrift, en toch komt er een dag dat een woord in ons
weerklinkt zoals het dit die eerste keer deed in het hart van degene
die het uitsprak, waarbij het voor ons een volkomen nieuwe
inhoud opent. Ik herinner me de dag, waarop ik dit woord van Job
tegenkwam, waaraan dit boek is opgedragen:

> "Wat is de mens, dat Gij hem hebt grootgemaakt? Of dat Gij Uw
> aandacht op hem vestigt? Dat Gij hem bezoekt tot aan de vroege
> morgen, en hem oordeelt tot aan zijn rust? ... Waarom hebt Gij
> mij tot uw doelwit gemaakt?

Ik opende de Bijbel zomaar ergens en vond dit vers, waarin
heel de theologie van oudvader Sophrony vervat leek. Er wordt
een ongewoon woord in gebruikt: *'katenteuktês'* (κατεντευκτής),
onbekend in het moderne Grieks, dat kan worden weergegeven als
'doelwit' of 'aanklager'. In het Grieks van de Septuagint betekent
het iemand die een dispuut begint, niet om zelfzuchtige redenen,
maar om het goddelijk mysterie te verstaan. Al wie de staat bereikt
een *'katenteuktês'* te zijn, wordt tevens het doelwit van de verborgen goddelijke bezoeken, die de bron zijn van alle tranen.

De heilige Jakobus zegt, dat wij in zachtmoedigheid het "ingeplante woord" moeten ontvangen, dat onze ziel kan behouden.[9] Dit
ingeplante woord is het ingeboren woord, die oorspronkelijke gave
die God de mens geschonken heeft bij zijn schepping naar Gods
beeld en gelijkenis, om hem in staat te stellen Zijn openbaring te
ontvangen. Hetzelfde principe wordt uitgedrukt in de Brief aan de
Kolossenzen, als de "besnijdenis, die niet door mensenhanden is
verricht".[10] Hier zegt de heilige Paulus op allegorische wijze dat
wij besneden zijn, hetgeen betekent dat het hart gewond is, niet op
materiële of fysieke wijze, maar door de besnijdenis van Christus,
dat is, door Zijn woord, door de inzettingen van het Evangelie.
Wanneer het hart gewond is door de inzettingen van het Evangelie
en daardoor besneden wordt, dan komt het tot verbrokenheid en is
het altijd Hem indachtig, Die het verwond heeft. Dit is de bekering:
altijd deze besnijdenis van Christus te dragen.

---

[9] Jak.1:21.
[10] Kol.2:11.

Wij hebben het nodig deze wonde in het hart te dragen, die ons bekend wordt door de tranen. Daarzonder zullen wij koud blijven en gemakkelijk gelijkvormig worden aan de patronen van deze wereld, zodat wij zelfs tot zulk een staat geraken dat wij de liefde voor deze wereld verenigbaar willen maken met de liefde voor God. Wij hebben het nodig, dat de vertroosting van God in ons sterker is dan de macht van deze wereld. Om het vuur van de hartstochten te doven hebben wij een sterker vuur nodig. Dus hebben wij het van node deze wonde te dragen, die ons altijd herinnert aan iets dat veel hoger is, volmaakt en heilig. Als wij deze herinnering in onszelf dragen, dan zullen wij in staat zijn die "goede, en welgevallige, en volmaakte wil van God" te onderscheiden.[11] Het is van uiterst groot belang voor ons de sporen van Gods wil te volgen, omdat wij dan het leven vinden: "In Uw wil is het leven".[12]

De tranen beginnen te vloeien wanneer wij onszelf overleveren aan de wil van God, en Zijn voorzienigheid beginnen te verstaan. Wanneer wij volledig op God vertrouwen en al ons vertrouwen op Hem stellen, dan worden alle vermogens van onze ziel verenigd en zijn wij in staat onszelf geheel te richten op het Aangezicht van Christus.

In de beginstadia van ons leren wenen, zijn onze tranen bitter voor ons, vanwege onze erbarmelijke staat. Door deze brandende tranen beginnen wij alles in onszelf te haten wat de genade Gods weerstaat en de Heilige Geest ervan weerhoudt in ons zijn woning te maken. De nederigheid van het wenen in gebed wast ons geestelijk gezichtsvermogen, en ons innerlijk oog wordt geopend om de geestelijke wereld te schouwen. De schellen die onze ogen bedekten worden opgelost.

Mettertijd worden de tranen meer vreugdevol, vol van de dorst naar een meer volmaakte eenwording met de God van ons heil. Hoe groter de overvloed aan tranen, des te groter de werking van de genade die deze vergezelt, en des te gemakkelijker wordt het onszelf over te leveren aan het werk der bekering. Eerst is dit pijnlijk, maar net als met alle gebed, wij blijven het proberen totdat ons de inspiratie geschonken wordt, en als deze eenmaal geschonken is,

---

[11] Rom.12:2.
[12] Cf. LXX Ps.29:6 (30:5/6) – vertaald naar de Septuagint.

dan willen wij er niet meer mee ophouden. Aan het eind zijn onze tranen vol dankbaarheid voor de ontelbare en onbeschrijfelijke weldaden van Gods goedheid jegens ons, die wij eerst niet in staat waren te zien.

Net als het "sterk schreeuwen" en de vrijwillige tranen van Christus in Gethsémane ons heil bewerkten, zo dient de wijze waarop wij ons dit heil eigen maken hetzelfde pad te volgen. Als wij werkelijk leerlingen van het Kruis zijn, dan zullen wij ook werkers van de tranen zijn, want de Heer heeft gezegd: "Zalig de treurenden".[13] De geestelijke treurnis is een levenschenkende activiteit van de geest van de mens. Zolang wij in ons hart het sterven dragen van de Heer Jezus, zal ook het leven van Christus in ons overvloedig zijn.[14] De profeet Joel weeklaagt, dat "de zonen der mensen de vreugde hebben beschaamd".[15] Wij dienen ons te bekeren omdat wij aan een valse vreugde de voorkeur hebben gegeven boven de geestelijke vreugde. In plaats van werkelijke blijdschap hebben wij de voorbijgaande geneugten van deze wereld gezocht. De geestelijke treurnis scheidt ons van de vergankelijke genietingen die de waarachtige vreugde van God beschamen. "Zalig zij die nu wenen, want gij zult lachen";[16] dit geestelijke lachen is een zegevierend lachen, een teken dat de genade de dood in ons begint te overwinnen.

De zalige vreugde teweeggebracht door de tranen der verbrokenheid wordt in het Grieks weergegeven door het woord 'katányxis' (κατάνυξις) – rouwmoedigheid – in het Engels gewoonlijk vertaald met 'compunction'. Oudvader Sophrony vertaalde deze term als 'amour triste', 'droevige liefde'. De Kerkvaders noemen het 'charmolýpê' (χάρμολύπη) – vreugdevolle droefheid – een ervaring van terzelfder tijd vreugde en droefheid. De heilige Paulus zegt, dat hij te allen tijde "weende met hen die wenen, en zich verheugde met hen die zich verheugen".[17] Hij was in staat beide tegelijkertijd te doen, omdat hij als leerling van het Kruis tevens een leerling was

---

[13] Mt.5:4.
[14] 2Kor.4:9-10.
[15] Joël 1:12 (LXX).
[16] Lk.6:12.
[17] Cf. Rom.12:15.

van de zaligheid van het Opstandingsleven van de Heer. Er ligt een sterk element van vreugde in de bekering, vanwege de aanwezigheid van de Heilige Geest die de ziel vertroost: "Door het Kruis kwam er vreugde in de gehele wereld".[18]

In de wondere Psalm 118 (119), die het verlangen beschrijft van de ziel om uit dit leven te worden verlost, zodat zij voor altijd met God moge zijn, staat geschreven: "Sprengen van wateren stroomden uit mijn ogen".[19] Niet slechts een traan, maar stromen van tranen! Wij kunnen nimmer genoeg verbrokenheid bezitten; wij kunnen nimmer genoeg tranen hebben; zelfs niet van dat soort wenen dat komt uit de diepste diepten van ons hart en heel ons wezen tot op de kern doorschokt. Zulk wenen maakt een verandering in ons leven en dergelijke ogenblikken worden de grondslag van ons bestaan. Op de lange duur, wanneer wij terugkeren tot deze ogenblikken, dan blijken deze onze steun, daar wij weten: "In de avond zal het wenen vernachten, en in de vroege morgen is er jubelen".[20]

In het Nieuwe Testament is de heilige Petrus de beste leermeester voor de tranen. Hij beging de grootste zonde van allen: nadat hij de voornaamste leerling des Heren was geweest, verloochende hij Hem tot driemaal toe, dat wil zeggen, hij verloor iedere Doopgenade. Doch de Heer had voorzien dat hij verzocht zou worden en bad voor hem. Toen Petrus de diepte van zijn val begreep, ging hij uit en weende bitter.[21] Op de Grote en Heilige Vrijdag horen wij deze verzen die zijn kreet tot de Heer uitdrukken: "Geef gehoor aan mijn tranen, blijf niet zwijgen, want ik ben een vreemdeling bij U en een bijwoner, zoals al mijn vaderen".[22] Door deze bittere tranen werd Petrus genezen van zijn zonde, en binnen enkele dagen hersteld tot het leiderschap der apostelen. Wij kunnen die zien uit de woorden van de engel tot de myrondraagsters: "Gaat heen, zegt tot Zijn leerlingen, en tot Petrus, dat de Heer u voorgaat naar Galiléa".[23]

De vrouw in de stad die de Heer zalfde met myron heeft een eeuwige gedachtenis bij God vanwege haar tranen en haar grote

---

[18] Uit de Opstandingshymne na het Evangelie van de zondagse Metten.
[19] Ps.118(119):136.
[20] LXX Ps.29(30):5/6.
[21] Lk.22:62.
[22] LXX Ps.38(39):12/13.
[23] Cf. Mk.16:7.

liefde. De tranen zijn een teken van liefde; wij kunnen niet wenen zonder een waarachtig verlangen en waarachtige liefde. Wij kunnen slechts wenen wanneer wij één ding in ons hart en in onze gedachten hebben. Als wij dubbelhartig zijn kunnen wij niet wenen. Het wenen komt met de gedachte aan onze uiterste onwaardigheid en onze geestelijke armoede. "Zalig de armen van geest..." wordt onmiddellijk gevolgd door "Zalig de treurenden".[24] Wij moeten altijd in gedachten houden dat wij arm zijn en volstrekt nietig, zodat wij altijd gereed zijn om onszelf te beschuldigen, onszelf te veroordelen en te berispen. De heilige Gregorius Palamas zegt dat deze zelfbeschuldiging de waarachtige wijn is die de ziel vreugde schenkt, zoals de verbrokenheid hete tranen voortbrengt.[25] Dit brengt licht aan de ziel en snijdt de wil van de vijand af, terwijl het ons gestemd maakt om alleen Gods wil te volgen. De verbrokenheid is dus noodzakelijk voor ons, omdat het de verbrokenheid is die de ziel weer vreugde schenkt door de waarachtige wijn die de geest versterkt.

Toen Abraham God zag, zeide hij: "Ik ben aarde en as!"[26] Wij moeten van dag tot dag deze verbrokenheid onderhouden, die een licht is voor onze ziel, hetgeen het begin is van de waarachtige liefde. Eén manier om deze grote wetenschap te verstaan is door de woorden die de Heer gaf aan onze heilige vader Silouan: "Houd uw geest in de hel, en wanhoop niet". Ons leven is vol van de hel; wij verblijven niet voortdurend in Gods aanwezigheid; wij worden niet te allen tijde geleid door Zijn Geest; wij zijn niet voortdurend verlicht in ons intellect en omgevormd in ons hart; het grootste deel van de tijd worstelen wij tegen de zonde; wij worstelen tegen onze godvergetelheid, tegen de moedeloosheid. Wanneer God werkelijk afwezig is in ons leven, dan zijn wij in de hel. De hel is de plaats van de afwezigheid van God. Eén manier om de woorden van de Heer tot de heilige Silouan toe te passen, is te zeggen: "Ja Heer, ik verdien deze verlatenheid, ik verdien het zo ver te zijn van Uw heil, ik verdien het dat heel het huis van mijn ziel een hel is. Maar Gij zijt goed, behoud mij om niet, zonder reden, onwaardig als ik ben".

---

[24] Mt.5:3.
[25] H.Gregorius Palamas, "To the Most Reverend Nun Xenia", in "The Philokalia", vol. IV, p.314.
[26] Gen.18:27 (LXX).

Oudvader Sophrony placht te zeggen dat iedereen die op deze wijze leeft, in verbrokenheid en tranen, nog niet de vrijmoedigheid bezit een kind in het gelaat te zien.[27] Dit is de zede, de leefwijze van diegenen die gevoed worden door de vetheid van God. Wee ons, als wij onze rechtvaardigheid voor God doen staan, vertrouwend op onze uiterlijke werken of natuurlijke gaven. De goddelijke liefde wordt gevonden telkens waar verbrokenheid is over de zonde en dankzegging voor Gods aanschijn. Wij hebben het nodig deze geest van verbrokenheid te bewaren, zodat de Heilige Geest in de ziel moge nederdalen en een aardbeving veroorzaken, die de schellen van de moedeloosheid afschud die wij verzameld hebben, en ons hernieuwt zoals de apostelen hernieuwd werden met Pinksteren. Diegenen die de zalving van de Heilige Geest hebben ontvangen door verbrokenheid en tranen beginnen God lief te hebben op zeer hevige wijze, zozeer dat zij zichzelf zien als waren zij nog niet begonnen op het pad van de goddelijke liefde. Dit is waarom zij net als de heilige Paulus kunnen zeggen: "Christus .. is in de wereld gekomen om zondaars te behouden, van wie ik de eerste ben".[28]

In het paradijs, toen Adam nog verbleef in de aanwezigheid van God, keek hij naar Eva en zag haar als vlees van zijn eigen vlees, en been van zijn eigen beenderen – als zijn eigen leven. Doch toen hij de wil van God verraden had en de Heer hem zocht, zeide hij: "De vrouw die Gij mij gegeven hebt, heeft mij verzocht en vernietigd". Hij behandelde Eva alsof zij een vreemde voor hem was, als een vreemdeling. Als wij onze oorspronkelijke bestemming verraden, zoals Adam dat deed, dan zullen wij niet langer in staat zin broederlijke liefde te betonen aan onze broeders. Wij zullen hen zien als vreemden, als een bedreiging voor ons leven, en wij zullen hen oordelen. Vanaf de tijd van de Val van onze voorouders, is de enige houding die God welgevallig is onszelf te beschouwen als God onwaardig, zowel als onze medemensen onwaardig. Als wij deze houding bewaren, dan zal geen oordeel, geen kritiek, geen negatief woord op onze lippen komen over onze medemensen, omdat de energie die teweeggebracht wordt door de

---

[27] Zie ook de heilige Simeon de Nieuwe Theoloog, "The Discourses", p.151, 254.
[28] 1Tim.1:15.

zalving van God, vanwege de verbrokenheid en de tranen, de kop daarvan zal afsnijden in onze keel voordat het onze tong bereikt.

Dit is waartoe wij geroepen zijn als volgelingen van Christus. Feitelijk, telkens wanneer de Heer ons schenkt te wenen over onze zonden dan komt er een aanraking van de eeuwigheid over ons, een aanraking van de genade die ons zalft en maakt dat wij ons anders gedragen jegens onze medemensen. Tenzij wij van dag tot dag wenen, en tenzij wij dit ons voornaamste doel maken, zullen wij onze broeder niet zien als ons leven,[29] zoals de heilige Silouan ons vermaant te doen, en wij zullen voortgaan elkander te bijten totdat wij "door elkander verteerd" worden.[30]

De zelfbeschuldiging en de fout op ons nemen, de schaamte voor onze zonde, is een teken dat de liefde Gods in ons werkzaam is. Deze liefde wordt een licht voor de ziel, zodat de mens zich niet langer vergelijkt met andere stervelingen, maar met goddelijke maatstaven, dat wil zeggen, met het beeld van onze Heer Jezus Christus. Dan is hij in staat te zien dat het grootste gebod van het Nieuwe Testament is, wanneer de Heer zegt: "Zo ook gijlieden, wanneer gij gedaan zoudt hebben al hetgeen u is opgedragen, zegt dan, Wij zijn onnutte dienstknechten, wij hebben slechts gedaan wat wij schuldig waren te doen."[31]

Van al de profeten van het Oude Testament is Job de grootste Leermeester van de tranen, zoals hijzelf zegt: ".. mijn harp is geworden tot lijden, en mijn psalter tot wenen in mij".[32] Wanneer zijn kinderen gedood worden, zijn eigendom verwoest is en hij geplaagd wordt door ziekten, zegt zijn vrouw tot hem: "Vloek God en sterf!"[33] Zij verzoekt hem, wetend dat als hij God lastert al zijn plagen zullen ophouden. Doch Job weet dat als hij God vervloekt, er geen hoop voor hem zal zijn in eeuwigheid. Hij blijft onderworpen aan Gods wil, zelfs terwijl hij in een foltering van tranen verkeert, zeggende:

---

[29] "Saint Silouan", GK p.468, EN p.371, NL p.392.
[30] Gal.5:15.
[31] Cf. Lk.17:10.
[32] Job 30:31 (LXX).
[33] Job 2:9.

Ik was in vrede, doch hij heeft mij gebroken: hij heeft mij zelfs bij de haren genomen, en ze uitgeplukt; hij heeft mij tot doelwit gesteld... Mijn buik is verteerd door het wenen, de schaduw [des doods] ligt over mijn oogleden... O dat een man mocht pleiten tegenover de Heer, zoals een mensenzoon pleit met zijn naaste![34]

Job beseft niet dat hijzelf handelt op een wijze die Christus voorafbeeldt, de waarachtige advocaat die hij zoekt. In zijn beproeven van God vertoont hij één van de voornaamste karakteristieken van het persoon-zijn, door te handelen als voorspreker voor Gods aanschijn omwille van de gehele mensheid, en te pleiten dat het menselijk lijden gerechtvaardigd moge worden. In zijn boek "On Prayer" heeft oudvader Sophrony een jammerklacht van Job ingevoegd als was het zijn eigen gebed. Hierin vervloekt Job zichzelf, en met hem alle mensen, zodat zijn kreet wordt als die van Adam, uitgeworpen buiten het paradijs:

De dag verga waarin ik geboren werd, en de nacht waarin men zeide: zie, een mannelijk kind! ... laat de duisternis en de schaduw des doods hem ontvangen, laat de duisternis over hem komen... maar laat die nacht in smart zijn, en geen blijdschap zij daarin noch verheuging – maar laat hem die de dag vervloekt hem vervloeken... laat hem niet in het licht komen en laat hem de morgenster niet zien opgaan, omdat hij de poorten niet sloot van de buik mijner moeder, want dit zou mij bevrijd hebben van de pijn van mijn ogen. Want waarom ben ik niet gestorven in de moederschoot? waarom toch ben ik uit de buik gekomen, en niet terstond vernietigd? ... Nu zou ik zijn ingeslapen en stil zijn [in de immense rust van het niet-zijn] ... *Waartoe wordt het licht geschonken aan de mens,* wiens weg [tot de kennis van God] verborgen is, en die door God is ingesloten?[35]

Na Jobs pleiten bij God, waarbij hij de menselijke conditie als hopeloos voorstelt, ontvangt hij een antwoord: hij wordt opgeheven, als uit de hades, en begenadigd met het schouwen van de

---

[34] Job 16:12,16,21. [Weergave naar LXX. Het woord 'doelwit' is hier de vertaling van het Griekse *'skopós'* (σκοπός). *Noot vert.*]

[35] Cf. Job 3 (LXX). Het commentaar tussen haakjes is afkomstig van oudvader Sophrony. Dit is een geredigeerde versie, zijn volledige citaat is te vinden in "On Prayer", GK p.129-130, EN p.126-127 en in "His Life is Mine", EN p.46-47.

Heer van aangezicht tot Aangezicht. Hij had God beschuldigd vanuit de verwoesting die hij ervaren had; hij werd gecorrigeerd door de mond van God Zelf:

> De Heer zeide tot Job vanuit de wervelwind.. Wie is deze, die raad voor Mij verbergt, en die woorden bewaart in zijn hart, doch ze voor Mij meent te verbergen? Gordt dan uw lendenen als een man, en Ik zal u vragen, en antwoordt gij mij. Waar waart gij toen ik de aarde fundeerde? ... Wie heeft haar maten gezet? ... Men zal toch niet het oordeel ombuigen met de Machtige – hij die God berispt antwoorde daarop! ... Doch Job neemt het woord en zegt tot de Heer: Ik weet dat Gij alles kunt... [Voorheen] had wel mijn oor van U horen spreken, doch nu heeft mijn oog U gezien. Daarom minacht ik mijzelf en versmelt, *mijzelf nu acht ik aarde en as.*[36]

Door heel zijn verzoeking heen wist Job dat er een diepere reden lag achter zijn pijniging en voortdurend worstelde hij om het oordeel van God te verstaan. Uiteindelijk, toen God hem bezocht opdat hij Hem met eigen ogen mocht aanschouwen, weeklaagde hij over zichzelf, en toen speet het hem dat hij niet nog meer had geleden. Slechts toen hij tot het einde toe verduurd had, werd hem een volmaakte ontmoeting met God geschonken, zodat zijn hypostatische beginsel vervuld mocht worden. De verzoeking van Job openbaart de menselijke hypostase (liefde tot aan zelfhaat toe), net zoals de realiteit van het Kruis en al het lijden dat Christus ondergaat de Persoon van Christus openbaart (liefde tot het einde toe). Dit is het oordeel van de wereld. Zoals Christus zegt: "Nu is het oordeel van deze wereld".[37]

De heilige Silouan schrijft dat de profeet Job, door al de vernedering die hij verduurde, gelijk werd aan Christus:

---

[36] Zie Job 38-42 (LXX). Dit gedeelte wordt volledig geciteerd in "We Shall See Him", GK p.237-238, EN p.151-152. De woorden tussen haakjes zijn wederom van oudvader Sophrony. [Hier vertaald naar de Griekse editie, die de Septuagint volgt. Vanuit het Hebreeuws is de laatste zinsnede iets verschillend; met de notitie van de Oudvader luidt deze zin dan: "Ik verfoei mijzelf en *bekeer mij* (van mijn dwaasheid) *in stof en as.*" *Noot vert.*]
[37] Joh.12:31.

Wanneer de vrede van Christus in de ziel komt, dan is zij er gelukkig mee om als Job op de mestvaalt te zitten, doch de anderen in heerlijkheid te zien; en de ziel verheugt zich, omdat zij de minste van allen is. Dit mysterie van de nederigheid van Christus is groot en onzegbaar. Uit liefde verlangt de ziel voor elke mens meer goed dan voor zichzelf, en zij verheugt zich, wanneer zij de anderen gelukkiger ziet dan zijzelf, en zij is bedroefd wanneer zij anderen gepijnigd ziet.[38]

Job bereikte de Christus-gelijkende liefde, evenals de heilige Silouan, door het rechtstreekse schouwen van Gods Aangezicht. Hij werd aan Christus gelijk door Diens pad te volgen; door eerst neder te dalen in de hel en vervolgens op te stijgen tot de hemelen. Job kende de macht van de tranen – hoe had hij anders kunnen overleven in zulk lijden? Aan de broer van oudvader Sophrony, Nikolaas, die vele jaren doorbracht in de gevangenkampen van Siberië, werd ooit door zijn zoon gevraagd: "Bad u daar in de kampen?" Hij glimlachte en zeide: "Het zou onmogelijk geweest zijn te overleven zonder het gebed".

De navolging van het pad van Job en het bewaren van het voortdurende gesprek met God, zelfs in de afwezigheid van enige vertroosting, leidt tot de hernieuwing van de genade en een rijke intrede in Zijn Koninkrijk. Na het bezoek van de Heer wordt Job hersteld en, zoals hij zegt, bevindt hij zichzelf wederom zoals het was in zijn jeugd, "toen Gods verborgenheid over mijn tent was; toen de Almachtige nog met mij was, en mijn jongens rondom mij; toen ik mijn gangen wies in boter, en de rots in mijn nabijheid olie-beken uitgoot".[39] Dit is de rijkdom van Gods barmhartigheid jegens Zijn heiligen, die de heiligen vervolgens aan anderen kunnen over-brengen door hun woorden en hun aanwezigheid.

In de Psalmen worden de tranen het "brood" genoemd, dat het hart sterkt om in de Aanwezigheid van God te staan.[40] Door de gave der tranen wordt het hart verstout de weg van Christus te volgen en al de geboden te vervullen. Dit is de vrijmoedigheid van het Kruis, als wij leerlingen van het Kruis zijn. "Want alzo lief heeft God de

---

[38] "Saint Silouan", GK p.391, EN p.305, NL p.326.
[39] Job 29:5-6 (naar het Hebreeuws).
[40] LXX Ps.79(80):5/6, zie ook LXX Ps.103(104):15.

wereld gehad, dat Hij Zijn Eniggeboren Zoon gegeven heeft".
Door het Kruis heeft Hij ons de wonderbare weg geopenbaard die
tot in de hemel leidt. Doch daar wij, evenals Petrus, niet altijd in
staat zijn dit Kruis te dragen, hebben wij geen ander middel om
deze weg te volgen dan te bidden onder tranen. Er is geen andere
weg tot onze genezing behalve door de tranen. Het wenen is van
zodanige aard, dat het al de vermogens van de ziel verenigd, en
alleen dan, in zijn genezen staat, is de mens in staat met heel zijn
hart de geboden der liefde te vervullen.

Epiloog: Over de persoon

een interview met
archimandriet Zacharias

*Hoe heeft oudvader Sophrony de idee van de persoon bij u ge-
introduceerd?*

Oudvader Sophrony sprak veel over zijn oudvader, de heilige
Silouan en elke keer wanneer hij over hem sprak schilderde hij in
feite aspecten van diens persoon-zijn. Voor hem was de persoon
van de heilige Silouan de volmaakte manifestatie van een verwerkelijkte hypostase. De heilige Silouan was een eenvoudige Russische
landman, die monnik werd op de berg Athos en begenadigd werd
met zulk een gebed, dat hij verwaardigd werd de levende Christus
te schouwen. Na zes maanden van intensief gebed, gebeurde dit alles
"in een oogwenk",[1] als een bliksemflits: de bliksemstraal van de
Godheid. Hij was maar twee winters naar school geweest,
misschien had hij nimmer een wereldkaart gezien. Toch begon hij
na deze gebeurtenis te bidden voor de gehele wereld, en hij zette dit
voort tot aan het eind van zijn leven. Toen hij het Licht zag van het
Aangezicht van Christus, zag hij hoe de mens dient te zijn in zijn
uiteindelijke vervulling. Hij was vol mededogen voor alle mensen
en zijn gebed was als volgt: "Ik bid U, barmhartige Heer, voor alle
volkeren der aarde, dat zij U mogen kennen door Uw Heilige Geest".[2]

De profeet Amos zegt: ""De leeuw zal brullen, en wie zal niet
vrezen? De Heer God heeft gesproken, en wie zal niet profeteren?"[3]
Als God in het hart van een persoon de donder doet weerklinken,
hoe kan die persoon dan niet spreken? Hetzelfde gebeurt in de
geschriften van de heilige Silouan, zijn woord weerklinkt van deze
donderklank in zijn hart, die het levende woord van God is.

In "We Shall See Him as He Is" (*Wij zullen Hem zien zoals
Hij Is*) schrijft oudvader Sophrony vaak over het hypostatische

---

[1] 1Kor.15:52.
[2] "Saint Silouan", GK p.355, EN p.274, NL p.296.
[3] LXX Amos 3:8.

beginsel. Er zijn enkele dingen waar hij steeds over spreekt: het gebed voor de wereld, de liefde voor de vijanden, de charismatische of onbeschrijfelijke nederigheid, de kennis van het mysterie van de wegen des heils voor elke persoon, en de bekering voor de gehele Adam, zoals de heilige Silouan dit beschrijft in zijn "Weeklacht van Adam". Telkens wanneer oudvader Sophrony over de heilige Silouan sprak, was dit alsof hij een kleine steen toevoegde aan een mozaïek; hij werkte aan het mozaïek van de waarachtige persoon.

Wat is persoon-zijn? Is dit de openbaring van het goddelijk beeld van Christus in de mens?

Zoals onze Vaders ons geleerd hebben, werd de eerste Adam geschapen naar het beeld van de tweede Adam – Jezus Christus. Hoe kennen wij deze God? In die ogenblikken waarin het gebed geïntensiveerd wordt met alle menselijke kracht, en de mens bidt "van aangezicht tot Aangezicht" met de beginloze God, dan wordt de ervaring van de persoon aan hem meegedeeld. Wanneer dit een zekere volheid bereikt, een zekere volmaaktheid, zoals wij zien in de persoon van de heilige Silouan, dan toont zich dit op verschillende manieren: in het gebed, in het schouwen, in het intellect, wanneer de mens dezelfde gezindheid bezit die in Christus Jezus was.

Wanneer de mens die een waarachtige persoon is zichzelf vernedert, dan vernedert hij zichzelf tot het einde. Wanneer hij bidt, dan bidt hij op reine wijze. Wat is rein gebed? Dan weet gij niet of gij in uw lichaam of buiten uw lichaam zijt. In dit gebed wordt gij deelgenoot gemaakt van een goddelijke staat. Wanneer de persoon bidt, dan bidt hij voor de gehele wereld, en niet één enkele persoon is buitengesloten uit zijn hart; hij bidt voor iedereen die in deze wereld gekomen is, vanaf het begin tot het einde der tijden.

Dit principe van het persoon-zijn wordt werkzaam in de mens door het gebed van de grootst mogelijke intensiteit. In dit specifieke gebed, waarin God geopenbaard wordt, in het gebed "van aangezicht tot Aangezicht", komt Hij Die absoluut is, ongeschapen, oneindig, almachtig, de Eerste en de Laatste,[4] en Hij woont in de mens en Hijzelf is het Die bidt, namelijk, Hij vervult de mens met Zijn leven.

---

[4] Openb.1:8,11 & 21:6 & 22:13.

Dit gebed wordt gedefinieerd als hypostatisch gebed en dit is het gebed waardoor de mens ontvankelijk kan worden voor de openbaring van de persoonlijke God. Dit is gemeenschap met de "IK BEN", gemeenschap met het Goddelijk 'Zijn'.

God heeft Zichzelf aan Mozes geopenbaard als "IK BEN DE ZIJNDE". Toen Hij ons schiep naar het beeld en de gelijkenis van Hemzelf, schonk Hij ons het vermogen zelf zulk een gebeurtenis te worden. Wij werden geschapen door de vrije, oneindige, absolute God. Wij zijn een weerspiegeling van die volmaakte Persoon, Die alles omvat en de basis is van al wat bestaat. Geschapen naar Zijn beeld, draagt de mens dit beeld in zichzelf als een vermogen dat werkzaam moet worden. De hypostase is een uniek verschijnsel, dat op aarde onmogelijk gevonden kan worden zonder de genadegave van Christus. Het ligt niet in ons natuurlijke vermogen dit te ontwikkelen, maar wij hebben het vermogen dit van God te ontvangen als wij wandelen naar Zijn geboden, en Zijn geboden de enige wet worden van ons bestaan.

Daar God als Schepper onderscheiden moet blijven van Zijn schepselen, hoe dicht kan de menselijke hypostase komen tot de gelijkenis aan God als Schepper?

Wij zouden nimmer in staat zijn de waarachtige God te kennen, als Hijzelf niet de kloof had overbrugd die ligt tussen Hem en ons, als geschapen wezens. Onze God is geen menselijke uitvinding, maar Degene Die waarlijk IS, de waarachtige God – Die Zich in zijn bovenmatige liefde aan de mens openbaart. Hij schept door Zijn energie, die Zijn genade en Zijn kracht is. Wanneer wij deze genade ontvangen, dan bezitten wij eveneens de gave van creativiteit; wij worden medewerkers met Hem in onze herschepping, in onze her-vorming en wedergeboorte. Wanneer wij deze genade ontvangen, dan wordt ons hart uitgebreid om hemel en aarde te omvatten en elk schepsel voor Gods aanschijn te brengen, dat is, om Gods scheppende energie en Gods zegen uit te spreiden over de gehele schepping.

Alleen God kan scheppen uit het niets, maar God schept uit het niets door Zijn Goddelijke Energie. En wanneer wij ons met God verenigen en deze Energie in ons woont en ons wezen vervult, dan delen wij het perspectief van Gods scheppende kracht en Zijn scheppend woord. God sprak een woord en alles kwam tot het zijn. Wanneer wij delen in dit perspectief, dan kunnen wij een woord uiten dat de wedergeboorte bewerkstelligt van anderen, onze medemensen.

Wat is het verschil tussen de menselijke hypostase en de Goddelijke Hypostase?

De Goddelijke Hypostase van de Logos is absoluut en volmaakt en omvat alles: de Godheid en de Mensheid. De menselijke hypostase, wanneer deze ten volle verwerkelijkt is, is gelijk aan de Goddelijke, maar dan door Gods genade – dus dit omvat niet het Wezen van God. De Goddelijke Hypostase bevat zowel het Wezen als de Energie van heel het Goddelijk 'Zijn', terwijl de menselijke hypostase in zijn volledige verwerkelijking gelijk is aan de Goddelijke Hypostase, maar alleen in de vorm van de energie daarvan.

De menselijke hypostase is geschapen en de Goddelijke Hypostase is ongeschapen. De menselijke hypostase blijft in gehoorzaamheid aan Gods wil, die ongeschapen is en Die derhalve eerder dan de mens bestond. De menselijke wil in een vergoddelijkte menselijke hypostase is ten volle, vrijelijk en op volmaakte wijze onderworpen aan de goddelijke wil, zoals dit is in de Hypostase van Christus. Christus heeft twee willen, maar zijn menselijke wil is te allen tijde volmaakt onderworpen aan de goddelijke. Wij worden goden naar de mate waarin wij ons schikken naar de goddelijke wil – wanneer deze de wet wordt van ons eigen bestaan, dan ontvangen wij de goddelijke genade van de aanneming tot zonen.

De menselijke hypostase is vergelijkbaar met de Goddelijke hypostase, maar deze zijn niet hetzelfde. Op dezelfde wijze waarop in Christus de menselijke natuur één wordt met de goddelijke natuur, evenzo is het met de eenwording van onze menselijke natuur met de goddelijke natuur in Christus. De twee naturen blijven onderscheiden en toch zonder scheiding – zij zijn verenigd zonder vermenging en zonder scheiding, zonder verandering en zonder verdeeldheid. Bij het Vierde Oecumenische Concilie worden deze zelfde woordparen gebruikt om de relatie te beschrijven tussen de twee naturen van Christus – twee beschrijven de volledige eenwording, en twee het onderscheid dat blijft voortbestaan.

*Aangezien de hypostase de gelijkenis aan Christus is in elke per-
soon, is dit dan voor iedereen hetzelfde?*

Elke persoon die in deze wereld komt is een potentiële hypostase
op een unieke manier, zoals in de Psalm gezegd wordt: God is
Degene "Die de harten van de mensen schept, elk op zich".[5] Maar
de verwerkelijking hiervan kan niet plaatsvinden buiten de gemeenschap der genade binnen de Kerk, de gemeenschap met al de
heiligen van God.[6]

*Leren wij hoe wij ons eigen persoon-zijn kunnen ontvouwen door
onze relatie met anderen?*

Ja. De voornaamste Persoon is Christus, maar daarnaast ook
onze medemensen. Wij worden een persoon wanneer wij de twee
geboden der liefde tot enige wet van ons bestaan maken. Hoe
kunnen wij dit verwerkelijken in isolatie? Dit kan alleen plaatsvinden in gemeenschap met Christus en met onze medemensen.
Wij moeten God liefhebben met heel ons hart en *bewijzen*, dat wij
God met heel ons hart liefhebben door onze broeders lief te
hebben als onszelf. Dan, zoals de heilige Silouan zegt, wordt onze
broeder ons leven.[7]

Wat is de rol van de Kerk in de ontwikkeling van het persoon-zijn?

Wij gaan naar de kerk om het "onvergankelijk zaad" van het
woord Gods in ons te ontvangen.[8] Wij hebben allen dit zaad
ontvangen bij onze Doop. Ons hart is de akker, de aarde, zoals
oudvader Sophrony het vaak noemde. Door de jaren heen kan dit
zaad onvruchtbaar in de aarde liggen, totdat wij iemand vinden die
bereid is te zwoegen in barensnood, die met ons mee wil werken
en lijden, totdat het aan de oppervlakte wordt gebracht. Zoals de
heilige Paulus van zichzelf zegt, zo zouden wij het van de Kerk

---

[5] Cf. LXX Ps.32(33):15 «ὁ πλάσας κατὰ μόνας τὰς καρδίας αὐτῶν».
[6] Ef.3:18.
[7] Cf. "Saint Silouan", GK p.468, EN p.371, NL p.392.
[8] Zie 1Petr.1:23.

kunnen zeggen: "Kinderen voor wie ik in barensnood ben, totdat Christus in u geboren wordt".[9] Dit is de dienst van het Priesterschap van de Kerk.

Het Evangelie zegt, dat wij alles zouden moeten verkopen om de "parel van grote waarde"[10] te verwerven. Wat betekent het om "alles te verkopen"? Dit betekent de hartstochten te beheersen en het hart te reinigen. Dan zullen wij allemaal overstelpt worden door de genade, zodat de parel die ons bij de Doop geschonken is onder ons moge stralen. Dit is het werk van de Kerk. Net zoals wij om geboren te worden de moederschoot nodig hebben, zo hebben wij om te worden wedergeboren in de Geest de heilige moederschoot van de Kerk nodig. Nadat de Heilig Doop ons dit zaad geschonken heeft, moeten wij leven en gevoed worden in de mysteriën van de Kerk.

Is er een einde aan dit proces van het onthullen van de persoon?

De heilige Paulus zegt in zijn Brief aan de Kolossenzen, dat wij de goddelijke wasdom zouden moeten verwerven, niet alleen hier op aarde maar ook in de hemel – dus de ziel gaat van de ene volheid van liefde, vreugde en vrede tot een andere, grotere volheid.[11] Wij moeten voortdurend groeien. De ontmoeting die de heilige Paulus beleefde op de weg naar Damascus was in de grond een grote wedergeboorte, die heel zijn leven tekende en hem in staat stelde al zijn hartstochten te overwinnen. Heel zijn verdere leven bleef hij trouw aan de ontmoeting en het schouwen dat hij op dat ogenblik bezat. Dit is de grote wedergeboorte, die God aan ieder van ons wil schenken. Wij hebben allemaal nood aan de geestelijke wedergeboorte – een wedergeboorte die de tekenen en genadegaven schenkt aan de herboren mens, en hem een nederige geest schenkt.

Oudvader Sophrony sprak ooit tot ons over het gedeelte in de Schrift dat zegt: "Een vrouw, wanneer zij baart, heeft droefheid, omdat haar uur gekomen is; maar wanneer zij het kind gebaard heeft, dan gedenkt zij de verdrukking niet meer, vanwege de vreugde dat

---

[9] Cf. Gal.4:19.
[10] Cf. Mt.13:46.
[11] Zie Kol.2:19.

er een mens geboren is in de wereld".[12] Hij merkte op dat de mens die weggevoerd wordt tot in de hemel, die geboren wordt in het Koninkrijk der hemelen, in het andere leven, deze zelfde vreugde heeft, doch nog veel meer, omdat dan werkelijk een mens "geboren is in de wereld" – de wereld van de eeuwigheid.

Is de ervaring van de wisselende gesteldheden van de eeuwigheid en de tijdsduur een kenmerk dat wij een hypostase aan worden?

Voor ons is Christus de eeuwigheid, en onze relatie met Hem is onze intrede in de eeuwigheid, die hier in dit leven begint en in het komende leven vervolmaakt wordt. Wij treden deze eeuwigheid met Christus binnen met ons gehele wezen, niet enkel met ons intellect of met onze geest, maar zelfs met ons lichaam. Ook ons lichaam ontvangt het zegel van de eeuwigheid en de genade van de heiliging en de onvergankelijkheid. Dit is het pand van de onvergankelijkheid die ons geschonken zal worden bij de Opstanding, wanneer de Wederkomst plaatsvindt.

De tijd wordt ons gegeven opdat wij onszelf mogen oefenen en onze intrede in de eeuwigheid mogen voorbereiden. Hoe doen wij dit? Door deze beperkte tijd op aarde te overschaduwen met de genade van de eeuwigheid, met de genade van de Heilige Geest: Door binnen te treden in Gods aanwezigheid en Zijn genade te ontvangen, vermengt de eeuwigheid zich met de tijd en tenslotte slokt dit de tijd geheel op.

Hoe kunnen wij beginnen om het beeld van God in onszelf te onthullen? Wat is de eerste stap?

De weg is experimenteel, of veeleer, empirisch, en ligt verborgen in de geboden van Christus. De geboden lijken eenvoudige uitdrukkingen te zijn, maar heel de Christus is daarin verborgen. Al wie ze met geloof aanvaardt, begint een experiment. Wat de geboden zeggen wordt de mens op hoffelijke wijze aangeboden, als een hypothetisch voorstel: "Mijn leer is niet van Mij, maar van Hem Die Mij gezonden heeft. Indien iemand Zijn wil doen wil, die

---

[12] Joh.16:21.

zal van deze leer weten, of zij uit God is, of dat Ik uit Mijzelf spreek".[13] Dat is, "hij zal weten of dit onderricht van een mens afkomstig is, zoals Ik lijk te zijn, of van Mijn hemelse Vader". De geboden van God worden de mens op hoffelijke wijze aangeboden; Hij wil de mens in vrijheid aantrekken, Hij dwingt hem nimmer. Zij worden niet gegeven om ons tot slaven te maken, maar zij worden gegeven als een middel tot onze genezing.

Niettemin zijn het geboden.

Wij moeten tot het begrip komen dat zij worden aangeboden bij wijze van hypothese. In het Oude Testament lezen wij: "Want uw geboden zijn een licht" op de aarde.[14] Deze geboden zijn het licht van het eeuwige leven, dat zij hier op aarde tonen. Door Zijn geboden openbaart God ons Zijn wezen. Wanneer de mens ze tot wet van zijn eigen wezen maakt en op natuurlijke en vanzelfsprekende wijze begint te reageren in overeenstemming met de geboden, dan bewijst dit dat hij een persoon geworden is; dan heeft hij datgene bereikt, wat wij "vergoddelijking" noemen.

Waarom zien wij de geboden enkel in ethische zin, als een onderricht hoe wij moeten handelen "zoals het behoort"?

Het is verkeerd de geboden enkel in ethische zin te zien. In Zijn geboden liggen Zijn wil, Zijn intellect en Zijn leven vervat. Onze Heer zegt dat wij onze medemens niet kunnen liefhebben als ons eigen leven, tenzij wij Hem liefhebben, en het is door Hem dat wij dit doen. Wanneer ons Zijn staat wordt geschonken, dan wordt ons hart uitgebreid om allen lief te hebben, en dat ten volle.

De Psalmist zegt: "Ik snelde voort op de weg van Uw geboden, toen Gij mijn hart had uitgebreid".[15] Om een vrij hart te verwerven, om voort te snellen op de weg van Gods geboden, hebben wij grote kracht nodig – een grote kracht die wij onmogelijk kunnen

---

[13] Joh.7:16-17.
[14] Zie LXX Ps.118(119):105,130 & Spr.6:23.
[15] LXX Ps.118(119):32.

vinden in onze geschapen natuur. Deze kracht is de kracht die de Heer in de wereld gebracht heeft door Zijn Kruis en Opstanding.

De Heer zeide: "En Ikzelf, als Ik van de aarde verhoogd ben, zal allen tot Mij trekken".[16] Wat betekenen deze woorden? Door het Kruis en de Opstanding van Christus werd datgene wat voor de mens onmogelijk was, mogelijk gemaakt. Tezamen met het geschenk van de genade geeft Hij de kracht, dat is, de aantrekkingskracht tot Hemzelf. Het is deze aantrekkingskracht tot het Aangezicht van Christus, die alle geboden vervult. Deze geeft ons de kracht en de inspiratie om ze te vervullen en daarin te slagen, door Zijn genade, waardoor het onmogelijke mogelijk wordt. Wij ontvangen een kracht die ons tot Hem aantrekt en ons in staat stelt te staan in Zijn levenschenkende en heilbrengende aanwezigheid, dag en nacht, elke dag van ons leven.

Maar helaas, tot wij dit punt bereiken, schieten wij vaak tekort...

Ja, dan moeten wij ons het woord van de apostel Paulus herinneren: "al wat waarachtig is, al wat eerlijk is, rechtvaardig, rein, lieflijk, welluidend...[17] – en wanneer wij dan in onszelf al het tegenovergestelde daarvan zien, dan zeggen wij: "Het spijt mij, God, dat ik in mijzelf niets voor U heb van datgene wat Ik zou moeten aanbieden. Vergeef mij." Wij zijn bedroefd dat onze staat zodanig is dat wij geen zegeningen verdienen. "Mijn God, Gij verdient beter. Vergeef mij." Alleen dit woord is in staat ons op te heffen tot in den Hoge, en ons tot de treurnis te leiden.

Christus heeft Zichzelf geopenbaard als Persoon door Zijn liefde tot het einde te tonen – wij weten wat het einde is, zoals Hij zeide aan het Kruis: "Het is volbracht".[18] Wanneer een mens in bekering leeft, als een andere Adam, dan betoont hij zijn liefde tot het einde, die een staat is van liefde voor God tot aan de zelfhaat toe. Het is de zondige staat van de mens die wij haten, en alleen dan kunnen wij gerekend worden als leerlingen van Christus.[19]

---

[16] Joh.12:32.
[17] Cf. Fil.4:8.
[18] Joh.19:30.
[19] Zie Lk.14:26.

Is dit ook de betekenis van het woord dat door Christus aan de heilige Silouan werd geopenbaard: "Houd uw geest in de hel en wanhoop niet"? Hoe zouden wij dit moeten verstaan?

Met de juiste houding kan dit woord voor iedereen een hulp zijn. Weest stil en bidt met dit besef, dat gij erger zijt dan allen en de hel waardig. Wij veroordelen onszelf tot de hel, omdat wij niet in staat zijn Gods weldaden aan ons te rechtvaardigen; Hij heeft alles voor ons gedaan, is zelfs voor ons aan het Kruis gestorven, Hij heeft ons alle dagen van ons leven met goedertierenheid bejegend, en toch blijven wij zijn vijanden, en weerstaan aan Zijn Geest. Als wij onszelf haten en dat deel van onszelf tot de hel veroordelen vanwege onze ondankbaarheid, onze geestelijke lelijkheid en ons oneerbiedig leven, dan is dit zo pijnlijk dat dit al de gedachten van de vijand in ons verteert. Alleen zo, met deze liefde voor God tot aan de zelfhaat toe, kan de mens slagen in de verwerkelijking van zijn hypostase – als hij de dood overwonnen heeft, en heel het 'zijn' omvat, zowel goddelijk als menselijk, om een god te worden door de genade.

Is er ook een plek voor 'harde woorden' van een Oudvader of een geestelijke vader?

Eén van mijn docenten – geëerd en geliefd – die les gaf aan de Theologische School, zei ooit tegen mij: "Oudvader Sophrony had vele harde onderrichtingen. Bijvoorbeeld: 'Al wie niet het punt bereikt heeft te bidden voor de gehele Adam als voor zichzelf, zou zichzelf geen Christen moeten noemen zonder vreze en schaamte'.[20] Is dat geen hard woord?"

Ik antwoordde hem, dat dit de cultuur is van de heilige Paulus, die zegt: "Want indien ikzelf ulieden bedroef, wie anders is het die mij verblijdt, dan hij die door mij in droefheid verkeert?".[21] Deze cultuur van de heilige Paulus, maar ook van de Oudvaders van het Gerondikon, is een cultuur van droefheid die leidt tot de bekering. De meest treffende uitdrukking van een 'hard woord' is te vinden

---

[20] Zie "We Shall See Him', GK p.228, EN p.146.
[21] 2Kor.2:2.

in de woorden van de heilige Johannes de Doper, wanneer hij zijn
volk "adderengebroed" noemt.[22] Verderop in het Evangelie wordt
gezegd, dat hij met dit woord de mensen troostte. Deze woorden
lijken misschien hard, maar ze worden niet uitgesproken uit hartstocht, zij worden op deze manier gesproken om onze hovaardigheid
te vermorzelen en ons hart tot verbrokenheid te brengen, wat een
plaats zal scheppen waarin de volheid van de hypostase kan opbloeien, zoals oudvader Sophrony zou zeggen. Iemand die vanuit
zijn hart leeft, is ontvankelijk voor de oneindige toename van Gods
energieën.

Dit is geenszins gemakkelijk...

Het is niet gemakkelijk, en weinigen bereiken dit. Dit zijn de
uitverkoren mensen van God in elke generatie, en wij allen volgen
achter hen. Wij volgen alle heiligen die hun zegel hebben gedrukt
op heel de Kerk. Heel het Godsvolk heeft hen als poolsterren, die
hen leiden op de weg tot God.

Het gebed van de heiligen is een zegen die wordt uitgespreid
over de gehele schepping. Het is God zo welbehaaglijk wanneer er
op aarde zulke mensen zijn, dat Hij Zijn zegen uitspreid over de
gehele schepping en de wereld in stand houdt. Het is vanwege
zulke mensen dat God de wereld bewaart. Op deze wijze worden
zij medewerkers met God in het bewaren, het heiligen en het
zegenen van de wereld.

*Hoe kunnen wij verstaan wat het betekent voorbede te doen voor
de gehele wereld?*

In het dagelijks leven zijn wij begrensd, versnipperd, beperkt
door de tijd, onderworpen aan de dood en aan de vrees voor de
dood. De persoon als hypostase daarentegen, met alles wat hij in
zich draagt, wordt beginloos; hij wordt een god door de genade,
zoals gezegd wordt in het Evangelie: "Doch zovelen Hem hebben
ontvangen, aan hen heeft Hij de macht gegeven zonen van God te

---

[22] Mt.3:7.

worden."[23] Toen Christus ons geopenbaard werd, zagen wij hoe Hij in Zichzelf de gehele Adam droeg; wij zagen Hem bidden in Gethsémane voor de gehele Adam, en de beker van de Vader aanvaarden omwille van de gehele Adam, voor het heil van de gehele wereld. Hij droeg in Zichzelf het bewustzijn van de gehele Adam en werd op Golgotha geofferd aan het Kruis voor allen die in dit leven gekomen zijn en die aanstonds zullen komen, tot aan het einde der tijden. Dit is de dimensie van de Persoon van Christus – het is Zijn liefde en Zijn gebed en Zijn offer, dat de gehele Adam behoudt.

Wij kunnen hetzelfde zien in de mens. Wanneer een mens, in hypostatisch gebed, de openbaring ontvangt en God schouwt, dan wordt hij vervuld van medelijden en wordt hij albarmhartig. Dit betekent dat de staat van God ook die van de mens wordt. Dan bidt hij voor alle generaties van Adam. Dit is het gebed van onze heiligen en in het bijzonder dit gebed is de uitdrukking van de persoon in de mens. Een waarachtige persoon draagt de bestemming van de gehele wereld in zijn hart en in zijn gebed, zodat dit zijn eigen leven wordt. Als gij bidt voor de gehele wereld, dan voelt gij de tragedie van de gehele wereld – en dat gijzelf onscheidbaar verbonden bent met deze bestemming.

Dus één rechtvaardig mens is in staat de gehele wereld te behouden?

Diegenen die het hypostatische beginsel in zichzelf werkzaam hebben gemaakt zijn de waarde van de wereld. Dit is waarom de Heer zegt: "Wat zal het een mens baten als zijn ziel (die zijn hypostatische beginsel is) verloren gaat, zelfs al wint hij de gehele wereld? Of wat zal een mens geven in ruil voor zijn ziel?"[24] Ieder hypostatisch beginsel is meer waard dan de gehele wereld. Iedereen kan zien, daarentegen, hoe ontaard ons gedrag en onze mentaliteit worden wanneer wij de persoon degraderen tot het niveau van de massa, en wij de persoon zien en bejegenen zoals wij de massa behandelen.

---

[23] Joh.1:12.
[24] Cf. Mt.16:26

Is het hypostatische beginsel in iedere mens hetzelfde?

Elke persoon is een unieke hypostase, dus de Heilige Geest vervolmaakt ieders hypostase op een specifieke wijze. De genade van de Heilige Geest is menigvuldig en openbaart zich "menigmaal en op velerlei wijze".[25] De heilige Paulus stelt in zijn Brief aan de Romeinen, dat de Geest van God in ons voorbede doet voor de heiligen.[26] Dit betekent dat de Heilige Geest de noden van elk van ons vervult, daar iedereen iets verschillends nodig heeft.

Hoe is het dat de Heilige Geest in het hart van elke mens anders bidt? Vinden wij elk onze eigen taal van het gebed?

Oudvader Sophrony zeide ooit tot mij, dat voordat hijzelf een geestelijke vader werd, hij zijn gebed der bekering leefde en nimmer stilhield om daarover na te denken. Doch toen hij geestelijke vader werd en de mensen hem benaderden met vragen, toen bracht hij zijn geest terug naar hetgeen hijzelf beleefd had, om hen te antwoorden. Dat wil zeggen, hij las van de door God beschreven stenen[27] in zijn hart. Gedurende zovele jaren had hij gebeden en zijn bekering geleefd met het woord van God, dat dit in hem als het ware was ingegrift. Later, telkens wanneer hem gevraagd werd iemand te antwoorden, was hij in staat om rechtstreeks te lezen uit het woord van God in zijn hart. Hij las vanuit zijn ervaring, maar ook werd Gods woord levend in hem, omdat dit altijd weerklinkt naar de mate van onze bereidheid en afhankelijk hoe gereed wij zijn om het te ontvangen.

Wanneer gij literatuur studeert moet gij vele boeken lezen, en wanneer gij goed gestudeerd hebt dan begint gij uw eigen stijl te ontwikkelen – in de geest van datgene wat gij gelezen hebt. Gij moet eerst de grammatica van de taal leren, dan andere schrijvers bestuderen, en tenslotte vindt gij uw eigen stijl, in de context van de correctheid van de taal en de regels van de taal. Dit is hetzelfde

---

[25] Heb.1:1.
[26] Rom.8:27.
[27] Cf. 2Kor.3:3,6-8 (een referentie aan de 'stenen tafelen', beschreven met de vinger Gods, Ex.31:18). *Noot vert.*

met het gebed. Wij moeten bidden met de boeken en in de taal van de Kerk, totdat wij ons de taal van de Kerk eigen maken, en dan zijn wij vrij en in staat om onze eigen stijl van gebed te scheppen, in de geest van de Traditie.

Tijdens de Liturgie zeg ik bijvoorbeeld enkele gebeden die ikzelf geschreven hebt. Er is er een tot de Moeder Gods, dat ik stil zeg temidden van de gebeden van de Anaphora:

> Niemand heeft ooit iets van God ontvangen, dan alleen door uw voorbede, Hoogstheilige Moeder Gods. Door u is het heil in de wereld gekomen, en vanwege u is dit nu werkzaam.

Zouden wij de Moeder Gods ook moeten bezien als een model voor de verwerkelijking van het persoon-zijn?

In een van zijn homilieën zegt de heilige Gregorius Palamas, dat de Moeder Gods haar hart ontdekte door haar nederig en intens gebed. In het Heilige der heiligen ontdekte zij haar verbondenheid met heel het menselijk geslacht – dat zij in haar hart verenigd was met God zowel als met de gehele mensheid.[28] Het was toen, dat zij voorbede begon te doen voor de gehele wereld.

De hypostase is de vervulling van het beeld en de gelijkenis van God in ons. En de Moeder Gods heeft dit tot in de grootst mogelijke mate vervuld. Daarom is zij de persoon bij uitstek, een persoon in Wie God woonde, en door Wie zij werd uitgebreid om in haar voorbede al de natiën voor Gods aanschijn te brengen.

Wat zou ons kunnen doen aarzelen in ons streven naar het persoon-zijn?

Wij moeten bedenken wat ons door de Kerk is overgeleverd: dat buiten de persoonlijke God niets bestaat. Met andere woorden, God omvat in Zichzelf alle dingen; Hij bezit heel de volheid. Als wij niet begrijpen dat God het ultieme principe is, en wij in plaats daarvan ons eigen beperkte begrip van de persoon voorop stellen, dan beginnen wij een ander pad te bewandelen dan de waarheid

---

[28] Zie "Homilie 53" in "The Homilies", paragraaf 47 en 48, p.435-436.

die onze bron en onze vervulling is. Als wij wandelen in de richting van een transcendent, mystiek, onpersoonlijk 'Absolute', zoals gevonden wordt in de Oosterse religies, dan is dit zelfmoord op het metafysische vlak. Zonder de persoonlijke God is de mens veroordeeld terug te keren tot de afgrond van het niets waaruit hij te voorschijn werd geroepen.

Onderscheidt de relatie met God als hypostase het Christendom van andere religies?

Zeker onderscheidt het dit, als wij een juist begrip hebben van wat persoon-zijn betekent. Zoals God oneindig is, evenzo moet de mens, de geschapen hypostase, deze oneindige dimensies aannemen en in zichzelf heel de volheid dragen van het Goddelijk 'Zijn' – echter niet naar het Wezen, maar naar de Energie, namelijk, op grond van de genade. Door het vuur van de liefde waarvan God hem deelgenoot maakt, omvat de mens heel de Adam. Zo is het leven van de mens wanneer hij zijn hypostatische beginsel in zichzelf werkzaam maakt. Hij omvat alles, zoals de Apostel zegt in de Brief aan de Efezen, om "met alle heiligen te begrijpen, wat de breedte, en de lengte, en de diepte, en de hoogte is". [29] Hij wordt uitgestrekt tussen de diepste diepten van de hades en het Koninkrijk Gods.

Het is niet mogelijk op grond van logische bewijzen te beargumenteren dat het Christendom een exclusief, uniek verschijnsel is. Het Christendom is niet het resultaat van de menselijke rede, maar gaat daar bovenuit. Mensen van andere geloofsrichtingen hebben vaak kritiek op de Christelijke leer en vragen: "Op grond van welke logica kunt gij een God uitvinden die terzelfder tijd Eén is en Drie?" Deze vraag als zodanig verraadt hun rationele vooroordeel en hun onvermogen de geopenbaarde aard van het Christendom te aanvaarden of te verstaan. De Drieëenheid is een feit, dat God Zelf aan ons geopenbaard heeft. Het Christendom is een uniek verschijnsel, omdat het gebaseerd is op de beginloze 'gebeurtenis' van de persoonlijke God, Die nimmer geschapen werd. De mens is geschapen, maar de persoonlijke God wordt door niets bepaald.

---

[29] Ef.3:18.

Als wij een manier konden vinden om deze openbaring aangaande het persoon-zijn adequaat uit te drukken, dan zou dit een uniek feit blijken, dat onmogelijk te ontkennen valt.

Verschillende religies bezitten verschillende perspectieven op de eeuwigheid en het eeuwige leven. Hoe zouden wij de intrede in het eeuwige leven moeten zien?

Voorzeker, wat wij nu ook zeggen over dat leven, wordt "ten dele" gegeven,[30] zoals de apostel Paulus zegt. Doch wij weten dat onze vervulling geschonken wordt binnen het onwankelbaar Koninkrijk van God.

De Heer zeide tot Nicodemus, die in het geheim Zijn leerling was: "Indien gij niet vanuit den hoge geboren wordt, zult gij het Koninkrijk Gods niet kunnen binnengaan".[31] Als ons hart niet opengaat voor Gods genade en niet verenigd wordt met de Geest des Heren terwijl wij nog hier op aarde zijn, dan zullen wij niet in staat zijn "het Koninkrijk Gods binnen te komen" en het Aangezicht des Heren te aanschouwen.

Het Koninkrijk Gods is het Aangezicht van de Heer; het is het licht en het leven dat Zijn Wezen omgeeft. Niemand is in staat Zijn Wezen te zien, die Zijn Natuur is, en in leven te blijven – want deze is omgeven door Zijn heerlijkheid en Zijn licht. Maar de heiligen bezitten dit licht. Dit is de zaligheid van het eeuwige leven. Zij treden binnen in die plaats, waar het licht van Zijn Aangezicht presideert, de plaats die, als uit zichzelf, schijnt met het licht van het Lam. Zoals in de Apocalyps geschreven staat, zal in het Nieuwe Jeruzalem noch zon, noch maan, noch ster schijnen – er zal één onbeschrijfelijk licht zijn, en waarlijk, dat licht is het Aangezicht van het Lam.[32]

✠

---

[30] Zie 1Kor.13:9-12.
[31] Cf. Joh.3:3.
[32] Openb.21:23.

Bibliografie van geciteerde werken

In deze bronvermelding is zoveel mogelijk de Engelse uitgave vermeld. Met betrekking tot de werken van Archim. Sophrony geven de noten vaak ook anderstalige uitgaven: RU = Russische editie, GK = Griekse editie (in de oorspronkelijke vertaling van Archim. Zacharias), EN = Engelse editie, NL = Nederlandse editie. Indien het origineel specifiek verwijst naar de Russische of Griekse editie van zijn werken, dan zijn ook de details daarvan opgenomen in onderstaand overzicht.

WERKEN VAN HET KLOOSTER ST. JOHN THE BAPTIST

Archim. Sophrony (Sacharov)

"Saint Silouan the Athonite" (afgekort: *"Saint Silouan"*)
vert. Rosemary Edmonds;
Stavropegic Monastery of St. John the Baptist,
Tolleshunt Knights, Essex, U.K., 1991;
herdruk: St. Vladimir's Seminary Press, Crestwood NY (U.S.A.) 1999.

> *Griekse editie:* «*Ο ΑΓΙΟΣ ΣΙΛΟΥΑΝΟΣ Ο ΑΘΩΝΙΤΗΣ*»
> Stavropegic Monastery of St. John the Baptist,
> Tolleshunt Knights, Essex, U.K., 1995.

> *Nederlandse vertaling:* "De heilige Silouan de Athoniet"
> vert. Zr. Elisabeth (Koning); uitg. Axios, 1998;
> (heruitgave: Orthodox Logos, Tilburg).

"His Life is Mine"
vert. Rosemary Edmonds;
St. Vladimir's Seminary Press, Crestwood NY (U.S.A.) 1977.

"We Shall See Him As He Is" (afgekort: *"We Shall See Him"*)
vert. Rosemary Edmonds;
Stavropegic Monastery of St. John the Baptist,
Tolleshunt Knights, Essex, U.K., 2004

> *Griekse editie:* «*ΟΨΟΜΕΘΑ ΤΟΝ ΘΕΟΝ ΚΑΘΩΣ ΕΣΤΙ*»
> Stavropegic Monastery of St. John the Baptist,
> Tolleshunt Knights, Essex, U.K., 1996.

> *Russische editie:* "Видеть Бога как Он есть"
> Свято-Иоанно-Предтеческий монастырь, Свято-Троицая
> Сергиева Лавра, 2006.

"On Prayer"
vert. Rosemary Edmonds;
Stavropegic Monastery of St. John the Baptist,
Tolleshunt Knights, Essex, U.K., 1996.

> *Griekse editie: «ΠΕΡΙ ΠΡΟΣΕΥΧΗΣ»*
> Stavropegic Monastery of St. John the Baptist,
> Tolleshunt Knights, Essex, U.K., 1994.

> *Russische editie:* «О молитве»,
> Свято-Троицкая Сергиева Лавра,
> Свято-Иоанно-Предтеченский Монастырь, 2011

"Striving for Knowledge of God – Correspondence with David Balfour"
vert. Sister Magdalen,
Stavropegic Monastery of St. John the Baptist,
Tolleshunt Knights, Essex, U.K., 2016.

> *Russische editie: "Подвиг Богопознания"*
> Свято-Иоанно-Предтеческий монастырь, Свято-Троицая
> Сергиева Лавра, 2010.

«ΟΙΚΟΔΟΜΩΝΤΑΣ ΤΟΝ ΝΑΟ ΤΟΥ ΘΕΟΥ ΜΕΣΑ ΜΑΣ ΚΑΙ ΣΤΟΥΣ ΑΔΕΛΦΟΥΣ ΜΑΣ»
(*Het opbouwen van de tempel Gods in onszelf en in onze broeders*), vol.I
Stavropegic Monastery of St. John the Baptist,
Tolleshunt Knights, Essex, U.K.,2014.

"Letters to His Family"
vert. Sister Magdalen,
Stavropegic Monastery of St. John the Baptist,
Tolleshunt Knights, Essex, U.K.,2015.

Ook wordt verwezen naar zijn artikelen aangaande het ascetische leven, die in verschillende uitgaven gepubliceerd zijn. De inhoud van de desbetreffende uitgaven overlapt slechts gedeeltelijk (in de noten is meestal alleen de oorspronkelijke verwijzing gegeven):

> *"Principles of Orthodox Asceticism"*
> in "The Orthodox Ethos: Studies in Orthodoxy", vol.1
> ed. A. J. Philippou;
> Holywell Press, Oxford, U.K., 1964

> *«ΑΣΚΗΣΙΣ ΚΑΙ ΘΕΩΡΙΑ»* (= *Over de ascese en het schouwen*)
> Stavropegic Monastery of St. John the Baptist,
> Tolleshunt Knights, Essex, U.K., 1996.

«Рождение е Царство Непоколебитое»
Свято-Иоанно-Предтеческий монастырь,
«Паломник», Moskou, 2000

"Truth and Life"
Stavropegic Monastery of St. John the Baptist,
Tolleshunt Knights, Essex, U.K.,2014.

Archim. Zacharias (Zacharou)

«ΑΝΑΦΟΡΑ ΣΤΗ ΘΕΟΛΟΓΙΑ ΤΟΥ ΓΕΡΟΝΤΟΣ ΣΩΡΦΟΝΙΟΥ»
(Anaphora aan de theologie van oudvader Sophrony)
Stavropegic Monastery of St. John the Baptist,
Tolleshunt Knights, Essex, U.K., 2000.

> *Engels-talige bewerking: "Christ, Our Way and Our Life:*
> *A Presentation of the Theology of Archimandrite Sophrony"*
> vert. Sr. Magdalen;
> Saint Tikhon's Seminary Press, South Canaan PA (U.S.A.), 2003.

> *Nederlandse vertaling: "Christus, onze Weg en ons Leven*
> *– Anaphora aan de theologie van oudvader Sophrony"*
> vert. A. Arnold-Lyklema;
> Maranatha House, 2014.

Zie ook de voordrachten van archimandriet Zacharias op een conferentie
over het leven en werk van oudvader Sophrony, Athene 2007, in:

«ΓΕΡΟΝΤΑΣ ΣΩΦΡΟΝΙΟΣ – Ο ΘΕΟΛΟΓΟΣ ΤΟΥ ΑΚΤΙΣΤΟΥ ΦΩΤΟΣ»
(= Oudvader Sophrony, de theoloog van het Ongeschapen Licht)
ed. G.I. Manzarides,
Ί.Μ.Μ. Βατοπεδίου, Αγ. Όρος, 2008.

Zuster Gabriela

"Seeking Perfection in the World of Art,   *(afgekort: "Seeking Perfection")*
The Artistic Path of Father Sophrony"
(= Het zoeken naar de volmaaktheid in de wereld van de kunst;
het artistieke pad van vader Sophrony)
Stavropegic Monastery of St. John the Baptist,
Tolleshunt Knights, Essex, U.K., 2013.

LEVEN & WERKEN VAN DE HEILIGE VADERS
(min of meer chronologisch geordend)

H. Ignatius van Antiochië

"Brief aan de Romeinen"
Griekse tekst, zie: «Οἱ Ἀποστολικοὶ Πατέρες» (De Apostolische Vaders)
Ἀλ. & Ἐ. Παπαδημιτρίου,
ἐκδ. «ΑΣΤΗΡ», Ἀθῆναι, 1953.

> *Voor een Engelse vertaling, zie: "Epistle to the Romans"*
> *in: "Early Christian Writings",*
> vert. Maxwell Staniforth,
> Penguin Books, 1978.

H. Athanasius de Grote

"The Life of Saint Anthony and the Letter to Marcellinus"
vert. Robert Gregg, Paulist Press, New York, 1980.

H. Johannes Chrysostomos

Homilie in de Paasnacht:
"Katechetische Preek voor de heilige en lichtstralende dag van de
roemrijke en Verlossingbrengende Opstanding"
Zie het "Pentekostarion", Nederlandse vertaling: Archim. Adriaan; in het
deeltje: "Pascha – Goede Week & Pasen in de Orthodoxe Kerk" (p.163-164),
uitg. Orthodox Klooster Den Haag, 1976.

H. Johannes Klimakos (= van de Ladder)

"The Ladder of Divine Ascent" (afgekort: "The Ladder")
Holy Transfiguration Monastery Press, Boston MA (U.S.A.), 1991.

H. Maximus de Belijder

"Third Century of Various Texts", in: *"The Philokalia",* vol.II,
ed. G.E.H. Palmer, Philip Sherrard & Kallistos Ware;
Faber & Faber, Londen, 1981.

H. Simeon de Nieuwe Theoloog

"The Discourses"
vert. C. J. de Catanzaro,
Paulist Press, New York, 1980.

H. Gregorius Palamas

"Saint Gregory Palamas: The Homilies" *(afgekort: "The Homilies")*
redactie & vertaling: C. Veniamin, in samenwerking met het Stavropegic
Monastery of St. John the Baptist, Tolleshunt Knights, U.K.;
Mount Thabor Publishing, Waymart PA (U.S.A.), 2009.

"To the Most Reverend Nun Xenia", in: "The Philokalia", vol.IV,
ed. G.E.H. Palmer, Philip Sherrard & Kallistos Ware;
Faber & Faber, Londen, 1995.

H. Philaret van Moskou

"Select Sermons",
Ed. Joseph Masters, Londen, 1873;
herdruk (facsimile): Elibron Classics, Adamant Media Corporations, 2005.

Russische uitgave van zijn Homilieën: Теорения – Слова и Речи, *vol.III,*
Святитель Фтларет Митрополит Московский,
Ново-спасский Монастырь, Moskou 2006.

OVERIGE WERKEN

«Ὁ βίος τοῦ ὁσίου Σιλουανοῦ τοῦ Ἀθωνίτου. Ἕνα νεωτερικὸ ἁγιολογικὸ
κείμενο» (*Het leven van de heilige Siloan de Athoniet, een vernieuwende*
hagiografische tekst),
auteur: Antonius Pinakoulas,
in: "Synaxis", No.102, April-Juni 2007.

The Orthodox Liturgy,
vert. Stavropegic Monastery of St. John the Baptist,
Oxford University Press, U.K., 1982.

Service Book of the Holy Orthodox-Catholic Apostolic Church,
vert. Isabel Florence Hapgood
heruitgave: Syrian Antiochian Orthodox Archdiocese, New York, 1996.

«Εὐχολόγιον Γ'» (*Euchologion, deel 3 = gebeden voor diverse noden*)
Ἰ.Μ. Σίμωνος Πέτρας, Ἅγιον Ὄρος, 2002.

Een Nederlandse vertaling van teksten uit de Orthodoxe Diensten is in
veel gevallen te vinden in de uitgaven van het Orthodox Klooster te Den
Haag, van de hand van archimandriet Adriaan. (Een aantal teksten is nog
niet vertaald. Van sommige teksten zijn ook andere vertalingen
beschikbaar, afhankelijk van het gebruik ter plaatse.)

Index Bijbelcitaten

OUDE TESTAMENT

NIEUWE TESTAMENT

Woordverklaring

Hieronder een toelichting, van de hand van de vertaler, aangaande enkele specifieke termen m.b.t. het Orthodoxe monnikschap.

Cel (Grieks: *'kellion'*, mv. *'kellia'*)
Bekend is het gebruik van dit woord als benaming van de kamer van de monnik. Doch in het Grieks wordt ditzelfde woord ook gebruikt voor kleine monastieke huizen, bewoond door één of enkele monniken, vergelijkbaar met een kluizenarij.

Gehoorzaamheid & gehoorzaamheden
Eén van de traditionele monniksgeloften is de 'gehoorzaamheid'. Daarvan afgeleid is het monastieke spraakgebruik waarbij ditzelfde woord ook gebruikt wordt voor de concrete taak van de monnik, die hij vervult in gehoorzaamheid aan de opdracht van zijn oudste(n). Vandaar dat men kan spreken over het vervullen van verschillende 'gehoorzaamheden'.

Hegoumen
De hegoumen is degene die de leiding heeft over een zelfstandige kloostergemeenschap, vergelijkbaar met een abt of overste.

Schêma (klein schêma & groot schêma)
De Orthodoxe Traditie kent in wezen maar één monnikschap, zonder rangen of graden. In oude tijden was er zelfs maar één wijding, soms kortweg aangeduid als het *schêma* (spreek uit: schima), naar de karakteristieke monniksgewaden. Doch mettertijd werd er wel een zeker onderscheid gemaakt, waarbij degene die verlangt de monastieke weg te volgen – na een proeftijd als leerling – bij het afleggen van de traditionele monniksgeloften eerst het zgn. 'klein schêma' ontvangt. Om dan na enige jaren ervaring dezelfde geloften nogmaals, nu met groter intensiteit op zich te nemen bij het ontvangen van het zgn. 'groot schêma'. In sommige delen van de Orthodoxe Kerk is het groot schêma gaandeweg specifiek verbonden geraakt met de intensieve beoefening van het onafgebroken gebed, en wordt dan slechts na lange ervaring geschonken. Doch

op andere plaatsen wordt de leerling die werkelijk blijven wil na enige tijd plechtig in het zwart gekleed, en ontvangt vervolgens – na een aantal jaren in het kloosterleven – onmiddellijk het groot schêma, min of meer vergelijkbaar met het gebruik in de eerste eeuwen van het monnikschap.

Skête (mv. skêten)
In het huidige Athonitische spraakgebruik betreft dit woord een monastieke gemeenschap die bestaat uit een aantal afzonderlijke behuizingen rondom een centrale kerk. De organisatie van het monastieke leven in de skête ligt ergens tussen het cenobitische klooster en de kluizenarij in. Elk huis wordt bewoond door één of enkele monniken, die hun eigen onafhankelijke huishouding en gemeenschapsleven hebben, doorgaans onder leiding van de 'oudste' onder hen. Daarnaast is er een bepaalde mate van gemeenschappelijk gebedsleven – op z'n minst op zondag, doch in sommige skêten veelvuldiger.

Vrijbrief
In monastieke zin betreft dit een document dat de monnik vrijstelt van zijn verplichtingen jegens het klooster. Vader Sophrony ontving een dergelijke brief van het klooster Watopedi, hetgeen hem als Athonitische monnik in staat stelde naar Parijs te gaan om de geschriften van de heilige Silouan uit te geven, in gehoorzaamheid aan diens verzoek.

Inhoud

EINDE

Aan de Ene God in Drieëenheid,
de Vader en de Zoon en de Heilige Geest,
zij alle heerlijkheid, dank en aanbidding
in de eeuwen der eeuwen.
Amen

WERKEN van Archim. Zacharias in Nederlandse vertaling
voor nadere details zie o.a. de website van Maranatha House (.info)

♦ **Christus, onze Weg en ons Leven** – *Anaphora aan de theologie van oudvader Sophrony*
Over de levende theologie als het relaas van de ontmoeting met God. Ter inspiratie, zowel als voor serieuze studie. Compleet met alle oorspronkelijke verwijzingen en patristieke citaten in Nederlandse vertaling.

♦ **Weest ook gij uitgebreid (2Kor.6:13)** – *De uitbreiding van het hart in de theologie van de heilige Silouan de Athoniet en archimandriet Sophrony van Essex*
Inspirerend onderricht m.b.t. het doel van de geestelijke weg.

♦ **De verborgen mens des harten (1Petr.3:4)**
Over het mysterie van het menselijk hart, en over het leven in bekering als een tocht om het 'diepe hart' te vinden.

♦ **Gedenk uw eerste liefde (cf. Openb.2:4-5)** – *De drie stadia van het geestelijk leven in de theologie van oudvader Sophrony*
Nader onderricht omtrent het verloop van de geestelijke weg.

♦ **De mens, God's doelwit** – *"Wat is de mens, dat Gij hem hebt grootgemaakt ..." (Job 7:17-18)*
Een theologische verdieping in het Mysterie van de Persoon.

♦ **Van de dood tot het leven** – *De weg van het Kruis des Heren in ons dagelijks bestaan*
Een reeks voordrachten naar aanleiding van een woord van oudvader Sophrony over de aard van de Christelijke weg.

♦ **Het zegelbeeld van Christus in het hart van de mens**
De geestelijke visie van de weg van Christus, toegepast op het dagelijks leven, eredienst en verkondiging, priesterschap, monnikschap, en de paradoxale weg van kruis tot overwinning.

✠

www.ingramcontent.com/pod-product-compliance
Lightning Source LLC
Chambersburg PA
CBHW022006080426
42733CB00007B/491

Praise for *Our Man Elsewhere*

"This book is a delight, about as polished and readable as
Australian nonfiction ever manages to be, and the secret is the quality of
the writing, the quiet authority, the flashes of wit and a refusal to bow to the
conventions of biography … Like his subject, [McCamish] doesn't know how
to write a dull sentence. He has a rare gift for finding just the right word."

LES CARLYON, *WEEKEND AUSTRALIAN*

"an intimate quest that revivifies this elusive figure."

ANN MOYAL, *THE SATURDAY AGE*

'[McCamish] succeeds beautifully: *Our Man Elsewhere* … is crammed
with anecdote and shrewd observation … [It] is such a good book that
I'm hard put to find anything wrong with it … McCamish may be
as good a writer as Moorehead himself.'

EVAN WILLIAMS, *INSIDE STORY*

"McCamish's triumph is to apply Moorehead's own relentless curiosity
to his subject, and add a modern prism to the man and his work …
McCamish's writing is elegant, frosted in fresh insights."

NICK RICHARDSON, *HERALD SUN*

"one of those rare biographies that will keep you transfixed
right to the very last pages."

ANNABEL LAWSON, *COUNTRY STYLE*

"a compelling, flaws-and-all account of a restless soul who mixed with
Hemingway and wrote magnificent, mass-appeal histories on world wars."

NICK HOPTON, *ADELAIDE ADVERTISER*

"This perceptive portrait achieves intimacy
and yet some distance, allowing the reader to know a complex
Australian who rose to prominence in a defining era."

WALKLEY MAGAZINE